8

TEACHER'S
BOOK

Easy Steps to CHINESE

轻松学中文

SIMPLIFIED
CHARACTERS
VERSION

教师用书

Yamin Ma
Xinying Li

北京语言大学出版社
BEIJING LANGUAGE AND CULTURE
UNIVERSITY PRESS

图书在版编目（CIP）数据

轻松学中文教师用书.8 / 马亚敏，李欣颖编著.
—北京：北京语言大学出版社，2013.12（2023.7重印）
（轻松学中文）
ISBN 978-7-5619-3716-7

Ⅰ.①轻… Ⅱ.①马…②李… Ⅲ.①汉语－对外汉语教学
—教学参考资料 Ⅳ.①H195.4

中国版本图书馆CIP数据核字（2013）第280094号

书　　名	轻松学中文　教师用书 8（QINGSONG XUE ZHONGWEN JIAOSHI YONGSHU 8）
责任编辑	黄　英
美术策划	王　宇
封面设计	王　宇　王章定
版式设计	北京鑫联必升文化发展有限公司
责任印制	郏　天

出版发行	北京语言大学出版社
社　　址	北京市海淀区学院路15号　　邮政编码：100083
网　　址	www.blcup.com
电　　话	编辑部 8610-8230 3647/3592/3395
	国内发行 8610-8230 3650/3591/3648
	海外发行 8610-8230 0309/3365/3080
	读者服务部 8610-8230 3653/3908
网上订购	8610-8230 3653（国内）/3668（海外）　service@blcup.com
印　　刷	北京虎彩文化传播有限公司
经　　销	全国新华书店
版　　次	2013年12月第1版　2023年 7月第4次印刷
开　　本	889mm×1194mm　1/16　印张：16.125
字　　数	314千字
书　　号	ISBN 978-7-5619-3716-7/H·13305
	07800

©2013 北京语言大学出版社

Easy Steps to Chinese (Teacher's Book 8)
Yamin Ma, Xinying Li

Editor	Ying Huang
Art design	Arthur Y. Wang
Cover design	Arthur Y. Wang, Zhangding Wang
Graphic design	Beijing XinLianBiSheng Cultural Development Co., Ltd.

Published by
Beijing Language & Culture University Press
No.15 Xueyuan Road, Haidian District, Beijing, China 100083

Distributed by
Beijing Language & Culture University Press
No.15 Xueyuan Road, Haidian District, Beijing, China 100083

First published in December 2013
Printed in China
Copyright © 2013 Beijing Language & Culture University Press

All rights reserved. No part of this book may be reproduced, stored in a retrieval system, or transmitted, in any form or by any means, electronic, mechanical, photocopying, recording or otherwise, without prior permission in writing from the publisher.

Website: www.blcup.com

凡有印装质量问题，本社负责调换。售后QQ号1367565611，电话010-82303590

使用说明

本《教师用书》旨在为教师提供备课参考，此外，还提供了课本中大部分练习的参考答案。在指导课本教学时，我们还为一些练习配备了补充材料，以便教师在需要加强练习时使用。

在每个单元的开头，我们列出了教学目标和语言点，以便教师在备课及教学时能抓住重点，达到本单元的教学目标。为了全面测试学生对各个单元内容的掌握以及他们的语言沟通能力，我们设计了阅读（Reading）及写作（Writing）测验题。这些单元测验题参考了各国的考试形式，力求检测出学生真实的汉语知识掌握情况和语言交际能力。关于口语测试，教师可以根据实际情况，综合每课中的"根据实际情况回答问题"口语题与学生进行问答，或者出一些相关的小组讨论题、情景对话、角色扮演等来测试学生的口语能力。

在教学过程中，如果教师在完成每个单元的教学后没有充足的时间测试学生的听、说、读、写四项技能，那么，测试其中两项技能也是个好办法。比如，教师可以在第一单元结束后让学生做阅读和写作测验题，而在第二单元结束后考查学生的口语和写作能力。总之，教师可以根据需要来测试学生的综合或单项能力，同时也可达到检验教学效果的目的。

书内的试卷可以复印使用，教师可以根据实际情况来决定每题的分数及总分。

课本 8

本册共有五个单元，每个单元共有三课。
①

老师可以把"根据课文回答问题"当做听力理解来使用，让学生先听课文，然后回答这些问题。
②

把课文中出现的语言点归纳出来，起到复习的作用，希望学生在口语和作文中正确运用这些语言点。
③

学生可以根据实际情况回答这些问题，也可以用这些问题作为主线来作口头报告。

每课配有一个口语练习。
④

"参考句子"给学生提供了更多的语句和相关内容，以帮助学生做好这个口语练习。

每课提供了一个写作练习。
⑤

"参考句子"给学生提供语句和相关内容。

"例子"给学生开了一个头，让学生可以顺着继续下去。

每课配有一篇用于写"回应式作文"的短文，为的是让学生在阅读理解的基础上，根据作文要求从短文中提取相关内容来写。

每课配有两篇阅读文章。

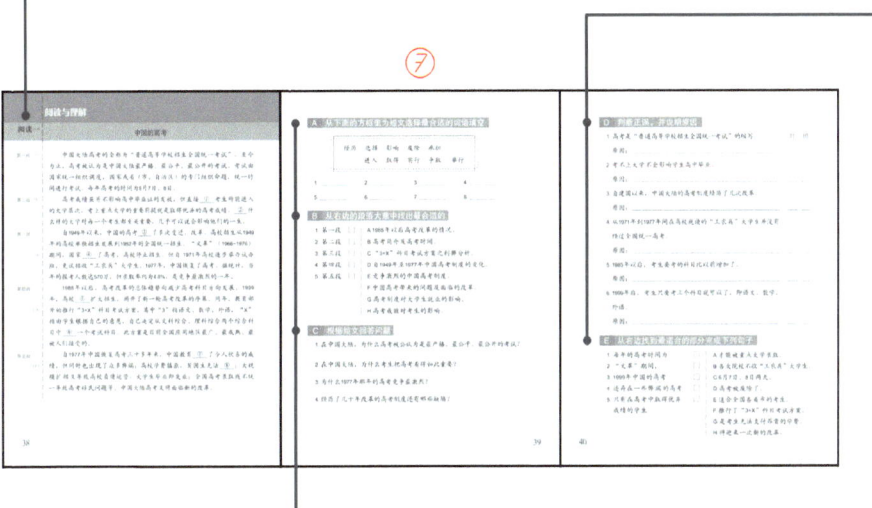

阅读文章后的题目各式各样，而且很有挑战性，能较好地检测出学生的阅读理解能力和运用语言的能力。

每个单元后面有一个复习，帮助学生更好地掌握这一单元的生词、短语和句型。

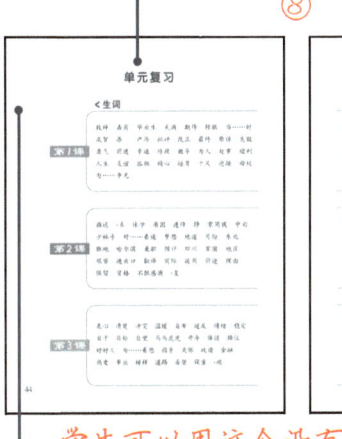

把课文中出现的常用于口语和作文的短语、句型列了出来，便于学生复习、巩固，希望学生能活用这些短语和短句。

学生可以用这个没有拼音和解释的生词表来检测自己掌握生词的程度如何。

CONTENTS 目录

第一单元　教学目标　语言点　1

　　第一课　　　毕业致辞 /2

　　第二课　　　推迟入学申请 /16

　　第三课　　　难忘的高中生活 /30

　　单元测验　　阅读理解 /46　　写作 /49　　参考答案 /50

第二单元　教学目标　语言点　51

　　第四课　　　西藏旅游指南 /52

　　第五课　　　不愉快的旅行 /66

　　第六课　　　中国人的饮食文化 /80

　　单元测验　　阅读理解 /96　　写作 /99　　参考答案 /100

第三单元 教学目标 语言点　101

　　　　　　第七课　　　　　互联网时代 / 102

　　　　　　第八课　　　　　影视节目的影响 / 116

　　　　　　第九课　　　　　优越生活，弊大于利 / 130

　　　　　　单元测验　　　　阅读理解 / 146　　写作 / 149　　参考答案 / 150

第四单元 教学目标 语言点　151

　　　　　　第十课　　　　　孔子与中国传统文化 / 152

　　　　　　第十一课　　　　中国教育制度的利与弊 / 166

　　　　　　第十二课　　　　中国文化对世界的影响 / 180

　　　　　　单元测验　　　　阅读理解 / 196　　写作 / 199　　参考答案 / 200

第五单元 教学目标 语言点　201

　　　　　　第十三课　　　　如何应对全球化 / 202

　　　　　　第十四课　　　　无国界脱贫会 / 216

　　　　　　第十五课　　　　做绿色的一代 / 230

　　　　　　单元测验　　　　阅读理解 / 246　　写作 / 249　　参考答案 / 250

第一单元

教学目标

- 能代表毕业生在年级或全校集会上发表毕业致辞
- 能就两年高中阶段的学习、生活进行讨论，发表看法，并向低年级学生提供经验
- 能代表毕业生向校长提出改进学校办学、管理方面的意见及建议
- 能就推迟进大学发表看法，制定计划，提出申请
- 能对两年来教导、培养自己的学校老师表达感谢
- 能对想离家出走的同学进行劝导，并提出解决问题的方法及建议
- 能讲述自己与同学/朋友/老师/家长之间发生的不愉快的事情，并表达看法、提出解决问题的建议
- 会写演讲稿、正式书信、申请信、文章、感谢信、日记

语言点

a) **允许**：请允许我代表本届全体毕业生在此发表毕业致辞。

b) **一转眼**：一转眼七年过去了。

c) **当……时**：当我们失败时，老师们会鼓励我们。

d) **说实话**：说实话，我们很舍不得离开学校。

e) **对**：我们对大学生活充满了期待。
我坚信这一年的经历会对自己的前途有帮助。
我对您表示衷心的感谢。

f) **为**：当我们成功时，老师们为我们高兴、庆贺。
我们会为母校争光！

g) **使**：友谊使我们在这几年里从来没有感到孤独。

h) **被**：我已经被贵校的体育系录取。

i) **把**：他上个周末刚把申请表格以及相关材料寄出去。

j) **原因**：我休学一年的原因是想去中国进修汉语。

k) **中旬**：六月中旬至十二月底。

l) **坚信**：我坚信，通过几个月的训练，我的武术水平一定能够提高。

m) **通过**：通过几个月的训练，我的武术水平一定能够提高。

n) **让**：我还打算在大学里组织一个武术俱乐部，让更多的人了解武术。

o) **一直**：您一直关心、支持和鼓励我。

p) **在……里**：在高中的两年里，您在各个方面都很关心我。

q) **在……上**：在学习上，我没有目标。

r) **在……下**：在您的关怀下，我顺利地度过了高中阶段。

s) **为……着想**：在学习上，您劝我要用心读书，为自己的前途着想。

t) **而且**：我变得自卑、逆反，而且情绪时常不稳定。

提示:

① 开始教授本课前,建议老师先带领全班学生讨论:"假如你今天就要从学校毕业了,你有哪些感想?如果你要代表你的同学作毕业致辞,你会说些什么?你会感谢你身边哪些人?感谢他们什么?回忆你的中学阶段、你的成长过程,你在哪些方面有进步?你的性格有哪些改变?"等等。在讨论的同时,老师可有意将课内的新词即时介绍给学生。

② 接下来老师可带领学生学习本课生词表中剩余的词语,可同时讲解语法、句型,也可造句或运用课文中的句子,让学生先对某些句子留下印象。之后可跟学生一起学习课文,把课文讲透、学懂。

③ 讲完课文后,可让学生做课本第4页上的练习一,口头、书面完成都可以。

第一单元 第1课

毕业致辞

01

[1] 各位老师、各位同学、各位嘉宾:

大家好!

请允许我代表本届全体毕业生在此发表毕业致辞。说实话,我们很舍不得离开学校,但是我们又对大学生
[5] 活充满了期待。

一转眼七年过去了。在这七年中,我们经历了很多事,学到了很多东西,也锻炼了自己。学校是一个大家庭。在这里,大家互相关心、互相爱护、互相帮助,所以我们有安全感。

[10] 当我们成功时,老师们为我们高兴、庆贺;当我们犯错误、给学校添麻烦时,老师们会严厉地批评我们,帮我们改正错误,而且最终会原谅我们;当我们失败时,老师们会鼓励我们,给我们勇气继续前进。

我们非常幸运,因为我们的高中阶段过得非常精
[15] 彩。在这里,我们感谢所有的人。

我们要感谢所有的老师,你们耐心地把知识传授给我们,教导我们怎样为人处事,帮助
[20] 我们顺利地度过了人生重要的阶段。你们培养了我们各方面的能力,给我们机会去体验和锻炼,使我们变
[25] 得自信。我们还要感谢同学们,友谊使我们在这几年里从来没有感到孤独。

最后，我们还要感谢我们的父母，你们精心地培育我们，鼓励、支持、关心和爱护我们，使我们健康成长。

[30] 我们准备好了，信心十足地迎接未来的挑战。我们就要走向远方，创造未来。我们会为母校争光！谢谢大家！

生词

1. 致辞 zhì cí deliver a speech
2. 嘉 jiā fine; good
   嘉宾 jiā bīn honoured guest
3. 毕业生 bì yè shēng graduate
4. 充满 chōng mǎn be full of
5. 期待 qī dài expect; look forward to
6. 转眼 zhuǎn yǎn in an instant
7. 当……时 dāng……shí when; just at (a time or place)
8. 庆贺 qìng hè congratulate
9. 添 tiān add
10. 厉（厲）lì strict; stern 严厉 yán lì strict; stern
11. 批 pī criticize 批评 pī píng criticize
12. 改正 gǎi zhèng correct; put right
13. 终（終）zhōng end; finish 最终 zuì zhōng last; final
14. 谅（諒）liàng forgive 原谅 yuán liàng forgive
15. 败（敗）bài be defeated; fail 失败 shī bài fail
16. 勇 yǒng brave 勇气 yǒng qì courage
17. 前进 qián jìn advance; go forward
18. 幸运 xìng yùn fortunate
19. 传授 chuán shòu teach
20. 教导 jiāo dǎo give guidance
21. 为人 wéi rén behave; conduct oneself
22. 处事 chǔ shì manage one's affairs
23. 顺利 shùn lì smoothly; successfully
24. 人生 rén shēng life
25. 谊（誼）yì friendship 友谊 yǒu yì friendship
26. 孤 gū lone; alone 孤独 gū dú lonely
27. 精心 jīng xīn work painstakingly
28. 培育 péi yù cultivate; foster
29. 十足 shí zú full
30. 迎接 yíng jiē meet; receive
31. 母校 mǔ xiào one's old school; alma mater
32. 争光 zhēng guāng win honour 为……争光 wèi……zhēng guāng win honour for

消化课文

口语热身

1. 根据课文回答问题
1) 演讲者是以什么身份进行演讲的？
2) 毕业生们都有什么感受？
3) 她为什么说学校是个大家庭？
4) 当学生成功时，老师们会做什么？
5) 当学生失败时，老师们又会做什么？
6) 在演讲词里，演讲者都感谢了哪些人？

2. 根据实际情况回答问题
1) 在你们学校的毕业典礼上，一般谁作毕业致辞？毕业生们开舞会庆祝吗？舞会上一般都有哪些庆祝活动？
2) 你理想的大学是哪一所？你对大学有什么期待？在大学生活和学习中，你最担心什么？
3) 你认为你现在就读的学校像一个大家庭吗？在哪些方面像一个大家庭？
4) 在中学阶段，你给学校添过麻烦吗？如果添过，请讲一讲其中的一件事。你从中学到了什么？
5) 你给家里添过什么麻烦？请讲一讲其中的一件事。你现在是怎样看待这件事的？
6) 你从老师、父母、同学、朋友的身上学到了什么？
7) 如果今天你代表自己作毕业致辞，第一个要感谢的人是谁？为什么要感谢他/她？
8) 你认为学校在教育学生为人处事方面还能做得更好吗？具体说一下学校应该怎样做。

答案（仅供参考）：
1) 演讲者代表本届全体毕业生进行演讲。
2) 他们很舍不得离开学校，但又对大学生活充满了期待。
3) 因为在学校，大家互相关心、互相爱护、互相帮助，同学们有安全感。
4) 老师们会为他们高兴、庆贺。
5) 老师们会鼓励他们，给他们勇气继续前进。
6) 她感谢了所有的老师、同学以及他们的父母。

提示：
此练习可在课上完成，也可以日后用作口试问题，还可用来重温所学课文的内容、新词语、新句型等。如条件允许，可为学生提供扩展词语。

语言难点

1. 完成句子

    Ⓐ 例子：请允许我代表本届全体毕业生在此发表毕业致辞。(第3行)

    请允许我_____。

    Ⓑ 例子：一转眼七年过去了。(第6行)

    一转眼_____。

    Ⓒ 例子：当我们失败时，老师们会鼓励我们。(第12行)

    当我犯错误时，_____。

2. 选择其中一个短语造句

    Ⓐ 例子：说实话，我们很舍不得离开学校。(第4行)
    怪不得/事实上/看来/不巧/由此可见

    Ⓑ 例子：我们对大学生活充满了期待。(第4行)

    对……⎰ 满意/反感
          ⎨ 有正面/负面的影响
          ⎨ 要求高
          ⎱ 熟悉

    Ⓒ 例子：当我们成功时，老师们为我们高兴、庆贺。(第10行)
    我们会为母校争光！(第31行)
    为学生安排课外活动
    为过年作准备

3. 用带点的词语模仿例子造句

    例子：友谊使我们在这几年里从来没有感到孤独。(第26行)

5

口语训练

实际运用

小组讨论

你即将高中毕业。此时此刻，你心里一定有很多感触。请和同学讨论，讨论时应谈及以下几个方面：

- 在高中阶段，你在生活和学习方面碰到了哪些困难？是怎样克服的？
- 你在哪些方面取得了很大的进步？
- 在性格上，你有哪些变化？
- 在你的成长过程中，最想感谢的人有哪些？为什么？

例子：

学生1：自从上了高中后，我发现所有的课程都难了很多。在学习上，我确实碰到了很多困难。我选修的化学课相当难，因为我在初中阶段接触得不多，再加上老师解释不清，完全要靠自学，所以学得很辛苦。但是我也因此养成了自学的习惯。

学生2：我也有同感。我选的经济学课程是一门新课。我在这门课上花了不少工夫。还好，我妈妈及时为我请了一位补习老师。通过我的努力，最后成绩还是不错的。我觉得虽然高中的最后一年很辛苦，但这也是一种磨炼(mó liàn)，提高了我的学习能力。

学生3：在生活上，我得到了很多锻炼。由于这几年的学习任务很重，在生活上我得作一些调整。我限制(xiàn zhì)自己外出跟朋友玩儿的时间和次数，否则就没有时间完成作业。经过两年的锻炼，我学会了怎样合理、有效地管理好时间。还有，不管碰到什么困难，我都用积极的态度来面对，并想办法解决。

提示：

① 老师可组织学生先就此议题进行讨论，可按照题目中所列的四个方面进行：

a) 生活方面的困难可能来自家庭，跟父母之间、跟兄弟姐妹之间、跟朋友之间的关系等；学习方面的困难可能是某一科目难学、成绩难提高等。然后讲讲自己是如何克服这些困难的。

b) 这些进步可能是在学习上或各种能力（组织能力、领导能力、时间管理能力等）上取得的。

c) 可带领学生复习以前学过的有关性格的词语，归类，然后讨论。

d) 最想感谢的人可能是某任课老师、班主任、同学、朋友、家长、兄弟姐妹、外公外婆、爷爷奶奶，等等。引导学生说出感谢的原因。

② 建议老师跟学生一起学习"例子"中的内容，并参考"参考句子"，展开讨论。

学生1：我觉得在这几年里，我变成了一个全面发展的学生。在很大程度上我得感谢学校，因为学校一直鼓励学生全面发展，还专门设立了奖学金。我连续两年拿到了奖学金。

学生2：学校为学生提供了丰富多彩的娱乐活动，使学生在快乐、轻松的环境里学习、生活。我发现自己的性格发生了很大的变化。我现在变得热情、向上，能用乐观、积极的态度对待学习和生活，这对我今后的发展很重要。

学生3：在这两年里，我组织和参与了各种各样的活动。这些活动培养了我的责任心、爱心以及团队精神。我的领导能力和独立办事能力也比以前强多了。我发现自己比以前开朗多了，做事比以前更有信心了，自理能力也提高了。

学生1：此时此刻，我最想感谢的是我的父母。他们为我付出了很多。我现在才认识到父母多么不容易。他们不但要辛勤工作赚钱养家，还要担心子女的学业。我母亲常说，她是个"守门员"，每次考试，她比我还紧张。

参考句子

a) 头一年，我很不适应这里的天气：夏天炎热，冬天寒冷。

b) 除了学习六门课以外，我还参加了很多课外活动，再加上其他任务，这一年我真是忙得不得了。现在回头想一想，这两年我不知道是怎么过来的。

c) 在学习汉语的过程中，我碰到了不少困难。在听力方面，如果别人说得很快，我只能听懂几个字，听不懂大意；在口语方面，我发音不准，尤其是声调；在阅读方面，我的词汇量不够，所以阅读文章时会遇到很多生字、生词，经常看不懂句子的意思。我觉得写作是最难的。写作文时，有些字我写不出来，写出来的句子也常常有语法错误。

d) 我学会了怎样学习。我上课认真听讲，每天一到家就先列一个时间表，尽量做到当天的功课当天完成，考试提前复习，每门课都准备得很充分。

e) 此时此刻，我要感谢的人很多，但是我最想感谢的是我的班主任。我简直把她当做我在学校的"妈妈"。她对我的关怀是不能用言语来表达的。我将永远记在心里。

写作训练

实际运用

1. 写演讲稿

假设你要代表毕业班的学生在年级的集会上发表毕业致辞。你的演讲要谈及以下几个方面：

- 将要毕业时的心情
- 在这几年中，你和同学们经历了很多事。在这期间，你们得到了学校、老师和同伴的帮助、关心、支持和鼓励
- 代表毕业生感谢所有帮助过你们的人

参考句子

a) 我们即将毕业，对未来充满了期待，也为新生活作好了准备。同时，我们又舍不得离开，因为这几年里你们对我们的成长帮助太大了。在此，我代表全体毕业生，衷(zhōng)心(xīn)地感谢你们。实际上，千言万语(yán wàn yǔ)都不能表达我们的感激(gǎn jī)。

b) 在这几年里，学校在各个方面为我们创造机会，精心培育我们。学校让我们组织文化节、开放日等活动。在组织和参与这些活动的过程中，我们得到了锻炼，提高了各种能力，从中学到了很多东西，为迎接未来作好了准备。

c) 我们中间的大部分同学在这里读了七年。在这七年中，我们经历了人生中重要的阶段。有时候我们也给学校带来了很多麻烦，在此，我代表大家对学校和老师们说一声"对不起"。

d) 学校是个大家庭，我们每个人都是这个大家庭中的一分子(yī fēn zǐ)，因此感到非常荣幸(róng xìng)。学校里的每一位老师都给了我们无微不至(wú wēi bú zhì)的关怀。老师们细心、耐心地教导我们如何为人处事，这使我们顺利地度过了这段难忘的时期。

e) 在大学里，我们一定会加倍努力，争取把各门学科都学好。

提示：

① 先带领学生回忆演讲稿的写作格式，之后带领学生解题：此演讲是在年级的集会上发表的，所以要回想你与全年级的同学在过去的几年里度过了哪些难忘的时光：一起露营，参加课外活动周、学校的运动会、文化节、开放日、音乐会等活动；你跟全年级的同学如何同甘共苦，互相支持、合作，共同成长；要特别感谢负责本年级的老师、校领导及所有帮助你们成长、进步的人。

② 参考"参考句子"，开阔思路，补充必要的词语。

2. 阅读短文并写作文

读过下面这封信后，请你也写一封类似的信给你们的校长。

毕业生给校长的信

尊敬的王校长：

六月我即将毕业，谨在此感谢学校多年来对我的教育和培养，并借此机会向您提出几点建议，希望学校越办越好。

第一，学校的午休时间太短，而且午休期间的活动少得可怜，所以不少同学在这段时间里都觉得无聊。如果学校把午休时间延长至一小时，学生会和其他社团便可以组织、开展多项活动。

第二，午饭期间餐厅里秩序混乱。有些学生买饭不排队，还有些学生乱扔食物。餐厅里每天应有级长轮流值班。

第三，电脑室里的电脑需要更新。上课时，有些电脑的运行速度极慢，这样白白浪费课上宝贵的时间。

第四，目前学校鼓励学生人手一部电脑。有些低年级同学不自觉，上课趁老师不注意时做其他事。学校对此应该加强管制，还要采取必要的措施，使学生恰当、合理地使用电脑，让电脑真正为教学服务。

第五，我们学校的绝大部分老师都很优秀，教学上认真负责，但是有极少数老师教书比较马虎，甚至不备课，也不给学生布置作业，更不批改作业。希望校长对此采取相应措施。

第六，希望学校允许高中生穿便服。学校除了为高中生制定明确的着装要求外，应允许他们在中学阶段的最后两年里享受一定的自由，为大学生活作准备。

第七，学校的环保措施实施不到位，校园里浪费或不环保现象多不胜数。希望学校在这方面加强对学生的管教。

以上是我及本届大部分毕业生的意见和建议，希望校长能够采纳。谢谢！

此致

敬礼！

张亮

5月20日

提示：

建议学生按照正式书信的格式来写。

信的内容可包括：

- 建议延长午休时间至一小时，使学生会和其他社团能组织、开展多项活动
- 餐厅里每天应有级长轮流值班
- 更新电脑室里的电脑
- 对低年级同学课上用电脑加强管制，让学生能恰当、合理地使用电脑
- 有极少数老师教学马虎，学校应该采取相应措施
- 允许高中生穿便服
- 在环保方面对学生加强管教
- 希望校长能够采纳以上建议

阅读与理解

阅读一　　面试的技巧

[1]　　不论对谁来说，面试都是就业的一个重要环节，① 关系到就业的成败。换句话说，把握好面试的一些技巧，对就业的成败很关键。你刚好要面试吗？不妨仔细阅读以下面试技巧。

　　第一，面试前如有可能事先预演一下，预先思考一下你可能被问及的各种问题和答案，② 你想不到所有可能被问到的问题，但整个思考
[5] 过程会让你减轻紧张的程度，③ 在面试时你会觉得心里有底。

　　第二，面试前最好事先准备几个和工作、雇主以及整个机构有关的问题问面试官。通过这些问题，你 ④ 可获取有效的信息，还可以表达你对工作的兴趣及热情。

[10]　　第三，去面试时，你的着装要简洁大方，⑤ 穿什么，都必须充分体现你的自信。一般来说，男士应着西装，女士应穿套装。

　　第四，切记不要迟到，最好提前5—10分钟到达面试地点。⑥ 一方面表示你的诚意，另一方面也给自己一点儿时间调整心态，作一些简单的仪表准备，以免手忙脚乱。

[15]　　第五，进入面试场地时千万不要紧张，要自然、有礼，面带微笑。

　　第六，在面试过程中举止要优雅大方，态度要积极热情。

　　第七，当面试官介绍情况时，要认真听。⑦ 表示你已听懂并感兴趣，可以在适当的时候点头。

　　第八，面试过程中，要弄懂提问内容，切忌答非所问。如果对提出
[20] 的问题一时搞不清楚，可请教对方以确认内容。

　　第九，回答问题时说话要清楚，音量要适度，语言要有条理性、逻辑性，有节奏感，不能太快，也不能太慢。

　　⑧ ，面试前作好准备，面试时表现出充分的自信，能够使面试官喜欢甚至赏识你，这样你离成功就不远了。

A 从下面的方框里为短文选择最合适的词语填空

> 无论　甚至　根本　而且　这样
> 即使　不但　那么　为了　总之

1. 甚至　　2. 即使　　3. 那么　　4. 不但
5. 无论　　6. 这样　　7. 为了　　8. 总之

B 根据短文选择正确答案

1. 面试 **b**。
   a) 的成败没有太大的关系
   b) 是成功就业的关键
   c) 前至少要作一次预演
   d) 是一次痛苦、难忘的经历

2. 面试前预演 **c**。
   a) 会使面试效果更糟
   b) 会使应聘者更紧张
   c) 能使应聘者减轻紧张程度
   d) 能使面试官手下留情

3. 面试时问面试官几个问题，**d**。
   a) 对面试无关紧要
   b) 能表达你对面试官的热情
   c) 对面试成功没什么帮助
   d) 可助应聘者获得有效的信息

4. 要去面试，应聘者 **c**。
   a) 一点儿都不会手忙脚乱
   b) 大都会不紧不慢
   c) 千万不要迟到
   d) 最迟晚到十分钟

5. 在面试过程中，应聘者 **a**。
   a) 应认真听面试官的介绍
   b) 不必在意自己的举止
   c) 要时不时地摇头
   d) 要不停地问问题

6. 掌握好面试技巧 **c**。
   a) 对面试效果没有太大的帮助
   b) 不是就业的关键
   c) 有助于应聘者面试成功
   d) 主要靠平时的操练

C 判断正误，并说明原因

1. 任何人只要在面试时发挥得好，就很有可能得到这份工作。　　对　错
   原因：不论对谁来说，面试都是就业的一个重要环节，甚至关系到就业的成败。　　✓

2. 面试的技巧对能否成功就业起不到作用。
   原因：把握好面试的一些技巧，对就业的成败很关键。　　　　✓

3. 有些面试中可能问到的问题，应聘者要事先准备好答案。
   原因：面试前如有可能……，预先思考一下你可能被问及的各种问题和答案，……。　　✓

4. 应聘者的衣着没有必要过分讲究。
   原因：去面试时，你的着装要简洁大方，……。　　✓

5. 在面试的过程中，应聘者的言谈和举止要大方、得体。
   原因：在面试过程中举止要优雅大方，……。　　✓

6. 应聘者谈话的节奏和音量都会影响面试的效果。
   原因：回答问题时说话要清楚，音量要适度，……，有节奏感，不能太快，也不能太慢。　　✓

D 从右边选择最合适的部分完成下列句子

1. 面试的成功与失败决定　　D
2. 积极和自信的应聘者　　B
3. 面试场面一般都会令　　A
4. 应聘者能采用各种技巧来　　C
5. 如果应聘者迟到，　　E
6. 进入面试场地前，　　G

A 应聘者紧张，并表现出不自然。
B 能博得面试官的赏识。
C 打动面试官。
D 应聘者是否能得到工作机会。
E 面试官会认为他/她没有诚意。
F 面试官不在乎。
G 应聘者要作一些心态和仪表方面的准备。
H 应聘者将来的工资。

阅读与理解

清华、北大

阅读二

清华大学：

　　清华大学简称"清华"，位于北京市海淀区清华园。清华是中华人民共和国教育部直属高等学校，是中国杰出的高等学府，也是亚洲和世界最重要的大学之一。

　　清华的前身是清华学堂，始建于1911年，当时是一所留美预备学校，1925年开始招收四年制大学生。传统上清华的文、理科并重，但1952年经调整后，文科不复存在，理科削减，工程技术相关学科实力最强。

　　20世纪80年代后期以来，清华开始致力于建设多学科的综合大学，如今已成为一所具有理科、工科、人文、经济、管理、医学和社会科学等学科的综合性大学。近几十年来，清华常被比喻为中国的麻省理工学院，每年只有中国各省市高考成绩最优秀的高中毕业生才有机会被清华录取。

北京大学：

　　北京大学简称"北大"，位于北京市海淀区颐和园路。北大创建于1898年，初名京师大学堂，是中国近代第一所国立大学，被公认为中国的最高学府，也是亚洲和世界最重要的大学之一。其成立标志着中国近现代高等教育的开端，由此开创了中国的现代学制。

　　北大是中国最早的综合性大学，理科、文科、社会科学、新型工科和医科都是它的强项。北大拥有雄厚的师资力量，以及最得天独厚的人文环境，一直吸引着全国最优秀的学子报考，高考状元录取人数是全国高校之首。

　　自创立以来，北大在国际上的知名度一直很高，现有来自近百个国家的四千余名留学生在北大求学，留学生人数在全国高校中占领先地位。历年来访问北大的诺贝尔奖获得者、国际学术大师、各国元首与政府首脑的人数在国内高校中均居第一。

A 判断正误，并说明原因

1. 从建校那天起，工科就是清华最有实力的专业。　　　　　　　　　对　错
   原因：传统上清华的文、理科并重。　　　　　　　　　　　　　　　　✓

2. 清华现在已变成了一所多学科的综合性的世界著名学府。
   原因：清华开始……，如今已成为一所具有理科、工科、
   　　　人文、经济……等学科的综合性大学。　　　　　　　　　　✓

3. 现在，清华可以跟美国的麻省理工学院齐名。
   原因：近几十年来，清华常被比喻为中国的麻省理工学院。　　　　✓

4. 北大从创办以来一直吸引着世界上最优秀的学生报考。
   原因：北大拥有……，一直吸引着全国最优秀的学子报
   　　　考，……。　　　　　　　　　　　　　　　　　　　　　　　　✓

5. 在所有的高校中，北大录取的全国高考状元人数最多。
   原因：北大……，高考状元录取人数是全国高校之首。　　　　✓

6. 北大在国际上一直都很有名气。
   原因：自创立以来，北大在国际上的知名度一直很高，……。　✓

B 根据短文找出四个正确的句子

- ☑ 1. 清华和北大的校址在北京同一个区。
- ☐ 2. 清华是一所私立大学。
- ☑ 3. 清华每年从全国各省市录取高考成绩最优秀的学生。
- ☑ 4. 从创建至今，清华在学科方面经历了好几次调整。
- ☑ 5. 北大是中国近代第一所国立大学。
- ☐ 6. 北大想方设法吸引国际优秀人才来校学习、进修。
- ☐ 7. 北大曾经培养出几位国家政要人物。

C 根据短文选择正确答案

1. "综合大学"（第8行）指的是 __b__ 大学。
   a) 重文轻理的
   b) 多学科
   c) 工科及商科
   d) 专科

2. "雄厚的师资力量"（第19行）的意思是教师队伍的 __b__ 。
   a) 人数很多
   b) 总体素质很高
   c) 教龄很长
   d) 工资很高

3. "高考状元"（第20行）指的是 __c__ 的考生。
   a) 在科举制度下没考中
   b) 考进预备学校
   c) 在高考中取得最好成绩
   d) 那些没考上大学

4. "领先地位"（第23行）的意思是 __a__ 。
   a) 数一数二
   b) 是全国高校的榜样
   c) 具有号召力
   d) 占地面积最大

D 根据短文选择正确答案

1. 清华 __b__ 。
   a) 跟麻省理工学院是姐妹学校
   b) 现在直接受国家教育部领导
   c) 后来发展成了一所工程学院
   d) 没有医学院

2. 自20世纪80年代后期以来，清华 __b__ 。
   a) 一直是一所工科大学
   b) 已发展成了一所综合性大学
   c) 一直重理轻文
   d) 一直重文轻理

3. 北大 __d__ 。
   a) 是一所理工大学
   b) 是亚洲最有名的大学
   c) 的学生大部分来自北京
   d) 建于十九世纪后叶

4. 北大的知名度 __c__ 。
   a) 在国内外占领导地位
   b) 一直不佳
   c) 在国际上历来很高
   d) 一度不怎么高

15

第一单元 第2课

推迟入学申请

[1] 尊敬的招生部主任:

您好!

我已经被贵校的体育系录取,应该在今年的九月入学。但是我决定中学毕业后推迟一年进大学学习。我休[5]学一年的原因是想去中国进修汉语、提高武术水平,同时获得一些工作经验,并挣一点儿上大学的零用钱。

第一站我计划六月中旬至十二月底去河南少林寺学武术。我从小就对中国功夫着迷,一直梦想去中国学地道的武术。我坚信,通过几个月的训练,我的武术水平[10]一定能够提高,也为我今后读体育专业作好充分的准备。我还打算在大学里组织一个武术俱乐部,让更多的人了解武术、学习武术。第二站我将去中国东北的滑雪胜地哈尔滨,从明年一月份开始,在那里做兼职滑雪教练。我预计在那儿待两个月。第三站我将去四川的一个贫困地区做义[15]工。我希望在那里体验艰苦的生活,尽我的能力帮助那些有困难的人。最后一站是去一家进出口公司,我想在那里当翻译。我希望能够通过实际运用提高自己的汉语水平。我坚信这一年的经历会对自己的前途有帮助。

以上是我下一年的计划。我休学的理由很简单,因[20]为我相信在这一年里自己会有很大的收获。我的计划不但能使自己开阔眼界、丰富人生经验、学到地道的武术,还能提[25]高汉语水平。如果您同意为我保留明年的入学资

提示:

① 开始此话题之前,建议老师先带领学生讨论:"如果你高中毕业后打算推迟一年进大学,你会怎样安排这一年的生活?"这次可分组,让每组学生分别讨论,然后汇总各组的看法。老师也可根据此话题在网站上建一个Google Docs,让学生们各自将答案直接打字打到网页上,让学生们互相启发、产生联想等。

② 至于这一年中可以做些什么,可提示学生这些话题:去某个国家学语言、旅游、做义工;去某个公司见习、实习;去学一项技能,如音乐、美术、体育、表演等。

③ 讨论过程中,可有意将本课要学的生词介绍给学生,也可用本课课文中的句子作为例句。

④ 学完本课余下的词语后,可跟学生一起精读课文,学会课文里一些有特色的语句,为以后写类似的书信打下基础。

⑤ 课本第18页的练习一可作为引导题,带领学生重温课文内容,记住关键词句。

格，我将不胜感激。明年九月前，我会再跟您联络。

盼复。

[30] 此致

敬礼！

雷新

5月2日

生词

1. 推迟 tuī chí postpone; defer
*2. 系 xì department; faculty
3. 休学 xiū xué suspend one's schooling without losing one's status as a student
4. 原因 yuán yīn cause; reason
5. 进修 jìn xiū engage in advanced studies
6. 挣 zhèng earn
7. 零用钱 líng yòng qián pocket money
8. 旬 xún period of 10 days
   中旬 zhōng xún middle 10 days of a month
9. 少林寺 Shàolín sì Shaolin Monastery
10. 迷 mí crazy about 着迷 zháo mí be fascinated
    对……着迷 duì……zháo mí be fascinated by
11. 梦（夢）mèng dream 梦想 mèng xiǎng dream of
12. 地道 dì dao genuine; authentic
13. 月份 yuè fèn month
14. 东北 dōng běi northeast
15. 胜地 shèng dì famous scenic spot
16. 哈尔滨 Hā ěr bīn Harbin, capital of Heilongjiang Province
17. 兼 jiān simultaneously 兼职 jiān zhí part-time job

18. 预计 yù jì estimate; calculate in advance
19. 四川 Sìchuān Sichuan (Province)
20. 贫（貧）pín poor; needy
    贫困 pín kùn poor; impoverished
21. 地区 dì qū area; region
22. 艰（艱）jiān difficult; hard
    艰苦 jiān kǔ difficult; hard
23. 进出口 jìn chū kǒu imports and exports
24. 翻 fān translate; interpret
25. 译（譯）yì translate; interpret
    翻译 fān yì translator; interpreter; translate; interpret
26. 实际 shí jì practical
27. 运用 yùn yòng put to use
28. 前途 qián tú future 29. 理由 lǐ yóu reason
30. 保留 bǎo liú reserve
31. 资格 zī gé qualifications
32. 不胜 bù shèng extremely; deeply
    感激 gǎn jī feel grateful
    不胜感激 bù shèng gǎn jī be deeply grateful
*33. 复（復）fù reply

消化课文

口语热身

1. 根据课文回答问题
   1) 雷新会在大学里读什么专业？他休学的原因是什么？
   2) 他休学期间的第一站去哪儿？他会去多久？这对他上大学有什么帮助？
   3) 第二站他会去哪儿？去做什么？去多长时间？
   4) 他去四川做什么？去那儿的目的是什么？
   5) 他的最后一站是哪儿？去那儿的目的是什么？
   6) 他对招生部主任提出了什么请求？

2. 根据实际情况回答问题
   1) 你中学毕业以后想直接升入大学吗？如果不想的话，你会休学一年吗？你身边的朋友中休学的人多吗？他们休学的主要原因是什么？
   2) 假设你有机会休学一年，你打算做什么？想达到什么目的？
   3) 假设你休学一年去一个贫困山区当小学老师，那儿的生活条件很差。在这期间，你希望改变什么？
   4) 假设你很想休学一年，而你想进的那所大学不给你保留入学资格，那你会作出怎样的选择？为什么？
   5) 无论是中学还是大学阶段，你认为休学有什么好处和坏处？
   6) 在休学的一年中，有些人一边打工一边周游世界。他们认为这是开阔眼界、丰富人生的最佳办法。你是怎么看的？
   7) 你做过兼职吗？做过什么？在哪儿，做过多久？你从中有哪些收获？
   8) 你从小到大有过哪些梦想？在今后的五年里，你希望做些什么？想达到什么目标？

答案（仅供参考）：
1) 体育专业。因为他想去中国进修汉语、提高武术水平，同时获得一些工作经验，并挣一点儿上大学的零用钱。
2) 第一站他会去河南少林寺学武术。他会去六个半月。他希望提高武术水平，为他以后读体育专业作好充分的准备。
3) 第二站他会去中国东北的滑雪胜地哈尔滨，去那里做兼职滑雪教练。他会在那儿待两个月。
4) 去做义工。他希望在那里体验艰苦的生活，尽他的能力帮助那些有困难的人。
5) 他最后一站去一家进出口公司当翻译。他希望能够通过实际运用提高自己的汉语水平。
6) 他希望招生部主任同意为他保留明年的入学资格。

提示：
此练习中的问题可用来作为第二节课开始时的热身问题，帮助回忆上节课的内容，重温课文。如果条件允许，可在与学生逐一讨论所有问题时另加一些新词语。

语言难点

1. 用带点的词语模仿例子造句

    例子：我已经被贵校的体育系录取。（第3行）

    他上个周末刚把申请表格以及相关材料寄出去。

2. 选择其中一个短语造句

    Ⓐ例子：我休学一年的原因是想去中国进修汉语。（第4行）

    我学汉语的目的是……

    我的理想是……

    我今后十年的计划是……

    Ⓑ例子：六月中旬至十二月底（第7行）

    三月初/头六个月

    Ⓒ例子：我坚信，通过几个月的训练，我的武术水平一定能够提高。（第9行）

    我预计/相信/认为/希望……

3. 完成句子

    Ⓐ例子：通过几个月的训练，我的武术水平一定能够提高。（第9行）

    我希望能够通过实际运用提高自己的汉语水平。（第17行）

    通过七年的汉语学习，＿＿＿＿＿＿。

    Ⓑ例子：我还打算在大学里组织一个武术俱乐部，让更多的人了解武术。（第11行）

    我想让＿＿＿＿＿＿。

    Ⓒ例子：我坚信这一年的经历会对自己的前途有帮助。（第18行）

    我对＿＿＿＿＿＿有了一定的了解。

19

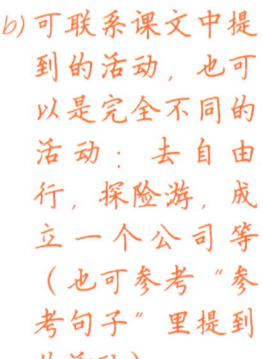

实际运用

提示：
在展开小组讨论之前，老师可带领学生先联想："你会跟哪两个同学一起去？为什么？"然后按照四个方面展开：

a) 目的地是三个人都喜欢的地方。

b) 可联系课文中提到的活动，也可以是完全不同的活动：去自由行，探险游，成立一个公司等（也可参考"参考句子"里提到的活动）。

c) 讨论希望通过所开展的活动，培养哪些技能，增长哪些知识、能力。

d) 可联系要去的大学、大学里要学的专业或大学毕业后希望能从事的职业来讨论。

口语训练

小组讨论

假设你们三个同学决定明年一起休学一年，请讨论在这一年当中想做些什么。你们要谈及：

- 去哪里
- 可以做什么
- 希望达到什么目的
- 对将来的发展有何帮助

例子：

学生1：我们首先应该感谢我们的父母，因为他们能够理解我们，给我们体验生活的机会，让我们做自己想做的事情。

学生2：是啊！我们应该珍惜这次宝贵的机会，做一些实事。通过做实事，我们既能锻炼自己，又可以帮助别人，可以说是一举两得。

学生3：那我们具体讨论一下，明年我们可以做些什么实事。

学生1：听我妈妈说，山西省一个贫困山区有一个孤儿院（gū ér yuàn）。那个孤儿院的生活和教育条件都比较差。我妈妈的公司已经捐助（juān zhù）了几十万，帮助他们提高生活水平和教育水准，但是他们还需要人手。我认为这是一个机会。

学生3：那我们可以做些什么呢？

学生1：我们可以帮助孤儿院改建校舍（xiào shè）。还有，那个孤儿院有一个附属（fù shǔ）小学，有五十多个小学生。在课程设计方面，我们可以帮助他们改革一下。

我们可以为学生开展一些活动，丰富他们的课余生活。

学生2：看来这是个很有意思的公益活动。你的想法很好。我们三个人来自不同背景，有各种能力和经验，一定要好好儿计划一下，为学校做一点儿实事。我爸爸是建筑师，我可以请他帮忙设计孤儿院的宿舍和学校的校舍。他一定很乐意帮这个忙。

学生3：在教学方面，我经历过中、西式的教育。我觉得这两种教育制度都各有长处和短处，我希望扬长避短，改革一些教学方法。我打算在大学里读教育，所以也想利用这次机会作一下尝试，把我的一些想法运用到实际中去，希望为小学培育出优秀的学生出一把力。

学生1：你的想法不错。通过休学一年，我希望能在不同程度上提高我们的组织能力、领导能力、跟人沟通的能力，并培养我们吃苦、耐劳、勤奋、实干的精神。

参考句子

a) 我擅长跳舞和唱歌，可以帮他们组织合唱队和舞蹈队，还可以帮他们上音乐课。

b) 我在学校组织过好几次野营活动，还热爱体育，可以给孩子们上体育课，帮助他们设计各种野外活动和游戏。

c) 我能说流利的普通话和英语，可以给孩子们上英语课。

d) 我组织过好几次大型的筹款活动，在这个方面很有经验。我们可以在去之前搞一次大型的募捐活动。如果我们能筹集到更多的资金，就可以帮孤儿院添置一些东西，比如衣服、文具、电脑、课桌椅等。

e) 我们可以建议我们的校长动员更多的学生参与这项活动。我们学校的学生可以在每年的课外活动周去那里体验艰苦的生活，并为孤儿院做义工。我们还可以设立一个教育基金，鼓励学生捐款，为孤儿提供生活费和教育费。

f) 太棒了！这真是一件利人利己的事。相信我们不但能真正帮助别人，而且为自己以后的学习和工作积累宝贵的经验。

写作训练

实际运用

1. 写文章

请给报社写一篇文章，谈谈学生打工的好处与坏处。在文章中，你要谈及以下几个方面：

- 目前学生打工的现象
- 学生打工的好处
- 学生打工的坏处
- 你的看法

参考句子

a) 我周围有相当一部分学生利用课余时间打工。他们打工的主要目的是挣零用钱，因为有时候他们需要用钱时父母又不给。还有，如果是学生自己挣来的钱，他们喜欢怎么花就怎么花，父母一般不管。

b) 学生应该从小养成节约用钱的好习惯。打工可以使他们体会到挣钱不容易。而且，学生应该花一些时间体验生活，应从小接触社会、了解社会，积累生活经验，这可以为他们将来的生活、学习和工作作准备。

c) 有些学生花太多时间打工，这样他们的学习时间就减少了，学习成绩可能下降。

d) 如果学生明白自己打工的目的，也知道该花多少时间打工，我认为学生打工没有什么不对。如果学生做的工作跟他们的学习有关，比如说家教，那么我认为是值得的。因为他们既能够复习学过的知识，又能挣钱，那真是一举两得（yī jǔ liǎng dé）。如果学生打工只是为了挣钱，我认为不值得。因为学生的主要任务是学习，不是挣钱。

提示：

① 此项写作练习要求以文章的格式来写。

② 老师可先带领学生解题：文章中既要写到打工的好处，又要写出坏处。

③ 除了"参考句子"中提到的好/坏处以外，还有：

好处：
a) 学会更好地利用有限的时间，提高时间管理能力；
b) 学到一种技能；
c) 取得一些工作经验；
d) 体会工作的辛苦；
e) 学会与人沟通、合作。

坏处：
a) 对学习多少有影响；
b) 可能会受骗；
c) 可能不安全；
d) 由于时间紧迫，饮食不定时，可能影响健康；
e) 可能交上损友，学坏。

2. 阅读短文并写作文

假设以下采访中的一些话正是你所想的。写一封电邮给你的好朋友，说服他/她同你一起休学一年去中国学汉语。

推迟入学

杨：观众朋友们好，我是主持人杨洁。中国的经济以惊人的速度发展，受到了全世界的瞩目。世界各地也因此掀起了一股"汉语热"。我今天要采访的三位同学都休学一年来北京学汉语。我首先要采访的是林木。林木，你好。你为什么决定推迟上大学？

林：我汉语已经学了七年了。去年我在重庆度过了一个难忘的暑假。在那里，我看到的、听到的、接触到的中国跟媒体介绍的不完全一样。我在重庆的亲身经历和体验使我开阔了视野和思路。我还对中国的传统文化产生了兴趣。我希望在休学的一年中，一方面进一步提高我的汉语水平，另一方面更多地了解中国，说不定我以后会在中国定居。

杨：蓝风同学，请问你为什么要休学一年来北京学汉语呢？

蓝：我爸爸是个外交官。由于爸爸的工作关系，我小时候曾经在北京住过四年。我从上初中开始就立志要像爸爸一样做一名外交官。最近，有报道说汉语是21世纪应具备的语言工具。报道还说，那些掌握英语的人在20世纪占有优势，而汉语成了21世纪必备的语言技能。如果一个人能精通英语和汉语，就能更具竞争力。

杨：接下来，请来自韩国的金永山同学说说休学来北京学汉语的理由。

金：我们家一直经营进出口业务。近几年，我父亲的公司跟浙江一家公司生意做得很红火。我父亲希望我能尽早接手公司业务，继承家业。如果我的汉语不过关，怎么能跟中国人做生意呢？我觉得在大学里断断续续地学汉语，远不如集中精力和时间在北京学，这样我能在短时间内过语言关。我还计划进北京的一所大学学经济管理专业。

……

提示：

建议学生按照非正式电邮的格式来写。在电邮中可以向朋友提到：

- 在休学的一年中，一方面可以进一步提高汉语水平
- 另一方面可以更多地了解中国
- 汉语是21世纪应具备的语言工具
- 如果一个人能精通英语和汉语，就能更具竞争力
- 如果汉语不过关，无法跟中国人做生意
- 在大学里断断续续地学汉语，远不如集中精力和时间在北京学，这样能在短时间内过语言关
- 希望你同我一起休学一年去中国学汉语

阅读与理解

阅读一 少林寺

第一段 [1] 　　少林寺坐落在中国河南省登封县少室山丛林中，是久负盛名的佛教古刹，是少林功夫的发源地。少林寺建于公元495年。当初因为寺院建在少室山的茂密丛林中，因此得名"少林寺"。少林寺山门的门额上"少林寺"三个金漆大字，是清代康熙皇帝的亲笔题书。少林寺西边有[5] 塔林，那里有唐代至清代少林寺历代高僧的墓塔220余座。

第二段 　　公元527年，释迦牟尼第28代佛徒菩提达摩从印度漂洋过海到中国，途经广州、南京，然后北渡长江来到少林寺。他广集信徒，传授禅宗，寺院逐渐扩大，僧人日益增多，少林寺因此成为禅宗的祖庭。唐朝初年，少林和尚帮助秦王李世民（后来的唐太宗），作战有功，受到赏[10] 赐，从此僧徒经常习武，创少林派拳术，禅宗与拳术名传天下，少林寺也因此被誉为"天下第一刹"。明代时少林寺的名气达到鼎盛，清朝开始衰落。民国时期，军阀放火烧毁了少林寺的大部分建筑及文物。

第三段 　　新中国成立后，少林寺再展雄风，特别是1982年拍摄的电影《少林寺》，使少林寺、少林功夫风靡世界，少林寺也成为河南的一个顶级旅[15] 游景区。近些年，随着旅游事业的发展，国家拨巨款对少林寺大加整修，恢复和修缮了少林寺的大部分建筑和文物，并美化了环境，增添了设施，使千年古刹又呈现出金碧辉煌的面貌。

第四段 　　少林寺自建寺以来，禅、武、医举世闻名，经久不衰，沉积了丰厚的历史内涵和文化底蕴，曾先后被评为"郑州市十大旅游景区"、全国[20] 首批"4A级景区"，每年接待游客150余万人次，是名副其实的中原旅游明珠、华夏旅游胜地。

A 从右边的段落大意中找出最合适的

1. 第一段 **B**
2. 第二段 **G**
3. 第三段 **C**
4. 第四段 **D**

A 少林寺作为历代禅宗的祖庭。
B 少林寺的地理位置及简介。
C 电影《少林寺》的影响以及国家的大力支持使少林寺更放光彩。
D 少林寺的历史、文化及旅游价值。
E 国家对少林寺的大力支持。
F 少林寺在旅游业的发展方向。
G 少林寺在各个朝代的经历。

B 根据短文找出四个正确的句子

☐ 1. 公元527年，释迦牟尼曾亲渡重洋来到中国。
☑ 2. 少林寺坐落在茂密的山林中。
☐ 3. 菩提达摩代表释迦牟尼来少林寺传授禅宗。
☐ 4. 少林寺的名气在清朝末年达到鼎盛时期。
☑ 5. 少林寺是一座中华传统文化的宝藏。
☑ 6. 少林寺是全国第一批被评为"4A级景区"的旅游胜地。
☑ 7. 参观少林寺能了解中国的历史和文化。

C 根据短文回答问题

1. 少林寺山门上的三个金漆大字"少林寺"是谁的笔迹？
   是清代康熙皇帝的笔迹。
2. "少林寺"这个名字因何而来？
   因为寺院建在少室山的茂密丛林中而得名。
3. 菩提达摩对少林寺的发展作出了什么样的贡献？
   他在少林寺广集信徒，传授禅宗，寺院逐渐扩大，僧人日益增多，少林寺因此成为禅宗的祖庭。
4. 为什么少林寺被誉为"天下第一刹"？
   唐朝初年，少林寺的僧徒经常习武，创少林派拳术，禅宗与拳术名传天下，少林寺也因此被誉为"天下第一刹"。
5. 国家在资金上怎样支持少林寺？
   近些年，国家拨巨款对少林寺大加整修。

D 判断正误，并说明原因

1. 少林功夫发源于少林寺。　　　　　　　　　　　　　　　　　　对　错
   原因：唐朝初年，少林和尚……，从此僧徒经常习武，创少林派拳术。　　✓

2. 在少林寺西面的塔林中安葬着历代高僧。
   原因：少林寺西边有塔林，那里有唐代至清代少林寺历代高僧的墓塔220余座。　　✓

3. 在历史上，少林寺的建筑和文物曾经遭到破坏。
   原因：民国时期，军阀放火烧毁了少林寺的大部分建筑及文物。　　✓

4. 少林寺每年接待游客150万人次以上。
   原因：少林寺……，每年接待游客150余万人次。　　✓

5. 电影《少林寺》对少林寺旅游业的推广起了积极的作用。
   原因：……1982年拍摄的电影《少林寺》，使少林寺、少林功夫风靡世界，少林寺也成为河南的一个顶级旅游景区。　　✓

E 根据短文选择正确答案

1. "久负盛名"（第1行）的意思是 **b** 。
   a) 名声一时不佳
   b) 名声一直很高
   c) 全国闻名
   d) 小有名气

2. "再展雄风"（第13行）的意思是 **a** 。
   a) 再一次显示昔日的威风
   b) 重新开业
   c) 重新确立在武术界的地位
   d) 再次成了电影的外景拍摄地

3. "风靡世界"（第14行）的意思是 **d** 。
   a) 最受欢迎的娱乐活动
   b) 年轻人推崇的体育活动
   c) 在世界各地开办少林功夫馆
   d) 在世界范围内流行开来

4. "金碧辉煌"（第17行）的意思是 **c** 。
   a) 装饰新潮
   b) 装修格外俗气
   c) 异常华丽，光彩夺目
   d) 光线明亮

阅读与理解

阅读二

第一段　武术是中国传统文化的重要组成部分，是中国民族体育的主要内容之一，是几千年来中国人民用以锻炼身体和自卫的一种方法。广东、广西人称武术为"功夫"，民国初期武术被称为"国术"。武术被视为中国文化之精粹，因此被视为国粹之一。

第二段　中国武术的起源可以追溯到原始社会。当时人们用棍棒等工具与野兽搏斗，逐渐积累了一些攻防经验。在以后漫长的历史年代中，武术得以进一步发展。唐代是中国武术的兴盛时期。到了明清时期，民间习武更加广泛，出现了丰富多彩的套路，形成了风格各异的流派。建国后，武术被正式列为体育竞技项目，得到了广泛的普及与推广。

第三段　中国武术门派繁多，但没有统一的命名方法，有以地区划分的：如南拳、北拳；有以山脉、寺庙划分的：如武当拳、峨眉拳、少林拳；有以姓名划分的：如岳家拳、燕青拳；还有以动物名称命名的：如蛇拳、猴拳。

第四段　不论是哪一流派、套路，练武术都会有以下收获：

第五段　第一，提高素质，健体防身。系统地进行武术训练，能使人的身心都得到全面锻炼，对调节内环境的平衡、调养气血、改善人体机能、强身健体十分有益。第二，锻炼意志，培养品德。经过长期锻炼，可以培养人们勤奋、刻苦、顽强、虚心好学、勇于进取的意志和品德。第三，竞技观赏，丰富生活。武术具有很高的观赏性，无论是套路表演，还是散打比赛，历来为人们所喜闻乐见。第四，交流技艺，增进友谊。无论是大众化的武术活动，还是有组织的武术比赛，人们既能切磋技艺、交流思想，又可增进友谊。

A 为短文配题目

☐ 1. 武术的流派 ☐ 3. 武术的功能
☐ 2. 武术的门派、套路之分 ☑ 4. 中国文化的精粹——武术

B 根据短文找出四个正确的句子

☐ 1. 中国武术门派都以地名来命名。
☑ 2. 学武术能起到锻炼身体的作用。
☑ 3. 通过练武术，一个人会变得身强体壮、意志坚强。
☐ 4. 燕青拳中的"燕青"可能是一个地名。
☑ 5. 广东、广西人把武术叫做功夫。
☐ 6. 一般民众爱看武术比赛，但看不懂散打表演。
☑ 7. 系统地进行武术训练能保持一个人的身心健康。

C 从右边的段落大意中找出最合适的

1. 第一段　　C　　A 武术门派的分类及命名方法。
2. 第二段　　G　　B 练武术所带来的益处。
3. 第三段　　A　　C 武术在中华民族文化中的地位。
4. 第四、五段　B　　D 各武术门派的发展史。
　　　　　　　　　E 武术在现代体育中的地位。
　　　　　　　　　F 武术在民众日常生活中的地位。
　　　　　　　　　G 武术的发展史。

D 从短文中找反义词

1. 次要 →（ 主要 ）（第1行）　5. 片面 →（ 全面 ）（第16行）
2. 短暂 →（ 漫长 ）（第6行）　6. 短期 →（ 长期 ）（第17行）
3. 狭隘 →（ 广泛 ）（第8行）　7. 懒惰 →（ 勤奋 ）（第18行）
4. 单调 →（ 丰富 ）（第8行）　8. 脆弱 →（ 顽强 ）（第18行）

E 判断正误，并说明原因

1. 武术是中国人用来锻炼身体的一种方法。　　　　　　　　　　　对　错
   原因：武术……是几千年来中国人民用以锻炼身体和自卫的一种方法。　✓　___

2. 中国武术源于明清时期。
   原因：中国武术的起源可以追溯到原始社会。　　　　　　　　　___　✓

3. 从唐代开始，武术正式成了体育竞技项目之一。
   原因：建国后，武术被正式列为体育竞技项目。　　　　　　　　___　✓

4. 各个门派的武术风格大体相同。
   原因：到了明清时期，……出现了丰富多彩的套路，形成了风格各异的流派。　___　✓

5. 中国武术门派的命名方法很统一。
   原因：中国武术门派繁多，但没有统一的命名方法。　　　　　　___　✓

6. 武术是一种观赏性很高的表演，深受民众的喜爱。
   原因：武术具有很高的观赏性，……历来为人们所喜闻乐见。　　✓　___

F 根据短文填空

1. 中国武术门派的命名有以___地区___划分的，以___山脉、寺庙___划分的，以___姓名___划分的，还有以___动物名称___命名的。

2. 练武术有以下几个收获：___提高素质，健体防身___；___锻炼意志，培养品德___；___竞技观赏，丰富生活___；___交流技艺，增进友谊___。

第一单元 第3课

难忘的高中生活

[1] 尊敬的王老师：

我即将毕业。在高中的两年里，您一直关心、支持和鼓励我。在此，请允许我对您表示衷心的感谢。

我清楚地记得，我转到这个学校的第一年，学习和[5]生活都不顺利。

在家里，我经常跟父母发生冲突，关系很差。我觉得家里没有温暖，所以变得自卑、逆反，而且情绪时常不稳定。

在学校里，我的日子也不好过。我刚到这所学校时没有朋友，再加上学习负担重，压力大，很难应付学校[10]的课程。在学习上，我没有目标，对自己又缺乏信心。第一个学期，由于我心情不好，没有心思读书，所以学习不自觉，做作业总是马马虎虎。结果期末考试各门功课的成绩都下降了。

但是，在高中的两年里，您在各个方面都很关心[15]我。您经常找我谈心，耐心地开导我，劝我要体谅父母，学会换位思考，好好儿地跟他们沟通。在学习上，您劝我要用心读书，为自己的前途着想。在我申请大学时，您给了我很多建议及指导，并为我写了推荐信。在您的关怀下，我顺利地度过了高中阶段，并被中国一所[20]名牌大学录取，攻读金融专业。

您热爱教育事业，关心、爱护学生，是[25]我的榜样。在今后的人生道路上，我还需要您的

提示：

① 本课的话题是感谢信。在讲课文之前，老师可先带领学生就此话题展开联想：想好要感谢哪位老师；他/她从学习上、生活上给予了你哪些帮助（提及一些细节），使你发生了哪些转变，对你产生了哪些影响等。

② 建议老师在介绍本课词语的基础之上，提供更多的形容词、感谢用语等，为学生扩展词汇。

③ 在介绍、讲解完本课所有生词后，老师可跟学生一起精读本课文；也可让学生先通读课文，然后再讲解。建议将课文讲透，让学生掌握写感谢信的基本格式、用词、语气等。

④ 课本32页上的练习一可用作重温课文的引子，在学完课文后带领学生重新回顾课文内容，记住关键词句。

支持。我再一次感谢您对我的教育和培养。以后有机会我会去学校看望您。请多保重。

[30]　　　顺祝

夏安！

　　　　　　　　　　　　　　　　　　　张真

　　　　　　　　　　　　　　　　　　　6月10日

生词

1. 衷 innermost feelings
   衷心 zhōngxīn heartfelt
2. 清楚 qīngchu clear; clearly
3. 冲突 chōngtū conflict
4. 温暖 wēnnuǎn mild; warm
5. 卑 bēi humble; modest
   自卑 zìbēi feel oneself inferior (to others)
6. 逆 nì go against
   逆反 nìfǎn rebellious; adverse
7. 绪（緒）xù mood
   情绪 qíngxù mood; feeling
8. 稳（穩）wěn steady
   稳定 wěndìng stable; steady
9. 日子 rìzi day; time
10. 目标 mùbiāo target; objective
11. 自觉 zìjué consciously
12. 马马虎虎 mǎmǎhūhū careless
13. 开导 kāidǎo give guidance to
14. 体谅 tǐliàng show understanding and sympathy for
15. 换位 huànwèi put oneself in sb.'s shoes
16. 好好儿 hǎohāor try one's best
17. 着想 zhuóxiǎng consider; think about
    为……着想 wèi……zhuóxiǎng consider (the interest of somebody or something)
18. 指导 zhǐdǎo guide; direct
19. 怀（懷）huái mind; heart
    关怀 guānhuái show loving care for
20. 攻 gōng study; specialize in
    攻读 gōngdú study diligently
21. 融 róng circulation　金融 jīnróng finance
22. 热爱 rè'ài deep affection
23. 事业 shìyè cause; undertaking
24. 榜 bǎng list of names posted up
    榜样 bǎngyàng role model; good example
25. 道路 dàolù road; way; path
26. 看望 kànwàng visit
27. 保重 bǎozhòng take care of oneself
*28. 顺（順）shùn act at one's convenience

消化课文

答案（仅供参考）：
1) 他写信是为了对王老师表示感谢，感谢王老师对他的教育和培养。
2) 关系很差，经常跟父母发生冲突。
3) 王老师经常找他谈心，耐心地开导他，劝他要体谅父母，学会换位思考，好好儿地跟他们沟通。
4) 由于他心情不好，没有心思读书，所以学习不自觉，做作业总是马马虎虎。结果期末考试各门功课的成绩都下降了。
5) 王老师劝他要用心读书，为自己的前途着想。
6) 王老师给了他很多建议及指导，并为他写了推荐信。

口语热身

1. 根据课文回答问题
1) 张真为什么要写信给王老师？
2) 张真刚转学时，他跟父母的关系怎么样？
3) 王老师是怎样帮助他解决他跟父母之间的问题的？
4) 他转学后第一个学期的学习情况怎么样？
5) 在学习方面，王老师是怎样开导他的？
6) 在申请大学时，王老师是怎样帮助他的？

2. 根据实际情况回答问题
1) 在学习上，哪一位老师或者父母对你的关心、鼓励和支持最多？请举一个例子。
2) 从小学到现在，你在几所学校上过学？介绍你最喜欢或者最不喜欢的一所学校，并说出原因。
3) 你是不是一个全面发展的学生？你认为自己在哪个方面比较优秀？
4) 在你成长的过程中，哪个阶段情绪不稳定、有逆反心理？那时，你跟父母的关系怎么样？请举一个例子。
5) 你现在跟父母的关系怎么样？你们常沟通吗？说一说其中一件事。（比如你有很好的想法，但是父母就是不同意，后来经过几次沟通后得到了他们的理解和支持。）
6) 在申请大学的过程中，谁对你的指导最多？谁帮你写了推荐信？
7) 你申请了哪几所大学？你最希望被哪所大学录取？为什么？
8) 你会抽出时间去看望以前的老师吗？你经常去看望哪一位老师？他/她现在的情况怎么样？

提示：
此练习中的题目可用来在第二节课开头与同学一起回顾前一节课上讲到的内容，注意提醒学生用新学到的词语、句型。如条件允许，可在与学生讨论每一个问题的同时，为学生扩展更多词语。

语言难点

1. 选择其中一个词语造句

   Ⓐ 例子：您一直关心、支持和鼓励我。(第2行)
   　　　　总是/很少/通常

   Ⓑ 例子：我对您表示衷心的感谢。(第3行)

   　　对……⎰ 友善
   　　　　　 感兴趣
   　　　　　 发火
   　　　　　 印象深

   Ⓒ 例子：在学校里，我的日子也不好过。(第8行)
   　　　　在学习上，我没有目标。(第10行)
   　　　　在高中的两年里，您在各个方面都很关心我。(第14行)
   　　　　在您的关怀下，我顺利地度过了高中阶段。(第18行)
   　　　　在今后的人生道路上，我还需要您的支持。(第25行)

   Ⓓ 例子：在学习上，您劝我要用心读书，为自己的前途着想。(第16行)
   　　　　暑假里我为小学生补课。
   　　　　妈妈去大使馆为我办签证。

2. 用带点的词语模仿例子造句

   Ⓐ 例子：我变得自卑、逆反，而且情绪时常不稳定。(第7行)

   Ⓑ 例子：我刚到这所学校时没有朋友，再加上学习负担重，压力大，很难应付学校的课程。(第8行)

口语训练

实际运用

角色扮演

假设你的一个朋友想离家出走。你打电话开导他/她,告诉他/她应该怎样对待发生在身边的事情。你们谈及的内容包括:

- 令他/她烦恼的事情
- 难以解决的问题
- 提出看法及解决问题的建议

例子:

学生1:我最近有很多烦恼。在很多事情上,我跟父母的看法不一致,分歧很大。我没有权力决定自己的事情。妈妈想让我上本市的大学,但是我想出国留学。

学生2:那你有没有跟他们好好儿谈过这件事?

学生1:已经谈过好几次了。父母总是说,他们的意见是对的,完全是为了我好。他们还希望我学法律专业,可是我对律师这个行业一点儿兴趣都没有。

学生2:选专业是一件大事,如果你选择不喜欢的专业,我觉得你肯定学不好。

学生1:我也是这样对他们说的。他们还限制我跟朋友一起外出的次数和时间。他们认为我应该抓紧时间学习,其他的事都应该让路。

学生2:一个人的交际能力很重要。如果你长期不跟人接触,怎么能学会跟人合作呢?这不利于你将来的发展。

学生1:我父母还限制我上网的时

提示:

① 在做此练习之前,先带领学生联想,联系自己,回忆自己在以前的哪个时段有过离家出走的念头,或近似出走的念头。也可让学生根据平时看到的报纸、杂志、网站上的报道,讨论青少年离家出走的主要原因有哪些、出走以后发生了什么、带来了哪些后果。

② 引导学生模仿"例子"并运用"参考句子"里的内容进行角色扮演。

间。他们总是认为网络上有不健康的内容，还认为我辨别是非的能力差。他们一方面生怕我上当、受骗，另一方面担心不良信息对我的成长有坏处。

学生2：过分地依赖网络会影响我们的学习和身心健康。你应该告诉父母你会正确地使用网络。我想他们会理解你的。

学生1：毕业后我们几个同学想外出度假一个星期，但是我妈妈死活都不让我去。我还想休学一年，周游世界，增加见闻，父母说根本没有商量的余地。

学生2：这些都是大事，你要好好儿地跟父母商量，对他们耐心地分析你想做这些事的好处。

学生1：总的来说，我跟父母的看法有很大的距离。我认为好的事情，他们认为不好；他们觉得我应该做的事情，我却没有兴趣去做。所以，我想离家出走。

学生2：你千万别这样做，否则父母会为你担心，也会很伤心。你一定要跟他们好好儿沟通。

参考句子

a) 我在网上交了一个女朋友。她比我低一级，人很好，性格温和，学习又好。但是，我父母不让我谈朋友，他们认为谈朋友会影响学习。

b) 我每天花在电脑上的时间很多。可以这么说，除了吃饭、睡觉，我几乎都在用电脑。电脑成了"电子鸦片"。从这个星期开始，我父母不准我用电脑。他们说现在的考试都用手写，如果我每时每刻都在用电脑，今后可能不会用笔写字了。

c) 我经常上网看看这个，玩儿玩儿那个，时间不知不觉地就过去了。说实在的，在网络上闲逛了几个小时，什么收获都没有。但我不知道怎样才能改掉这个坏习惯。

d) 最近一段时间，我跟父母经常有冲突。他们常说，我变得逆反心理很强，情绪不稳定时还常对他们发火。他们还经常抱怨我学习没有目标、缺乏自觉性，做什么事都马马虎虎。

e) 我认为我父母很不讲理。他们根本就不明白时代变了年轻人就应该适应新的时代。

写作训练

实际运用

1. 写日记

假设最近你跟老师、父母、同学或者朋友有些冲突,你想在日记里说说你的心里话。在日记中,你要谈及:

- 有哪些冲突
- 这些冲突的背景是怎样的
- 你有哪些看法和想法
- 你打算下一步怎么做

提示:
① 此练习要求以日记的格式来写。
② 先让学生想好描写哪一个冲突,然后再按照题目下方所列的四个步骤来写。可提及一些细节。可用"参考句子"中的词句。

参考句子

a) 最近,因为我忙着准备美国大学入学考试,所以没时间做学校的功课,特别是心理学。心理学老师非常生气,在班上点名批评我,还说要通知我父母。我真想逃课。

b) 近来,我的学业繁忙,压力很大。压力主要来自父母,他们望女成凤,要求过高,我们为此经常吵架。

c) 我前两天跟最好的朋友吵了一架,原因是她对我说了谎。我不能理解她为什么这样对我。我们之间的信任哪里去了?

d) 我最近谈了一个男朋友。父母不同意我谈恋爱,我又没有办法说服他们。但我觉得自己已经长大了,有能力和权利决定一些事情。

e) 我认为父母跟孩子在一些事情上有分歧是正常的,但问题是他们之间互相不理解,从来都不换位思考,只是认为对方不对,这不是解决问题的正确态度。

f) 我刚来到这个班时,班里已经组成了几个小团体、朋友圈,没有人愿意接受我。

g) 我会找父母好好儿谈一谈,把心里话告诉他们,希望他们能够理解我,帮助我克服困难。我很需要家人的支持和鼓励。

2. 阅读短文并写作文

假设读完以下采访你很有感触。写一篇日记谈谈你对父母的管教方法有哪些认可和不认可的地方，并设法与他们沟通。

父母与子女之间的关系

主：今天我们将采访著名心理学家石博文教授，请他谈谈父母与子女之间的关系。石教授，人们常说父母是子女的第一任老师，可父母究竟怎样才能培养出成功的子女呢？

石：现代人的生活基本上是衣食无忧，父母对子女的关注自然就落在了学习上。我认为，家庭教育不应只注重子女的学习，对其他一些受用一生的习惯和品德的培养，比如懂礼貌、感恩、宽容等，以及对子女性格的塑造，比单单看子女的考试成绩更重要。众所周知，行为养成习惯，习惯形成性格，性格决定命运。一个人在学校里所获取的知识及取得的成绩并不是成功的唯一因素。

主：随着时代的发展，生活节奏加快，竞争也越来越激烈，家长对子女的要求也就越高。这使得许多父母与子女之间的关系僵化，代沟日益加深。您怎么看？

石：绝大部分父母对孩子在生活方面的关怀无微不至，对孩子生活能力要求松，什么事都帮孩子包办，而在学习方面却格外严格，不给孩子留足够的自由、放松的时间。因此，很多孩子对父母产生反感的情绪，抱怨父母唠叨。再加上青少年时期特殊的心理特点，孩子有强烈的独立意识，不愿跟家长讲心里话，就造成了父母与子女之间很难沟通。

主：您能给在座的家长和孩子一些建议吗？

石：我认为父母应当对孩子适当地放松一些，给他们一些自由，孩子的事尽量让他们自己去处理。在学习和生活方面，孩子应表现出一定的独立性，让家长们放心。同时孩子要尊敬父母，重视父母的一些人生经验，体会父母养育他们的艰辛。父母与子女都应经常换位思考，常常谈心、讨论，彼此互相理解，进行心灵的交流。

……

提示：

建议学生按照日记的格式来写。内容可包括：

- 家庭教育不应只注重子女的学习
- 对子女习惯和品德的培养以及对子女性格的塑造更重要
- 在学校里获取的知识及取得的成绩并不是成功的唯一因素
- 父母对孩子在生活方面的关怀无微不至，而在学习方面却格外严格
- 孩子对父母的要求会产生反感的情绪，抱怨父母唠叨
- 父母应当对孩子适当地放松，给子女一些自由，让他们自己处理自己的事
- 孩子在学习和生活方面应表现出一定的独立性
- 要尊敬父母，重视父母的一些人生经验，体会父母养育的艰辛
- 学会与父母换位思考，跟他们常谈心、讨论，互相理解，进行心灵的交流

阅读与理解

阅读一　　中国的高考

第一段 [1]　　中国大陆高考的全称为"普通高等学校招生全国统一考试"。至今为止，高考被认为是中国大陆最严格、最公平、最公开的考试。考试由国家统一组织调度，国家或省（市、自治区）的专门组织命题，统一时间进行考试。每年高考的时间为6月7日、8日。

第二段 [5]　　高考成绩虽并不影响高中毕业证的发放，但直接 ① 考生所能进入的大学层次，考上重点大学的重要前提就是取得优异的高考成绩。 ② 什么样的大学对每一个考生都至关重要，几乎可以说会影响他们的一生。

第三段　　自1949年以来，中国的高考 ③ 了多次变迁、改革。高校招生从1949年的高校单独招生发展到1952年的全国统一招生。"文革"（1966~1976）

[10]期间，国家 ④ 了高考，高校停止招生。但自1971年高校逐步举办试办班，免试招收"工农兵"大学生。1977年，中国恢复了高考。据统计，当年的报考人数达570万，但录取率约为4.8%，是竞争最激烈的一年。

第四段　　1985年以后，高考改革的总体趋势向减少高考科目方向发展。1999年，高校 ⑤ 扩大招生，揭开了新一轮高考改革的序幕。同年，教育部

[15]开始推行"3+X"科目考试方案，其中"3"指语文、数学、外语，"X"指由学生根据自己的意愿，自己决定从文科综合、理科综合两个综合科目中 ⑥ 一个考试科目。此方案是目前全国应用地区最广、最成熟、最被人们接受的。

第五段　　自1977年中国恢复高考三十多年来，中国教育 ⑦ 了令人欣喜的成绩，但同时也出现了众多弊端：高校学费猛涨，贫困生无法 ⑧ ；大规

[20]模扩招又导致高校负债运营；大学生毕业即失业；全国高考录取线不统一导致高考移民问题等。中国大陆高考又将面临新的改革。

A 从下面的方框里为短文选择最合适的词语填空

> 经历　选择　影响　废除　承担
> 进入　取得　实行　争取　举行

1. 影响   2. 进入   3. 经历   4. 废除
5. 实行   6. 选择   7. 取得   8. 承担

B 从右边的段落大意中找出最合适的

1. 第一段　B
2. 第二段　H
3. 第三段　D
4. 第四段　A
5. 第五段　F

A 1985年以后高考改革的情况。
B 高考简介及高考时间。
C "3+X" 科目考试方案之利弊分析。
D 自1949年至1977年中国高考制度的变化。
E 竞争激烈的中国高考制度。
F 中国高考带来的问题及面临的改革。
G 高考制度对大学生就业的影响。
H 高考成败对考生的影响。

C 根据短文回答问题

1. 在中国大陆，为什么高考被公认为是最严格、最公平、最公开的考试？
因为考试由国家统一组织调度，国家或省（市、自治区）的专门组织命题，统一时间进行考试。

2. 在中国大陆，为什么考生把高考看得如此重要？
因为高考成绩直接影响考生所能进入的大学层次。

3. 为什么1977年那年的高考竞争最激烈？
因为1977年，中国恢复了高考。当年的报考人数达570万，但录取率约为4.8%。

4. 经历了几十年改革的高考制度还有哪些缺陷？
一是高校学费猛涨，贫困生无法承担；二是大规模扩招又导致高校负债运营；三是大学生毕业即失业；四是全国高考录取线不统一导致高考移民问题等。

D 判断正误，并说明原因

1. 高考是"普通高等学校招生全国统一考试"的缩写。　　　　　　　　对　错

   原因：中国大陆高考的全称为"普通高等学校招生全国统一考试"。　　　　✓

2. 考不上大学不会影响学生高中毕业。

   原因：高考成绩虽并不影响高中毕业证的发放，……。　　　　✓

3. 自建国以来，中国大陆的高考制度经历了几次改革。

   原因：自1949年以来，中国的高考经历了多次变迁、改革。　　　　✓

4. 从1971年到1977年间在高校就读的"工农兵"大学生并没有经过全国统一高考。

   原因：但自1971年高校……，免试招收"工农兵"大学生。　　　　✓

5. 1985年以后，考生要考的科目比以前增加了。

   原因：1985年以后，高考改革的总体趋势向减少高考科目方向发展。　　　　　　✓

6. 1999年后，考生只要考三个科目就可以了，即语文、数学、外语。

   原因：1999年，……。同年，教育部开始推行"3+X"科目考试方案，其中"3"指语文、数学、外语，"X"指由学生……选择一个考试科目。　　　　　　✓

E 从右边找到最适合的部分完成下列句子

1. 每年的高考时间为　　　C　　　A 才能被重点大学录取。
2. "文革"期间，　　　　D　　　B 各大院校不收"工农兵"大学生。
3. 1999年中国的高考　　　F　　　C 6月7日、8日两天。
4. 还存在一些弊端的高考　H　　　D 高考被废除了。
5. 只有在高考中取得优异成绩的学生　A　　　E 适合全国各省市的考生。

F 推行了"3+X"科目考试方案。
G 是考生无法支付昂贵的学费。
H 将迎来一次新的改革。

阅读与理解

阅读二

汉字是 ① 汉语的书写符号，是世界上最古老的文字之一。汉字是由最初的图形变为由笔画构成的方块形符号，所以汉字也叫"方块字"。汉字集形、声和义于一体，这在世界文字中是独一无二的。

由于汉字有利于读者形成"形—义"的直接联结，因此 ② 世界上唯一能跨越时空的文字：中国的儿童仍能读懂2500年前的《诗经》，儿童教材中也能 ③ 唐诗、宋词。而三四百年前的英文，除了专家之外，其他人很难读懂。

汉字对中国周边国家的文化 ④ 了巨大的影响，形成了一个共同使用汉字的汉字文化圈。在日本、越南和朝鲜半岛，汉字被融合成当地语言的文字。日语中至今仍然 ⑤ 着一些汉字。在韩国，汉字的使用在近几十年来虽越来越少，但在需要严谨表达的场合仍然会 ⑥ 汉字。

中国许多民俗都与汉字有关，如谐音字：中国人喜欢 ⑦ 汉字的同音特点用谐音字取吉祥之意，比如蝙蝠的"蝠"谐音为"福"，因此人们经常在艺术品上看到蝙蝠。再如花鸟字：一些民间艺人用花卉和禽鸟的图案拼写成汉字，近看细节是一些花鸟画儿，远看整体却是一幅字，这种字画结合的艺术形式被称做"花鸟字"，是一种多彩的花鸟虫鱼组合的书法。

汉字有其独有的文化，如对联、书法艺术等。汉字还可以任意排列：因为汉字属表意文字，所以可由上而下、由右而左、由左而右 ⑧ ，不像其他表音文字只能固定一个方向读。

总之，汉字具有独特的魅力，是中华民族几千年文化中的瑰宝，是中华民族智慧的结晶和象征。

A 从下面的方框里为短文选择最合适的词语填空

> 保护　记录　利用　编入　保留
> 排列　成为　进入　产生　使用

1. __记录__　2. __成为__　3. __编入__　4. __产生__
5. __保留__　6. __使用__　7. __利用__　8. __排列__

B 从右边找到最适合的部分完成下列句子

1. 汉字是世界上　　　__F__　　A 形、声和义为一体。
2. 现代人仍然能读懂　__D__　　B 是中华民族几千年文化的瑰宝(guī bǎo)。
3. 中国的许多民俗　　__C__　　C 跟汉字有关。
4. 多彩花鸟虫鱼组合书法　__H__　D 2500年前的《诗经》。
5. 汉字集　　　　　　__A__　　E 表意文字。
　　　　　　　　　　　　　　　F 最古老的文字之一。
　　　　　　　　　　　　　　　G 表音文字只能固定一个方向读。
　　　　　　　　　　　　　　　H 近看是花鸟画儿，远看是一幅字。

C 为短文配题目

☐ 1. 汉字的起源　　　☐ 3. 汉字的功能
☑ 2. 神奇的汉字　　　☐ 4. 汉字的艺术价值

D 根据短文回答问题

1. 为什么汉字也叫"方块字"？
   因为汉字是由最初的图形变为由笔画构成的方块形符号，所以汉字也叫"方块字"。
2. 汉字对中国周边国家有什么影响？
   汉字对中国周边国家的文化产生了巨大的影响，形成了一个共同使用汉字的汉字文化圈。
3. 为什么说汉字有其独特(dú tè)的文化？
   对联、书法艺术是汉字独有的文化，汉字还可以任意排列，不像其他表音文字只能固定一个方向读。

E 根据短文选择正确答案

1. 汉字最初是以 __b__ 的形式出现的。
   a) 笔画作为符号
   b) 图形
   c) 花卉
   d) 禽鸟

2. 中国的儿童从小就能接触到 __c__ 。
   a) 5200年前的《诗经》
   b) 古英文
   c) 唐诗、宋词
   d) 汉字文化圈

3. 汉字的 __d__ 直接联结。
   a) "声"和"义"
   b) 笔画与字型
   c) 谐音与字形
   d) "形"和"义"

4. 汉字至少有 __a__ 的历史。
   a) 2500年
   b) 400多年
   c) 几十年
   d) 1000年

F 判断正误，并说明原因

		对	错
1. 最初的汉字是由笔画构成的。 原因：汉字是由最初的图形变为由笔画构成的方块形符号。			✓
2. 在世界上所有文字中，汉字独树一帜。 原因：汉字……在世界文字中是独一无二的。		✓	
3. 在日文和韩文中汉字仍占有一席地位。 原因：日语中至今仍然保留着一些汉字。在韩国，……在需要严谨表达的场合仍然会使用汉字。		✓	
4. 蝙蝠图案经常被用在艺术品上，因为"蝠"是"福"的谐音，表示吉祥之意。 原因：蝙蝠的"蝠"谐音为"福"，因此人们经常在艺术品上看到蝙蝠。		✓	
5. "花鸟字"属于国画的一种。 原因：……"花鸟字"，是一种多彩的花鸟虫鱼组合的书法。			✓
6. 汉字承载着几千年中华民族的智慧。 原因：汉字……是中华民族几千年文化中的瑰宝，是中华民族智慧的结晶和象征。		✓	

单元复习

提示:
"生词"部分的词语是本单元内每一课的词语,要求学生会认读,并会默写、运用。

‹生词

第1课

致辞 嘉宾 毕业生 充满 期待 转眼 当……时
庆贺 添 严厉 批评 改正 最终 原谅 失败
勇气 前进 幸运 传授 教导 为人 处事 顺利
人生 友谊 孤独 精心 培育 十足 迎接 母校
为……争光

第2课

推迟 *系 休学 原因 进修 挣 零用钱 中旬
少林寺 对……着迷 梦想 地道 月份 东北
胜地 哈尔滨 兼职 预计 四川 贫困 地区
艰苦 进出口 翻译 实际 运用 前途 理由
保留 资格 不胜感激 *复

第3课

衷心 清楚 冲突 温暖 自卑 逆反 情绪 稳定
日子 目标 自觉 马马虎虎 开导 体谅 换位
好好儿 为……着想 指导 关怀 攻读 金融
热爱 事业 榜样 道路 看望 保重 *顺

短语/句型

请允许我代表……　对……充满期待　一转眼七年过去了
有安全感　为……高兴　帮……改正错误　给……勇气
教导……怎样为人处事　顺利地度过了人生重要的阶段　感到孤独
精心地培育　信心十足地迎接未来的挑战　创造未来　为……争光

推迟一年进大学学习　提高水平　获得经验　一直梦想学地道的武术
通过几个月的训练　为……作好充分的准备　让……了解
尽我的能力帮助那些有困难的人　对自己的前途有帮助
以上是我下一年的计划　开阔眼界、丰富人生经验　保留入学资格
跟……联络

对……表示衷心的感谢　清楚地记得　学习和生活都不顺利
跟……有冲突　日子不好过　负担重、压力大
很难应付学校的课程　缺乏信心　没有心思读书　学习不自觉
体谅父母，学会换位思考　为自己的前途着想　在您的关怀下
在今后的人生道路上　再一次感谢您对我的教育和培养　请多保重

> 提示：
> "短语/句型"部分是从每课课文中抽取的重点词句、短语，要求学生熟练掌握，并在口语/作文中准确运用。

第一单元 测验

一、阅读理解

[1] ＿＿＿＿＿＿＿＿＿＿

自1999年中国高校开始扩大招生__1__以来，毕业生人数连年增长，毕业生就业率下降，就业问题比较突出。而全球性的金融危机更让就业__2__变得不容乐观。

[5] 作为大学生，要想增强竞争力，就得想方设法在各方面提升自己。

首先，应努力提升自身的综合__3__与能力。当代大学生要有强烈的事业心和责任感，并具有良好的职业__4__。大学生不仅要知识广博，具备合理的知识__5__，有一定的科学文化素养，还应具有创新__6__及灵活的思维方式。大学生要有良好的心理素质，有顽强的自制力和坚定的__7__，并对生活充满期望，充满热情。良好的身体素质也非常重要，因为要实现自己的目标需要体力与__8__。此外，大学生还需注重培养自己处理信息的能力、处理人际关系的能力、辩证看待事物的能力、处理好人与资源的能力、运用技术的能力等。

其次，应加强社会实践。大学生可利用假期找机会见习、实习、参加社会实践等，将所学的理论知识与实际工作相结合，为最终实现就业积累工作经验。

第三，应对就业正确定位。当前大学生求职择业应当面对现实，根据市场实际状况更新观念，转换思路，到最适合自己的岗位上工作，而不应过分关注工资水平及地理位置等，这样才能充分发挥自己的聪明才智，最终实现自己的理想。

第四，应借助各种渠道，把握就业机会。当前大学生可利用人才交流会、网络资源等途径，寻找合适的就业岗位，主动大胆地把自己的真材实干推销出去，珍惜和抓住来之不易的就业机会。

第五，应先就业后择业。面对严峻的就业形势，大学生求职择业不应追求一步到位，要抓住起步的机会，可以在先就业的过程中积累工作经验，为以后找到更理想的工作奠定基础。

A 从下面的方框里为短文选择最合适的词语填空

| 结构 | 精神 | 规模 | 力量 | 素质 |
| 方式 | 信念 | 耐力 | 道德 | 形势 |

1. _____   2. _____   3. _____   4. _____
5. _____   6. _____   7. _____   8. _____

B 根据短文找出四个正确的句子

☐ 1. 高校的扩大招生直接导致大学毕业生就业率下降。

☐ 2. 大学生需在各方面提升自己以在竞争激烈的就业市场争得一席之地。

☐ 3. 那些知识面广且具创新精神的大学毕业生在就业市场上有竞争力。

☐ 4. 找到工作的大学毕业生都是通过见习或实习事先接触过用人单位。

☐ 5. 大学毕业生不应过分关注薪水的高低而丢失适合自己的工作机会。

☐ 6. 找工作最有效的途径是亲自上用人单位推销自己。

☐ 7. 目前的就业形势并不乐观，因此若能找到一份工作应先做起来再说。

C 从右边找到最适合的部分完成下列句子

1. 世界范围内的金融危机 ☐
2. 增强就业竞争力的最好方法是 ☐
3. 就业市场青睐 ☐
4. 大学生要有良好的心理素质、 ☐
5. 通过见习和实习， ☐

A 在各个方面提升自己。
B 坚定的信念，并对生活充满热情。
C 大学生能为以后就业积累工作经验。
D 使就业市场雪上加霜。
E 大学毕业生在求职择业时能一步到位。
F 培养处理人际关系的能力。
G 有强烈事业心和责任感的大学毕业生。
H 在工作岗位上充分发挥自己的专长。

D 为短文配题目

☐ 1. 大学毕业生的就业前景

☐ 2. 全球金融危机对大学毕业生就业市场的影响

☐ 3. 大学生如何提升自己、实现就业

☐ 4. 中国大学生就业问题之探索

E 判断正误，并说明原因   对　错

1. 自1999年以来，大学毕业生人数一年比一年多。

   原因：_____　── ──

2. 在见习或实习期间，大学生可将学到的知识运用于实际工作中。

   原因：_____　── ──

3. 大学生不应过分计较在哪儿工作，而应找最适合自己情况的工作。

   原因：_____　── ──

4. 大学毕业生一旦找到了工作要好好儿干，不要朝三暮四。

   原因：_____　── ──

5. 大学毕业生应该先选择就业方向，然后再找工作。

   原因：_____　── ──

F 从短文中找反义词

1. 悲观 → （　　　）（第4行）　　5. 懦弱 → （　　　）（第11行）

2. 微弱 → （　　　）（第8行）　　6. 动摇 → （　　　）（第11行）

3. 狭隘 → （　　　）（第9行）　　7. 耗费 → （　　　）（第18行）

4. 呆板 → （　　　）（第10行）　　8. 糟蹋 → （　　　）（第25行）

二、写作

你刚参加完学校组织的"创意-行动-服务"活动周回来。为学校的中文网站写一篇文章,分享你在活动周里特殊的经历、体验和收获。

第一单元 参考答案

一、阅读理解

A 1. 规模　2. 形势　3. 素质　4. 道德

　5. 结构　6. 精神　7. 信念　8. 耐力

B　2　3　5　7

C　1. D　2. A　3. G　4. B　5. C

D　3

E　1. 对　原因：自1999年中国高校……以来，毕业生人数连年增长。

　2. 对　原因：大学生可利用假期找机会见习、实习、参加社会实践等，将所学的理论知识与实际工作相结合。

　3. 对　原因：当前大学生求职择业应当……，到最适合自己的岗位上工作，而不应过分关注工资水平及地理位置等。

　4. 对　原因：当前大学生可……，珍惜和抓住来之不易的就业机会。

　5. 错　原因：应先就业后择业。

F　1. 乐观　2. 强烈　3. 广博　4. 灵活

　5. 顽强　6. 坚定　7. 积累　8. 珍惜

第二单元

教学目标

- 能介绍中国的城市，并写出旅游指南
- 能对外出旅游制订计划、进行讨论
- 能就一次不愉快/不寻常的旅行进行口头报告，并写投诉信给旅行社
- 能对接待交换生的家庭的精心安排表达感谢
- 能对中国的饮食文化以及中西方饮食文化的不同之处作简单的介绍
- 能看懂比课文难度更大的阅读文章
- 会写旅游指南、投诉信、感谢信

语言点

a) **介绍一下**：下面来介绍一下西藏的情况及旅游注意事项。

b) **不要**：不要单独外出探险或爬山。

c) **位于**：西藏位于中国的西南边疆。

d) **处于**：大部分地区处于高海拔缺氧地带。

e) **不仅……还……**：这样不仅可以逐步适应高原环境，还能欣赏到独特的高原风光。

f) **这样**：学生可以住在景点附近的藏式家庭旅馆里，这样不但可以减少开支，而且可以了解独特的藏族风情。

g) **首先**：首先，非常感谢贵社为我校学生安排了桂林七日游。

h) **总的来说**：总的来说，同学们在旅游过程中有一定的收获。

i) **令**：整个行程的饮食安排令大家失望。
司机在山路上开车的速度很快，非常危险，令我们担心、害怕。

j) **几乎**：我们几乎每天都吃同样的饭菜。

k) **跟**：我们跟导游抱怨了好几次。

l) **相当**：导游不敬业，相当懒惰，工作态度很差。

m) **有**：中国又是一个大国，总面积有960多万平方公里。

n) **为了**：中国人注重食疗，目的是为了养生。

o) **一年到头**：住在广东地区的人喜欢煲汤，因为那里一年到头比较潮湿。

p) **对**：中国人做菜讲究美感，对烹饪技术要求很高。

q) **给**：人们做菜时注重食物的色、香、味、形，给人一种美的享受。

r) **好好儿**：我们应该深入了解中国的饮食文化，好好儿享受中国的美食。

第二单元 第4课

西藏旅游指南

提示：
① 本课话题是西藏旅游，文体是旅游指南，是一种新文体。
② 老师可事先让学生自己从媒体上找一份旅游指南。讲课文之前可先介绍这种文体的格式。详细的指南包括的内容会更多：气候特点、景点介绍、美食简介、购物指引、风俗习惯、交通指引、住宿指引、娱乐节目介绍、注意事项等。
③ 老师也可事先让学生准备一些有关西藏的材料，在讲解课文前跟大家分享有关西藏的一些知识。老师可根据本课生词引导学生展开讨论。
④ 在讲解完本课余下的词语后，跟学生一起精读课文，掌握其中的重点词语、短句。
⑤ 之后，老师可用课本48页练习一中的问题作为引子，引导学生复述课文，重温课文内容，加深印象。

[1] "十一"长假快到了，去西藏自助游的学生开始增加。进藏旅游前，同学们一定要作好充分的准备。下面来介绍一下西藏的情况及旅游注意事项。

西藏的地理位置及游客的高原反应：

[5] 西藏位于中国的西南边疆，青藏高原的西南部，平均海拔4000米以上，大部分地区处于高海拔缺氧地带，所以有些游客会有高原反应，比如出现头痛、恶心、四肢无力、心跳加快等症状。

医生建议学生刚到西藏时应多休息，不要马上到更
[10] 高的地区旅游。有高原反应是正常的，不用担心。

进藏交通工具：

进藏旅游可以坐飞机到达拉萨。第一次进藏旅游的学生可以尝试坐火车，这样不仅可以逐步适应高原环境，还能欣赏到美丽的雪山、蓝天、白云、草原、森
[15] 林、湖泊等独特的高原风光。

西藏旅游须知：

因为西藏紫外线强烈，气温偏低，而且昼夜温差较大，所以游客应多注意防晒和防寒，准备墨镜和充足的防寒衣物等物品。不要单独外出探险或爬山。

[20] 去西藏自助游的学生一定要合理地安排行程。出发前应该先了解旅行途中
[25] 的交通和天气情况。学生可以住在景点附近的藏

式家庭旅馆里，这样不但可以减少开支，而且可以了解独特的藏族风情，品尝地道的藏餐，与当地人聊聊家常。如果你想换换口味，拉萨市内有各种风味和菜式的饭店。

生词

1. 西藏 Tibet
2. 指南 guidebook
3. 自助 self-help　自助游 self-help travel
4. 位置 location; position
5. 高原 plateau; highland
6. 反应 react; respond
7. 疆 border　边疆 border area
8. 青藏高原 Qinghai-Tibet Plateau
9. 拔 stand out; surpass
   海拔 height above sea level
10. 处于 be (in a certain condition)
11. 氧 oxygen　缺氧 oxygen deficiency
12. 地带 region; area
13. 恶心 feel sick
14. 肢 limb　四肢 the four limbs; arms and legs
15. 无力 lack strength
16. 心跳 palpitation
17. 加快 quicken; accelerate
18. 症状 symptom
19. 正常 normal
20. 拉萨 Lhasa, capital of the Tibet Autonomous Region
21. 逐 one by one　逐步 step by step; gradually
22. 适应 adapt to
23. 草原 grassland
24. 森 trees growing thickly　森林 forest
25. 泊 lake　湖泊 lake
26. 风光 scene; sight
27. 须知 guide; notice
28. 紫外线 ultraviolet ray
29. 强烈 strong
30. 昼（晝）daylight; daytime
    昼夜 day and night
31. 防晒 protect against sunburn
32. 防寒 protect against cold weather
33. 衣物 clothing and other articles of daily use
34. 单独 on one's own
35. 探 explore
36. 险（險）danger; dangerous
    探险 explore; venture into the unknown
37. 行程 travel route
38. 出发 set off
39. 藏族 Tibetan ethnic group
40. 风情 local conditions and customs
41. 家常 daily life of a family

消化课文

口语热身

1. 根据课文回答问题

1) 这份指南是写给谁看的？为什么这些游客会选择这个时候去西藏？
2) 西藏有哪些独特的风光？
3) 为什么去西藏的人会有高原反应？症状有哪些？请列出三个。
4) 坐火车进藏有哪些好处？
5) 进藏的游客为什么要注意防晒、防寒？
6) 为了减少开支，游客进藏时可以选择住在哪儿？住在那儿有哪些好处？

2. 根据实际情况回答问题

1) 你去过西藏吗？如果去过，讲一讲你的亲身经历。
2) 假如你有机会去西藏旅游，你会选择自助游还是跟旅行团？你为什么会作出这样的选择？如果下个星期你要进藏旅游，应该做哪些准备工作？
3) 你每年都外出旅游吗？你一般去哪儿旅游？喜欢跟谁一起去？在旅行中你一般喜欢做什么？从旅行中，你得到哪些收获？
4) 你通常喜欢自助游还是跟旅行团外出旅游？自助游有哪些好处与坏处？
5) 你去过中国的哪些旅游胜地？介绍其中一个你最喜欢的旅游景点。
6) 如果你从来都没有到过中国，那么你最想去的中国旅游胜地是哪一个？为什么？
7) 旅游时，如果你想减少开支，并希望了解当地的风情、习俗，你可以选择哪一种旅行方式？
8) 讲一讲你经历过的最糟糕或最愉快的一次旅行。

答案（仅供参考）：
1) 去西藏自助游的学生。因为"十一"长假快到了。
2) 那里有美丽的雪山、蓝天、白云、草原、森林、湖泊等独特的高原风光。
3) 因为西藏位于青藏高原的西南部，平均海拔4000米以上，大部分地区处于高海拔缺氧地带，所以有些游客会有高原反应，比如出现头痛、恶心、四肢无力（或心跳加快）等症状。
4) 坐火车进藏不仅可以逐步适应高原环境，还能欣赏到独特的高原风光。
5) 因为西藏紫外线强烈，气温偏低，而且昼夜温差较大。
6) 游客可以住在景点附近的藏式家庭旅馆里。住在那里不但可以减少开支，而且可以了解独特的藏族风情，品尝地道的藏餐，与当地人聊聊家常。

提示：
此练习中的问题可以用来作为以后的口试问题，也可用来复习、回顾本课课文的内容。如条件允许，老师可在与学生逐一讨论每个问题时，为学生扩展更多的相关词语。

语言难点

1. 选择其中一个词语造句

   Ⓐ 例子：下面来介绍一下西藏的情况及旅游注意事项。（第2行）

   了解一下/讲述一下/交流一下

   Ⓑ 例子：医生建议学生刚到西藏时应多休息，不要马上到更高的地区旅游。（第9行）

   不要单独外出探险或爬山。（第19行）

   不许/禁止

2. 完成句子

   例子：西藏位于中国的西南边疆。（第5行）

   北京位于_____。

3. 用带点的词语造句

   例子：第一次进藏旅游的学生可以尝试坐火车，这样不仅可以逐步适应高原环境，还能欣赏到独特的高原风光。（第12行）

   因为西藏紫外线强烈，气温偏低，而且昼夜温差较大，所以游客应多注意防晒和防寒。（第17行）

   如果你想换换口味，拉萨市内有各种风味和菜式的饭店。（第29行）

4. 模仿例子造句

   例子：<u>有高原反应</u>是正常的。（第10行）
   　　　　主语

   <u>能及时赶上这趟火车</u>真是谢天谢地。
   　　　　　主语

49

实际运用

提示：
① 此题与课本20页的题目相近，但更集中，主要讨论外出旅游这一项活动。建议老师带领学生按照题目下方所列的六个方面先联想，也可先分组讨论再汇总。
② 这次旅行可以是三个人自由行，也可以是跟团游，可就此展开更多讨论。
③ 可仿照"例子"，继续讨论下去。

小组讨论

假设你们三个同学计划一起外出旅行，在一起讨论。你们的讨论应谈及以下几个方面：
- 去哪儿
- 去多长时间
- 住在哪儿
- 安排哪些活动
- 计划每人花多少钱
- 应该先做哪些准备工作

50

口语训练

例子：

学生1：上一次我们初步谈了关于这个寒假我们三个人一起去旅行的事。今天有些事情我们得定下来，因为还有三个星期就放假了。

学生2：是啊！时间过得真快。我们先把地方定下来，然后才能决定其他事情。冬天我比较喜欢滑冰、滑雪，我想去中国东北的哈尔滨。你们看怎么样？

学生3：这倒是个好主意。我从来都没有去过中国的北方，哈尔滨是个不错的选择。我们不但可以在那里滑冰、滑雪，还能看冰雕。哈尔滨的冰雕世界闻名。

学生1：那么我们就去哈尔滨吧。除了滑冰、滑雪、看冰雕以外，我们还可以参加当地的旅行团，去周边的长白山旅行，那里自然风光独特，有原始森林和湖泊。我们可以爬山、烧烤、泡温泉等。如果我们去哈尔滨，那么我们的旅程大约要8天左右。你们看怎么样？

学生3：我们先在哈尔滨市里住上三天，到处逛逛、玩儿玩儿，品尝当地的美食，然后我们去滑雪场住上两天。最后我们参加一个旅行团进长白山。

学生1：好主意！那我们就这么定了。

学生2：我也同意。不过去北方旅行，费用不会太高吧。如果很贵，我父母不一定会让我去的。

学生3：我父母说他们只会给我3000块人民币，其余的钱我自己想办法。看来，我得动用我的压岁钱了。

学生1：我们可以上网查一下，基本上能预算出每个人大约要花多少钱。

学生2：我姨妈住在哈尔滨，我可以跟她联系，看看能不能住在她家，这样就能省去三天的住宿费。我相信我姨妈一定会很欢迎我们住在她家的。

学生3：那太好了。我得去买滑雪服，我已经有五年没有滑过雪了。我非常期待我们一起去旅行。

学生1：那就这么定了。我们分头行动吧！

参考句子

a) 四川的自然风景优美，名胜古迹特别多。

b) 上海一年四季分明，年平均气温在15度左右。上海的夏天很热，冬天相当冷。每年的春天和秋天是旅游的好季节。

c) 杭州的名菜有很多，最著名的有东坡肉、叫花子鸡等。杭州还有许多传统的工艺品和特产，比如丝绸、瓷器等。

d) 苏州有近百家不同风格和设施的宾馆，还有各类家庭旅馆，可以满足不同游客的需要。

e) 游客可搭乘飞机、专线火车或长途汽车到达杭州。杭州市区的公共交通十分发达，有空调公交车、地铁、出租车等。

f) 注意事项：在旅行途中，游客要注意交通安全，保管好自己的行李物品，还要注意饮食卫生。

g) 我们可以住在农民的家里，这样就有机会亲身体验当地人的生活，品尝农家菜，了解他们的风俗习惯。

h) 旅行团逢周二、四、六出发，提前一个月报名可享六折优惠。

写作训练

实际运用

1. 写指南

假设今年暑假你要帮一家公司组织一个夏令营，需要写一份夏令营指南给家长。在指南里，你要提及以下几个方面：

- 时间
- 营地地点
- 费用
- 食宿安排
- 活动内容
- 注意事项

（学生们将帮助农民干一些轻活儿，比如晒稻谷(dào gǔ)，送饭到田头，喂鸡、鸭、猪等。）

提示：

① 做此练习之前，老师可以让学生找与此练习类似的指南，从中学一些词句、形式、内容等。

② 带领学生回忆：以前参加的夏令营里都开展过哪些活动（包括白天与晚上的活动），列出应注意的事项。

③ 还可根据"参考句子"中提到的内容展开更多的讨论，鼓励学生运用其中的词句。

参考句子

a) 中国学联今年特意为中学生组织了"农村生活体验"夏令营，其目的是让城里的学生亲身体验农村生活，同时锻炼学生的各种能力，包括独立思考能力、生活自理能力、合作能力，并培养他们的团队精神。

b) 在农村生活，学生要作好吃苦的准备。每两个学生住在一户农民家里，跟农民同吃、同住、同劳(láo)动(dòng)，还要帮农民做一些家务。

c) 学生需要携(xié)带(dài)的个人物品包括洗漱(shù)用(qù)品、雨伞、防晒用品、驱虫药水、个人药品、运动鞋等。学生一定要多带换洗衣服，特别是可以穿着干活儿的衣服。

d) 须知：学生必须服从夏令营老师的指挥及安排，不得单独行动。学生一定要尊(zūn)重(zhòng)农民家里的习惯，不要给他们添麻烦。如果有些事不能沟通，要及时向夏令营的老师报告。在农村生活，那些容易食物过敏(guò mǐn)或者对其他事物过(guò)敏(mǐn)的学生要格外注意。为了防(fáng)止(zhǐ)被虫咬，学生晚上要穿长袖(xiù)上衣和长裤。

e) 报名资格：15~17岁的在校中学生，需具备基本的汉语会话能力。

2. 阅读短文并写作文

假设你刚从西藏回来，写电邮建议你的朋友去西藏一游。

西藏

西藏是西藏自治区的简称。西藏地处有"世界屋脊"之称的青藏高原，平均海拔4000米以上。西藏的总面积为120多万平方公里，它的南面是喜马拉雅山，与印度、尼泊尔等国家接壤，而北部和东部跟新疆维吾尔自治区、青海、四川、云南等省份为邻。

西藏的地形很复杂，有山脉、丘陵和平原，大大小小的河流就有120多条，还有1500多个大小不一的湖泊。西藏气候的特点是空气稀薄、气压低、含氧量少、日照充足、昼夜温差大、降水少。西藏明显地分为两个季节：干季和雨季。

西藏的人口有300多万，以藏族为主体。藏族人的主食为牛、羊肉和奶制品。藏族人还有食生肉的习惯。风干的牛羊肉是只有在高原地区才有的风味美食。藏族人的主要饮料有酥油茶、甜茶、青稞酒等。藏族人古老的传统习俗是用酥油茶来招待客人。哈达是一种长条丝巾或纱巾，一般为白色，是藏族人民在礼仪和社交活动中的必备品。在拜佛、祭祀、婚丧、拜年等重要的仪式上，藏族人会献上哈达，表示敬意和祝贺。

拉萨市是西藏的首府，是全区政治、经济、文化和交通的中心。拉萨有1300多年的历史，是一座历史文化名城。近几十年来，拉萨市发生了巨大的变化，除了较完整地保存了传统的古城风貌以外，市区还建起了一批具有民族特色和现代化风格的建筑。

西藏有众多的名胜古迹，如布达拉宫、大昭寺、小昭寺，其中以布达拉宫最为有名。布达拉宫位于拉萨市，是全区现存最大、最完整的古堡建筑群。布达拉宫始建于公元7世纪，是历代达赖喇嘛的居所，也是佛教圣地。布达拉宫于1994年被列入世界文化遗产名录。

53

提示：

建议学生按照非正式电邮的格式来写。内容可包括：

- 西藏地处青藏高原，平均海拔4000米以上
- 西藏的地形很复杂，有山脉、丘陵、平原、河流和湖泊
- 西藏的气候特点是空气稀薄、气压低、含氧量少、日照充足、昼夜温差大、降水少
- 藏族人的主食为牛、羊肉和奶制品
- 藏族人的主要饮料有酥油茶、甜茶、青稞酒等
- 哈达是藏族人民在礼仪和社交活动中的必备品
- 拉萨市是西藏的首府
- 拉萨是一座历史文化名城
- 西藏有众多的名胜古迹，以布达拉宫最为有名
- 布达拉宫是历代达赖喇嘛的居所，也是佛教圣地

阅读与理解

阅读一　　　　　　　　　　长城、故宫

长城

[1]　　长城全长8851.8公里，用中国的传统长度单位"华里"来计算，超过万里，故称"万里长城"。长城位于中国的北部，东起辽宁的虎山，横跨10个省、市、自治区，西至甘肃的嘉峪关。

[5]　　长城最初修筑于两千多年前，是中华民族聪明才智的结晶，是中华民族的象征。据史书记载，秦始皇动用了近百万劳力修筑长城，在没有任何机械的情况下，在陡峭的山崖上建筑如此雄伟壮观的工程，真是巧夺天工，堪称人类的伟大工程和奇迹。

　　为修筑长城，中国古代劳动人民付出了巨大的代价。有一个"孟[10]姜女哭长城"的传说家喻户晓。相传新婚不久，孟姜女的丈夫被抓去修筑长城。一年过去了，她的丈夫杳无音讯。冬天快到了，孟姜女带上棉衣、干粮去寻找丈夫。经过一路艰辛，孟姜女得知的却是丈夫早已累死在长城脚下的消息，她悲痛万分。她惊天动地的哭声最后哭倒了一片长城。

故宫

[15]　　故宫位于北京市中心，旧称紫禁城，现指北京故宫博物院。故宫是现今世界上最大、最完整的木结构古建筑群。故宫是明、清两代的皇宫，自明朝的第三个皇帝朱棣起至清朝的末代皇帝溥仪，先后有24个皇帝在这里登基即位。

[20]　　故宫始建于1406年，占地面积约为72万平方米。故宫的建筑格局分为外朝与内廷两部分。外朝以太和殿、中和殿和保和殿为中心，是皇帝举行朝会的地方。故宫的宫殿建在北京城的中轴线上，而且左右对称，使整座故宫显得规划整齐，十分壮观。

　　故宫的建筑造型宏伟壮丽，其建筑均是木结构、黄琉璃瓦顶、青白石底座，并有金碧辉煌的彩画作装饰。建筑物上还有栩栩如生的各[25]种装饰物，如龙、凤、狮子等，显示出吉祥和威严。

54

A 判断正误，并说明原因

1. 长城已有两千多年的历史了。　　　　　　　　　　　　　对　错
   原因：长城最初修筑于两千多年前。　　　　　　　　　　✓ ___

2. 古代工匠完全徒手把长城修建起来。
   原因：……修筑长城，在没有任何机械的情况下，……建筑如此雄伟壮观的工程，……。　　　　　　　　　　✓ ___

3. 每个人都知道"孟姜女哭长城"的故事。
   原因：有一个"孟姜女哭长城"的传说家喻户晓。　　　　✓ ___

4. 故宫里的建筑物都是木结构的。
   原因：故宫是……最完整的木结构古建筑群。　　　　　　✓ ___

5. 故宫的建筑物大多在北京城中心偏左方向。
   原因：故宫的宫殿建在北京城的中轴线上，而且左右对称，……。　　　　　　　　　　　　　　　　　　　___ ✓

6. 故宫的建筑用彩画作为装饰，显得富丽堂皇。
   原因：故宫的建筑……有金碧辉煌的彩画作装饰。　　　　✓ ___

B 从右边选择最合适的解释

1. 巧夺天工（第8行）　　C　　A 每家每户都通知到。
2. 家喻户晓（第10行）　 I　　B 通讯不畅通。
3. 杳无音讯（第11行）　 D　　C 形容技艺极其精巧。
4. 悲痛万分（第13行）　 J　　D 一点儿消息都没有。
5. 惊天动地（第13行）　 H　　E 形容天真可爱的样子。
6. 宏伟壮丽（第24行）　 F　　F 雄伟而美丽。
7. 栩栩如生（第25行）　 G　　G 形容生动活泼的样子。
　　　　　　　　　　　　　　　 H 形容声音特别响亮。
　　　　　　　　　　　　　　　 I 每家每户都知道。
　　　　　　　　　　　　　　　 J 十分伤心。

C 根据短文找出四个正确的句子

☑ 1. 长城总长有一万多里,跨越十个省、市、自治区。
☑ 2. 长城是人类历史上伟大的工程奇迹。
☑ 3. 孟姜女的丈夫是千千万万为修建长城而死去的工匠之一。
☐ 4. 故宫曾是中国历代皇帝办公的地方。
☐ 5. 故宫分为三个殿:太和殿、中和殿和保和殿。
☐ 6. 故宫的屋顶采用的是青白石底座。
☑ 7. 在故宫的宫殿中到处都可以看到各种装饰物,比如龙、凤、狮子等。

D 从右边找到最适合的部分完成下列句子

1. 长城是 **C**
2. 长城的东端在辽宁省, **E**
3. 位于北京的故宫 **A**
4. 故宫的建筑左右对称, **F**
5. 在故宫里住过的皇帝 **B**

A 现在已成了北京故宫博物院。
B 共有24位。
C 中华民族聪明才智的结晶。
D 有两位:朱棣和溥仪。
E 西端在甘肃省。
F 规划整齐,非常壮观。
G 现在叫紫禁城。
H 政治和文化中心。

E 用短文中的词语填空

(一)用短文中的名词填空

1. 民族智慧的 **结晶** (第5行)
2. 航空业的 **象征** (第6行)
3. 巨大的 **工程** (第8行)
4. 不幸的 **消息** (第13行)
5. 对称的 **结构** (第17行)
6. 形象生动的 **装饰物** (第26行)

(二)用短文中的形容词填空

1. **聪明** 的举措 (第5行)
2. **陡峭** 的悬崖 (第7行)
3. **雄伟壮观** 的工程 (第7行)
4. **巨大** 的影响 (第9行)
5. **整齐** 的队伍 (第23行)
6. **宏伟** 的建筑 (第24行)

阅读与理解

长江

阅读二

第一段

长江是中国乃至亚洲第一大河,世界第三大河。长江发源于青藏高原唐古拉山的主峰各拉丹东雪山,全长有6300多公里。长江横跨中华大地,流经青海、西藏等11个省、市、自治区,在上海汇入东海。长江流域地形多样,有高山、丘陵、平原和湖泊。长江源远流长,孕育了华夏文明,哺育了一代又一代中华儿女。

第二段

长江流域的物产资源极为丰富,自古以来就是中国最重要的农业经济区。由于长江流域广阔,沿途土地肥沃,种植的农作物有水稻、大麦、棉花、大豆等,产量几乎占全国的一半。长江流域素有众多美誉,如上游的成都平原被誉为"天府之国",而中下游平原则有"鱼米之乡"的美称,都是中国的粮仓。长江流域还有丰富的铜、铝、煤、石油等宝藏,为中国的工业提供了丰富的资源。

第三段

长江与黄河并称为中国的"母亲河"。中华民族多少年来一直在长江流域劳动、生息,所以沿途有许多文化遗址。从墓葬中出土的大量珍贵文物为了解中国的历史和文化提供了宝贵的资料。

第四段

长江是中国主要的运输河流,客货运输密集。长江将内陆和沿海的港口与其他主要城市连成一个运输网,其中南京、武汉与重庆起主要作用。长江通过京杭大运河与黄河相通,并通过大运河与杭州及天津的海港联系在一起。

第五段

长江三峡是著名的旅游胜地。三峡山水秀丽、险峻,像一条气象万千的山水画廊,又像如诗如画的仙境,伴随着动人的神话故事,给游客提供了无限遐想的空间。

第六段

三峡大坝建在西陵峡的中段,该工程于1994年动工,到2009年竣工,历时16年,耗资1800亿元,是世界上规模最大的水电站,具有防洪、发电、航运等巨大的综合效益。三峡大坝年平均发电量约1000亿度。

57

A 从右边找到最适合的部分完成下列句子

1. 长江横跨中华大地， **F**
2. 长江流域地形多样，有 **D**
3. 长江最后在上海 **A**
4. 长江是一条水上运输 **C**
5. 长江流域有 **B**
6. 世界上规模最大的水电工程 三峡大坝 **G**

A 汇入东海。
B 铜矿、煤矿等宝藏。
C 非常繁忙的河流。
D 高山、平原、湖泊等。
E 年平均发电量10,000,000,000度。
F 流经11个省、市、自治区。
G 建在西陵峡的中段。
H 于1994年竣工，一共花了16年时间。
I 长江上游和中游一带。

B 根据短文选择正确答案

1. "天府之国"（第9行）的意思是 **d**。
   a) 人烟稀少的地方
   b) 政府所在地
   c) 天灾人祸
   d) 土地肥沃，物产丰富的地方

2. "母亲河"（第12行）的意思是 **b**。
   a) 主要的水上通道
   b) 与民族繁衍密切相关的河流
   c) 赖以生存的气候及环境
   d) 中国的次要河流

3. "如诗如画的仙境"（第20行）的意思是 **c**。
   a) 比喻诗画作品水平极高
   b) 风景没有想象的美
   c) 形容风景非常秀丽
   d) 景色一般

4. "无限遐想的空间"（第21行）的意思是 **b**。
   a) 没有足够的时间欣赏
   b) 有广阔的想象空间
   c) 住宿空间很小
   d) 自由活动的时间太长

C 从右边的段落大意中找出最合适的

1. 第一段　B
2. 第二段　F
3. 第三段　E
4. 第四段　A
5. 第五段　G
6. 第六段　C

A 长江是中国主要的航运枢纽。
B 长江的地理位置以及对中华民族的贡献。
C 有关三峡大坝的介绍。
D 长江对中国工业发展起到的作用。
E 大量珍贵的资料及文物证明长江是中国的"母亲河"。
F 长江流域的物产及工业资源。
G 长江三峡是著名的旅游胜地。
H 长江在中国旅游业中所占的地位。
I 长江对中国工商业发展的贡献。

D 判断正误，并说明原因

1. 长江全长6300多公里，是世界第一大河。　　对　错
   原因：长江是……世界第三大河。　　　　　　　　✓

2. 长江流域地广、物产丰富，农作物产量占全国的25%。
   原因：长江流域的物产资源极为丰富，……农作物产量几乎占全国的一半。　　　　　　　　✓

3. 长江沿途有不少古代墓葬遗址。
   原因：……所以沿途有许多文化遗址。从墓葬中……。　✓

4. 长江仅把内陆港口连接了起来。
   原因：长江将内陆和沿海的港口……连成一个运输网。　　✓

5. 长江和黄河是直接相通的。
   原因：长江通过京杭大运河与黄河相通。　　　　✓

6. 杭州的货物能通过长江直接运到天津。
   原因：长江……通过大运河与杭州及天津的海港联系在一起。　　　　　　✓

7. 三峡大坝既能防洪，又能发电，还有助于航运。
   原因：三峡大坝……具有防洪、发电、航运等巨大的综合效益。　✓

59

第二单元 第5课

提示：

① 本课的话题是投诉/抱怨一件不愉快的事。投诉的形式是正式书信。

② 因为本课内容与旅游相关，所以老师可从一次不愉快的旅游开始引导学生联想：行李没有随人到，甚至丢了、破损了；遇上台风致使飞机晚点；遇上飞机故障晚点；在旅游地遇上恶劣天气；酒店设施、服务不尽如人意；旅游团的饮食安排不当；导游服务差；在旅游景点走马观花、强迫旅客购物等。类似的联想可由老师带领来进行，也可让学生分小组展开。

③ 学习完本课的生词后可与学生一起精读课文，确保学生掌握或初步掌握文中重点词句、信的格式、语气等。如条件允许，老师可帮助学生扩展词汇。

④ 课本62页上的练习一可用来作为引子，带领学生重温课文的内容。

不愉快的旅行　　05

[1] 尊敬的张经理：

首先，非常感谢贵社为我校学生安排了桂林七日游。总的来说，同学们在旅游过程中有一定的收获。但是，在这次旅途中也发生了一些不愉快的事，我代表同[5]学们写信表达我们的不满。

第一，出发那天，由于飞机延误了三个多钟头，我们抵达目的地时已是晚上十点。导游没有安排我们用餐，同学们只好自己买方便面吃。而且，导游也没有主动帮我们搬行李。

[10]　　第二，整个行程的饮食安排令大家失望。我们几乎每天都吃同样的饭菜。菜做得很油腻，很难吃。我们跟导游抱怨了好几次，但是没有一点儿改进。

第三，旅馆的卫生条件不太理想。房间里的地毯挺脏的，卫生间的清洁工作也做得不够好。

[15]　　第四，在七天的旅游日程中，导游为我们临时增加了两次购物，之前根本就没有征求带队老师的意见。到最后一天，她还安排我们去购物，被我们拒绝了。

第五，这几天里，有两个同学身体不舒服，导游没能及时安排他们去当地的医院治疗，幸好没出大问题。

[20]　　第六，驾驶旅游车的司机安全意识很差。司机在山路上开车的速[25]度很快，非常危险，令我们担心、害怕。

总的来说，

[30] 导游不敬业，相当懒散，工作态度很差，干活儿很被动。我们认为这次"桂林七日游"的安排及导游工作有损贵公司的形象。希望您能认真对待我们的投诉。我们也期待贵公司今后能够改进服务。

　　此致
敬礼！

关山
9月10日

生词

1. 桂林 Guìlín Guilin, a city and tourist resort in Guangxi
*2. 一定 yīdìng certain; some
3. 延 yán postpone　延误 yánwù incur loss through delay
4. 钟头 zhōngtóu hour
5. 用餐 yòngcān eat; have a meal
6. 方便面 fāngbiànmiàn instant noodles
7. 主动 zhǔdòng initiative
8. 整个 zhěnggè whole
9. 失望 shīwàng be disappointed
10. 同样 tóngyàng alike; same
11. 毯 tǎn blanket　地毯 dìtǎn carpet
12. 日程 rìchéng schedule
13. 临时 línshí at the time when something happens; provisional
14. 征（徵）zhēng collect; ask for
    征求 zhēngqiú solicit; ask for
15. 拒 jù resist　拒绝 jùjué refuse; reject
16. 疗（療）liáo cure　治疗 zhìliáo treat; cure
17. 幸好 xìnghǎo fortunately
18. 出……问题 chū……wèntí go wrong
19. 驾（駕）jià drive
20. 驶（駛）shǐ sail; drive
    驾驶 jiàshǐ drive (a vehicle); pilot (a ship or plane)
21. 旅游车 lǚyóuchē tour bus
22. 司机 sījī driver
23. 速度 sùdù speed
24. 危 wēi danger　危险 wēixiǎn dangerous
25. 害怕 hàipà be afraid; be scared
26. 敬业 jìngyè dedicate oneself to work and study
27. 懒散 lǎnsǎn sluggish; negligent
28. 干活儿 gànhuór work on a job
29. 被动 bèidòng passive
30. 损（損）sǔn harm; damage
    有损 yǒusǔn be prejudicial to
31. 形象 xíngxiàng image
32. 投 tóu throw; send　投诉 tóusù complain

61

消化课文

答案（仅供参考）：

1) 目的是代表同学们写信表达他们对这次"桂林七日游"的安排及导游工作的不满。

2) 那天飞机延误了三个多钟头，到达目的地时已是晚上十点。导游没有安排同学们用餐，也没有主动帮他们搬行李。

3) 不太理想，房间里的地毯挺脏的，卫生间的清洁工作也做得不够好。学生们对整个行程中的饮食安排感到失望：他们几乎每天都吃同样的饭菜，菜做得很油腻，很难吃。

4) 导游没有主动帮他们搬行李；临时增加购物；有同学身体不舒服，导游没能及时安排他们去当地的医院治疗。学生们认为导游不敬业，相当懒散，工作态度很差，干活儿很被动。

5) 在七天里，导游为他们临时增加了两次购物。该团一共有三次购物活动。

6) 同学们认为司机安全意识很差，在山路上开车的速度很快，非常危险，令同学们担心、害怕。

口语热身

1. 根据课文回答问题

1) 关山写这封信的目的是什么？
2) 出发去桂林那天发生了什么事？导游是怎样处理的？
3) 旅馆里的卫生条件怎么样？学生们对整个行程中饮食的安排有哪些不满？
4) 除了饮食安排以外，学生们对导游还有哪些不满意的地方？
5) 导游为行程临时增加了哪些活动？该团一共有几次购物活动？
6) 同学们对旅游车司机有哪些抱怨？

2. 根据实际情况回答问题

1) 你有没有参加过学校组织的旅行团？如果参加过，请讲一讲其中的一次旅行经历。
2) 在旅行的过程中，你有没有碰到住宿条件不好而且卫生状况很差的情况？你是怎么处理的？
3) 外出旅行时你经常购物吗？你觉得哪个地方是"购物天堂"和"美食天堂"？请简单地介绍一下这个地方。
4) 你认为去哪些地方旅行坐火车比较好？请简单地说一说。
5) 你认为坐游船旅行怎么样？如果你有机会坐游船旅行一周，你会参加吗？为什么？你在船上可以做些什么活动来消磨时间？
6) 你觉得背包旅行有哪些好处与坏处？
7) 下一个假期，如果你想组织几个朋友一起去旅游，会选择去哪儿？你会有什么安排？
8) 当你要选择去一个地方旅行时，首先考虑哪些方面？为什么？

提示：
此练习中的问题都与旅行有关：背包游还是跟团游；乘火车还是乘船。这些问题可用来做引子，复习本课所学内容，或在条件允许的情况下对其他与旅游有关的话题展开更广泛的讨论，更可联系中国的"黄金周"旅游所带来的影响等。

语言难点

1. 完成句子

   Ⓐ例子：首先，非常感谢贵社为我校学生安排了桂林七日游。(第2行)

   Ⓑ例子：总的来说，同学们在旅游过程中有一定的收获。(第3行)

   总的来说，导游不敬业，相当懒散。(第28行)

   首先，在饮食安排方面_____。

   总的来说，这次旅行_____。

2. 用带点的词语模仿例子造句

   Ⓐ例子：导游没有安排我们用餐，同学们只好自己买方便面吃。而且，导游也没有主动帮我们搬行李。(第7行)

   Ⓑ例子：整个行程的饮食安排令大家失望。(第10行)

   司机在山路上开车的速度很快，非常危险，令我们担心、害怕。(第23行)

   Ⓒ例子：我们跟导游抱怨了好几次，但是没有一点儿改进。(第11行)

3. 选择其中一个词语造句

   Ⓐ例子：我们几乎每天都吃同样的饭菜。(第10行)

   通常／一般／差不多

   Ⓑ例子：我们跟导游抱怨了好几次。(第11行)

   跟…… ┌ 开玩笑／聊天儿／谈心／吵架
   ├ 见面
   └ 关系好

   Ⓒ例子：导游不敬业，相当懒散，工作态度很差。

   (第29行)

   挺／非常／特别

63

口语训练

实际运用

口头报告

说一说你的一次不幸或者不寻常的旅游经历。你的报告要谈及以下几个方面：
- 什么时候去的
- 去了哪儿
- 跟谁一起去的
- 发生了什么事
- 结果如何

例子：

去年春节期间，我们一家四口去北京过年了。我们都希望这是一次愉快、难忘的旅行，因为姐姐明年就要去美国上大学了，以后全家在一起过年的机会就越来越少了。没想到的是，这次旅行却成了一次不幸的经历。

大年三十那天正好下大雪，而且气温很低，零下十几度，到处冰天雪地。我们一到爷爷、奶奶家就帮着他们买年货、准备晚上的年夜饭。我们每个人手里都拎着大包小包。我一走出商店的门，不巧一脚踩在台阶的一块冰上，我一下子失去了平衡，摔倒了。因为我的两只手都拿着东西，所以没能用手撑住身体。只听见"咔嚓"一声，我就跌倒在地上站不起来了。我猜想我的腿摔断了，吓得坐在地上大叫起来。

我父母马上打电话叫救护车。由于那天下着大雪，地上结了冰，路上也出了好几起车祸。结果，救护车一个小时后才把我送进医院。

到了医院，医生给我拍了X光

提示：
① 此练习是口头报告，要求学生单独完成。
② 此练习的要求是讲一次不幸或不寻常的旅游经历，不寻常的经历可以是令人兴奋或令人不快的，所以老师可带领学生先联想，最好是亲身的经历，这样可以涉及更多的细节描述，锻炼学生的口头表达能力。如果自己没有类似的经历，可以讲讲家人、朋友、同学等的经历。
③ 可根据"参考句子"中的场景延伸讨论。鼓励学生联想跟学校组的团（"创意—行动—服务"活动周）外出时发生过的一件事。如学生汉语水平较高，可引导学生表达这次经历给自己带来的感悟。

片，证实了我的猜测：我的左小腿摔断了。医生建议第二天动手术。真没有想到，来北京过年，还没有吃年夜饭就住进了医院，还要开刀，实在是太不幸了。后来，爷爷、奶奶还有其他亲戚都来医院看我，而且把年夜饭端到病房里来吃。那一顿年夜饭让我终生难忘。

手术那天，父母和姐姐都陪着我。医生说手术做得很好，但是至少需要在医院待五天才能出院。结果，我们一家人就在医院里过的年。

在医院的那段日子，我非常难受。由于我的左腿不能动，只能平躺在床上。一天24小时平躺在床上，我觉得全身不舒服。那时，我才真正地体会到什么叫活受罪！后来，父母把我转到了一个单人病房。单人病房有卫生间，还有一台电视机。父母还给我请了一个护工，晚上可以照顾我。

在医院的五天总算过去了。经过医生的检查，一切还算正常。我一共在家休养了三个月。医生还说，我的腿完全恢复需要一两年的时间。这次旅行真的使我终生难忘，也算是一次不幸的经历。

参考句子

a) 有一天，我的背包被人偷走了，里面有钱包、护照和身份证，还有一部数码相机。我马上去警察局报警。警察先给我录了口供，然后说他们一有消息就通知我。从警察局出来，我去了大使馆申请临时护照。那里的工作人员挺同情我，并告诉我两天后就可以取护照。

b) 前年我去美国滑雪时，由于速度太快失去了控制，最后摔断了右臂。我被送进了附近一家医院，并在那里做了手术。医生用一块钢板把骨头夹住，并上了石膏。几个月后才能活动胳膊。

c) 有一次去加拿大滑雪，由于大雪一连下了五天，道路全被雪封住了，我们既不能滑雪，又不能出山，在旅馆里待了五天，闷死了。

d) 最让我难忘的一次旅游是去云南爬玉龙雪山。那是我第一次爬到海拔那么高的地方。半路走不动了，我感觉自己的心跳加速，好像不能呼吸了一样。我一路一步一步地往上爬，经过了几个小时的努力，最终爬到了山顶。山顶上的云海、山峰构成了一幅仙境似的图画，美妙极了。

写作训练

实际运用

1. 写信

假设你去西安的交换生家里住了一个寒假。你去西安的目的是学汉语。回家后写一封信给交换生的父母，感谢他们为你所做的一切安排，表达你在他们家度过了一段难忘的时光。在信中，你要提及以下几点：

- 感谢他们在食宿方面的安排
- 周末为你精心安排的有趣而有意义的活动
- 他们一家还想办法帮助你提高汉语水平
- 他们一家在其他方面对你的帮助
- 邀请他们全家明年回访

参考句子

a) 你们把我的生活和住宿安排得很周到、舒适，就像在家一样的感觉。

b) 我从小就热爱中国文化，对中国的历史也十分感兴趣。这一次在你们家住，你们教我做风筝、剪纸，还带我去看了精彩的武术和杂技表演，参观了兵马俑博物馆，使我对中国的文化和历史有了进一步的了解。这真是一次难得的体验。

c) 你们还陪我一起看中文电视节目。我听到不懂的词，你们会告诉我意思，我再把这些生词记在笔记本上。每天睡觉以前我会把当天学的生词抄写几遍，然后你们给我听写。在你们的鼓励下，我平均每天能记住30个生词。

d) 住在你们家，我基本上每天都用汉语跟你们沟通、交流，一个月下来，我的汉语口语、阅读理解及写作能力都飞速提高。可以这么说，没有你们的帮助，我的汉语水平不可能提高得那么快。

e) 在这一个月里，我遇到过各种各样的困难，但是你们都鼓励我想办法克服。我体会最深的是自己学会了怎样有效地管理时间，以及怎样提高生活自理能力。

提示：

① 此练习要求写一封感谢信，应是正式感谢信的格式。

② 即便有些学生没有此类经历，他们仍然可以联系之前学过的内容、对中国的了解以及"参考句子"中的例句，写出一封完整的感谢信。要求学生按照题目下方所列的五个方面来写，每一项都要有细节支持，还要记住在信的结尾处向所感谢家庭发出邀请。

③ 建议老师事先让学生从网上或其他途径搜寻有关西安的风味美食、著名的旅游景点、特殊的文化活动、西安冬天的天气情况等信息。

2. 阅读短文并写作文

假设你刚尝试了换房旅游，有不愉快的经历。写信给朋友，劝他/她不要选择换房旅游。

换房旅游的利弊

随着人们生活水平的提高、交通的发达、假期的增多，外出旅游早已不是什么新鲜事了。为了节省旅游中一些不必要的开支，近年来兴起了换房旅游。

所谓换房旅游，即身在两地的人分别住到对方家里去，享受假日生活。由于网络的发达，换房旅游非常容易实现。现在有换房网或者一些旅游网站专门提供换房旅游的信息。

换房旅游作为一种新潮的旅游方式，有它的好处，最明显的好处就是节省费用。由于双方家里的生活设施齐全，再加上对方可以为你事先推荐旅游的地点，让你既省钱又省力地尽情享受整个旅程。除此之外，你还可以借此机会学习别人是如何装修、布置房屋的。同时，出去旅游时有人帮你看房子，免去担心被盗窃的烦恼。甚至还有些换房客能因此成为好朋友。

但换房旅游同时也带来一些问题。比如，换房双方事先没有把责任说清楚，旅游回来后你看到的家的景象可能与原来的很不同，可能又脏又乱。还有，家是一个隐私的地方，换房者入住后，家里的隐私受到挑战。有些人可能不太守规矩，在家里乱翻、乱看，把家里搞得乱七八糟。因此，尽管旅游时节省了一部分开支，但是家的损失也会让你痛心。

换房旅游在中国还刚刚起步，加上信任和隐私方面的顾忌，很大程度上阻碍了换房旅游的普及。人们期待一些必要的法律措施来保障换房双方不受损害，这样旅游时才能开开心心，不用为家的安危担心。目前，在换房前双方签好协议也许是一个好方法，或只与熟悉的亲戚、朋友换房旅游。

提示：
建议学生按照非正式书信的格式来写。内容可包括：
- 换房双方事先没有把责任说清楚
- 旅游回来后你看到的家的景象可能与原来的很不同，可能又脏又乱
- 家里的隐私受到挑战
- 有些人不太守规矩，在家里乱翻、乱看，把家里搞得乱七八糟
- 尽管旅游时节省了一部分开支，但是家的损失也会让你痛心
- 期待一些必要的法律措施来保障换房双方不受损害
- 在换房前双方签好协议也许是一个好方法
- 或只与熟悉的亲戚、朋友换房旅游
- 劝朋友不要选择换房旅游

阅读与理解

阅读一 　　　　　　　　　　户外活动注意事项

　　一般来说,户外活动面临的危险大致分为两类:一是自然危险,包括雪崩、落石、雷击、低温、缺氧等;二是人为危险,比如器材问题、技术不够及大意造成的问题等。如何避免自然危险、防范人为危险就成了每一位户外活动者需要注意的。以下几点可供户外活动者参考:

　　1.身体方面:临行前绝对不要熬夜,要保障正常的饮食起居,而且注意保护自己不要受伤。在户外,早晚天气凉时要注意保暖,以防感冒。那些平时无体育锻炼、轻度活动就有胸闷、头痛、头晕等不适症状者都不宜做剧烈、刺激的户外活动。如患感冒、发烧或觉得身体不舒服时应马上就医。户外活动者不但要照顾好自己的身体,还要照顾好其他同伴。

　　2.心理方面:要以轻松的心情去面对,坦然接受大自然的安排,即使遇上瓢泼大雨也是正常的事情。要有充分的心理准备,因为整个行程不一定每一时刻都能在愉快中度过,也许很多时候你会觉得很艰苦。

　　3.纪律方面:个人必须听从团队的安排,完成好整个过程中的每个环节。每个人都必须注意保护环境,任何污染或不爱护环境的行为都是不允许的。还要尊重所到地的习惯,以免发生不必要的误会和冲突。

　　4.特别事项:需带通讯工具,必要时可以跟外界联络;也可以带一些娱乐用品,如扑克、游戏机、随身听等。每人必须背负个人装备,并收好个人行李和集体装备,以免混淆。

　　总之,户外活动存在很大的风险,出行前务必做足相关的"功课"。发生意外时,一定要沉着冷静,用正确的方式开展自救或救人行动,并及时向当地有关部门求助。

A 判断正误，并说明原因

1. 在户外活动时，器材出了问题也可能对人身安全造成危险。　　对　错
   原因：二是人为危险，比如器材问题、……。　　　　　　　　　✓ ___

2. 户外活动前一晚要保证充足的睡眠。
   原因：临行前绝对不要熬夜，……。　　　　　　　　　　　　　✓ ___

3. 在户外，由于早、晚温差比较大，如果不注意会感冒。
   原因：在户外，早晚天气凉时要注意保暖，以防感冒。　　　　　✓ ___

4. 每个户外活动者不仅要照顾好自己，而且要照顾好同伴。
   原因：户外活动者不但要照顾好自己的身体，还要照顾好其他同伴。　✓ ___

5. 去野外最好不要带娱乐用品，轻装上路是上策。
   原因：也可以带一些娱乐用品，……。　　　　　　　　　　　　___ ✓

6. 如发生意外，要及时采取措施自救，或马上跟外界联系求助。
   原因：发生意外时，……，用正确的方式开展自救或救人行动，并及时向当地有关部门求助。　___ ✓

B 用短文中的动词填空

1. 为了 避免 （第3行）意外发生，户外活动者在出发前要作好充分的准备。

2. 在野营中要 注意 （第4行）饮食起居，这样才能有健康的身体来保证野外活动的正常进行。

3. 在野外旅行，同学们会遇到各种困难，要积极 面对 （第11行）这些挑战。

4. 旅行者要 尊重 （第16行）当地人的风俗习惯，不要造成不必要的麻烦。

5. 到了山区，即使有手机都可能没法跟外界 联络 （第17行），所以团友们要互相关照。

6. 对于那些身体不太强壮的人来说，剧烈的户外活动 存在 （第20行）一定的风险。

69

C 根据短文选择正确答案

1. "熬夜"(第5行)的意思是 __b__ 。
   a) 睡不着觉
   b) 整夜或深夜不睡觉
   c) 睡过头了
   d) 晚睡早起

2. "瓢泼大雨"(第12行)的意思是 __a__ 。
   a) 雨下得非常大
   b) 牛毛细雨
   c) 阵雨
   d) 鹅毛大雪

3. "误会和冲突"(第16行)的意思是 __d__ 。
   a) 理解
   b) 负担
   c) 担忧
   d) 麻烦

4. "功课"(第20行)的意思是 __d__ 。
   a) 家庭作业
   b) 考前复习
   c) 买户外活动保险
   d) 花时间去了解有关户外活动的情况

D 根据短文找出四个正确的句子

☑ 1. 在户外活动时，雷击也可能造成人员伤亡。
☐ 2. 身体不健康的人也能参加剧烈的户外活动。
☑ 3. 在户外活动，不要由于天气不好而感到扫兴，要用正常的心态来对待天气的不测。
☑ 4. 一个团队是一个集体，所以要听从指挥，不能擅自行动。
☐ 5. 在户外活动，如果有团友污染环境，整团计划将被取消。
☑ 6. 任何人在做剧烈的户外活动时都可能会出现身体不适的症状。
☐ 7. 在户外发生任何危险，建议第一时间求助于外地居民。

阅读与理解

春运　　　　　　　　　　阅读二

　　春运是近二三十年来发生在中国的一个独特的文化现象，被喻为人类历史上规模最大的、周期性的人类大迁徙。

　　春运一般发生在春节前15天及春节后25天，约40天。在每年的这段时间里，中国有20多亿人次的人口流动，占世界人口的1/3。为了解决春运问题，中国政府每年都要提前部署，但仍无法满足春运的需求。

　　春运规模之大，以致中国交通运输难以承受。春运期间，风风火火赶着回家过年的人们塞满了机场，挤爆了火车站，在长途汽车站购票者也整日排着长龙，这给全国的交通运输造成了巨大的压力。但这些景象却也凸显出，在中国人心里，故乡和家庭有着强大的吸引力。

　　春节是中国人一年中最重要的节日。一般人都要想方设法在除夕前赶回家与家人团聚，共度新春。春运人流主要有三类。第一类是外来务工人员。自改革开放以来，很多人从经济落后的地区到经济发达地区就业，造成了人口的大量流动。这些离开家乡去外地就业的人在春节前后集中返乡过年，便成为了春运运输的主要人群。第二类是学生。春节前后也是高等院校的寒假，在外地就读的学生返乡过年，他们也构成了春运运输的另一主要人群。第三类是游客。春节期间也是黄金周之一，部分人会选择在此期间外出旅游。运输旅游人群的时间虽然跟春运高峰时间不完全吻合，但也加重了运输系统的压力。

　　目前，中国东部和西部的经济发展逐步协调，将有助于疏散春运的人流。中国高速铁路在全国各地的快速发展，也将缓解春运的压力。

A 从右边的段落大意中找出最合适的

1. 第一段 【C】
2. 第二段 【A】
3. 第三段 【H】
4. 第四段 【F】
5. 第五段 【E】

A 春运的时段及规模。
B 解决春运问题的具体措施。
C 对春运现象的解释。
D 春运所带来的经济效益。
E 可能缓解春运压力的条件。
F 春运人流的构成。
G 春运的历史及现代成因。
H 春运给中国交通运输带来的压力及春运凸显出的文化现象。

B 根据短文找出四个正确的句子

☐ 1. 早在上世纪二三十年代就出现春运现象了。
☐ 2. 春运期间，世界上有20亿人口在流动。
☐ 3. 春运规模不大，仅中国的陆上交通就可以应付了。
☑ 4. 想乘长途汽车回家过年的人们要花很长时间排队买票。
☑ 5. 不管离家有多远，人们都会想尽办法在大年三十前赶到家。
☑ 6. 春运期间运输的人群中有一部分是游客。
☑ 7. 春节假期同时也是一个黄金周假期。

C 从短文中找反义词

1. 普通 →(独特)（第1行）
2. 微小 →(巨大)（第8行）
3. 弱小 →(强大)（第9行）
4. 落后 →(发达)（第12行）
5. 分散 →(集中)（第14行）
6. 本地 →(外地)（第15行）
7. 减轻 →(加重)（第18行）
8. 失调 →(协调)（第19行）

D 根据短文选择正确答案

1. "迁徙"（第2行）的意思是 __d__。
   a) 举家迁居到外地
   b) 迁移国都
   c) 人员调动
   d) 离开原来的所在地而另换地方

2. "难以承受"（第6行）的意思是 __d__。
   a) 承担有余
   b) 不难接受
   c) 受得了
   d) 难于担当

3. "风风火火"（第6行）的意思是 __a__。
   a) 急急忙忙
   b) 没有风度
   c) 精力旺盛
   d) 生意红火

4. "吻合"（第18行）的意思是 __b__。
   a) 结合
   b) 完全符合
   c) 合作
   d) 合伙

E 判断正误，并说明原因

1. 春运期间，飞机场、火车站、长途汽车站都乘客爆满。 ✓ 对
   原因：春运期间，风风火火赶着回家的人们塞满了机场，挤爆了火车站，在长途汽车站购票者也整日排着长龙，……。

2. 在中国人的心里，家乡和家庭几乎不占什么分量。 ✓ 错
   原因：在中国人心里，故乡和家庭有着强大的吸引力。

3. 春运运输的主要人群是在外地工作、回家过年的人员。 ✓ 错
   原因：春运人流主要有三类。第一类是外来务工人员。……。第二类是学生。……。第三类是游客。

4. 大学生们春节前也赶回家过年，这也给春运带来了压力。 ✓ 对
   原因：春节前后也是高等院校的寒假，在外地就读的学生返乡过年，他们也构成了春运运输的另一主要人群。

5. 春节期间，人们外出旅游也给春运增加了负担。 ✓ 对
   原因：第三类是游客。春节期间……部分人会选择在此期间外出旅游。运输旅游人群……也加重了运输系统的压力。

6. 由于高速铁路在全国各地发展很快，可能会缓解春运的压力。 ✓ 对
   原因：中国高速铁路在全国各地的快速发展，也将缓解春运的压力。

中国人的饮食文化

第二单元 第6课

[1]　中国历史悠久，是一个文明古国。中国又是一个大国，总面积有960多万平方公里。几千年来，居住在中国各地的人们逐渐形成了不同的饮食文化。中国的饮食文化主要有以下几个特点。

[5]　第一，中国东西南北口味差异较大。比如说，住在江南一带的人喜欢吃甜的食物，而四川人很喜欢吃辣的，他们喜欢在每个菜里都放辣椒。

　　第二，由于各地气候特点不同，人们喜欢的食物也不一样。比如说，住在广东地区的人喜欢煲汤，因为那[10]里一年到头比较潮湿，喝汤能祛除体内的湿气。广东人还根据不同的季节喝不同的汤。

　　第三，中国的大部分地区一年有四季。在不同的季节，人们做菜的方法也不同。比如说北方人冬天特别喜欢吃火锅，能祛寒保暖；南方人夏天喜欢吃凉拌菜，比[15]较清凉。

　　第四，中国人做菜讲究美感，对烹饪技术要求很高。人们做菜时注重食物的色、香、[20]味、形，给人一种美的享受。

　　第五，中国人的饮食也很注重情趣。人们花心思、动脑筋给菜起[25]有意义、有趣味或者有典故的名字，比如"全家福""狮子头""佛

提示：

① 本课的话题是中国人的饮食文化，因此在上课前可事先让学生搜集一些有关的信息。

② 上课时，在汇总学生找到的资料之余，老师可进一步、有意地介绍本课的生词及与之有关的课文中的重点句式。

③ 如条件允许，老师可把中国人"民以食为天"的文化背景介绍一下，并可提到中国的"八大菜系""南甜、北咸、东辣、西酸"等与中国人饮食文化有关的内容。还可以谈及"食疗"的内容（见课本185页）等。

④ 介绍完本课所有生词以后可与学生一起精读本课课文，掌握重点语句。

⑤ 课本76页上的练习一可以用来回顾课文的主要内容，要求学生使用本课所学的语句回答。

跳墙"等。

第六，中国人注重食疗，目的是为了养生。有时候，中国人做菜会放一些中草药。

[30] 中国的饮食文化确实是一门学问。我们应该深入了解中国的饮食文化，好好儿享受中国的美食。

生词

1. 古国 gǔ guó country with a long history
2. 悠 yōu remote in time or space
   悠久 yōu jiǔ long; age-old
3. 居住 jū zhù live; reside
4. 渐（漸）jiàn gradually 逐渐 zhú jiàn gradually
5. 形成 xíng chéng form; take shape
6. 差异 chā yì difference
7. 江南 jiāng nán areas south of the lower reaches of the Yangtze River
8. 一带 yí dài surrounding area
9. 辣椒 là jiāo chili; hot pepper
10. 煲 bāo cook with boiler or cooker
11. 祛 qū dispel; drive away
    祛除 qū chú drive away; get rid of
12. 体内 tǐ nèi inside a living body
13. 湿气 shī qì moisture; dampness
14. 北方 běi fāng north
15. 火锅 huǒ guō hotpot
16. 祛寒 qū hán dispel cold
17. 保暖 bǎo nuǎn keep warm
18. 拌 bàn mix
19. 凉拌 liáng bàn (of food) cold and dressed with sauce
20. 清凉 qīng liáng pleasantly cool
21. 美感 měi gǎn sense of beauty
22. 烹 pēng cook; boil
23. 饪（飪）rèn cook 烹饪 pēng rèn cuisine; culinary art
24. 情趣 qíng qù emotional appeal; interest
25. 起……名字 qǐ…… míng zì give a name to
26. 趣味 qù wèi interest; delight
27. 典故 diǎn gù literary quotation; allusion
28. 全家福 quán jiā fú hotch-potch (an assortment of delicacies as a dish in a Chinese dinner)
29. 狮子头 shī zi tóu large meatball (usually fried in deep oil before being braised with vegetables)
30. 佛 fó Buddha
31. 墙（墻）qiáng wall
    佛跳墙 fó tiào qiáng Fotiaoqiang (steamed abalone with shark's fin and fish maw)
32. 食疗 shí liáo food therapy
33. 养生 yǎng shēng keep in good health
34. 中草药 zhōng cǎo yào Chinese herbal medicine
35. 学问 xué wèn knowledge; branch of learning
36. 深入 shēn rù go deep into

75

消化课文

口语热身

1. 根据课文回答问题

1) 中国是一个什么样的国家？
2) 中国人的口味有哪些特点？请举一两个例子说明。
3) 广东人为什么喜欢喝汤？
4) 中国人烹饪时有哪些讲究？注重什么？
5) 中国人的饮食注重情趣，表现在哪个方面？
6) 中国人食疗的目的是什么？

2. 根据实际情况回答问题

1) 在你们国家，人们一般喜欢吃什么口味的饭菜？
2) 你们国家有哪些独特的食物？请介绍几样。
3) 你们国家的人做饭时讲究美感吗？注重色、香、味、形吗？请介绍一个最有特色的菜或者一种食物。
4) 你们家喜欢吃什么口味的饭菜？你最喜欢吃什么？你觉得你吃的东西健康吗？如果你发现你吃的食物不健康，你会调整吗？会怎样调整？
5) 你们家经常去饭店吃饭吗？经常去哪几家饭店？你们一般去那里吃什么？请介绍一家你喜欢的饭店。
6) 你喜欢吃中餐吗？喜欢吃哪些菜？请介绍其中你最喜欢的中国菜。
7) 你有没有吃过中国面食，比如小笼包、生煎包、饺子、馄饨(hún tun)等？如果你去中国，你最想吃什么？
8) 你吃过四川菜吗？你觉得辣吗？你有没有吃过火锅？你喜欢吃火锅吗？
9) 你知道哪些中国菜的名字？它们有什么趣味或者典故？

答案（仅供参考）：

1) 中国是一个历史悠久的文明古国，又是一个大国。
2) 中国东西南北口味差异较大，比如说，住在江南一带的人喜欢吃甜的食物，而四川人很喜欢吃辣的。再有，由于各地气候特点不同，人们喜欢的食物也不一样，比如说，住在广东地区的人喜欢喝汤。
3) 因为广东一年到头比较潮湿，喝汤能祛除体内的湿气。
4) 中国人做菜讲究美感，对烹饪技术要求很高。注重食物的色、香、味、形，给人一种美的享受。
5) 人们花心思、动脑筋给菜起有意义、有趣味或者有典故的名字。
6) 目的是为了养生。

提示：
此练习题中的问题可以用来展开与学生本国饮食文化相关的延伸讨论，尤其是问题1)-3)。问题4)-6)可让学生联系自己家里的饮食习惯进行讨论。可鼓励学生发掘其他与中国菜名相关的典故以增加趣味性。

语言难点

1. 完成句子

   Ⓐ 例子：中国又是一个大国，总面积<u>有</u>960多万平方公里。（第1行）（表示达到一定数量或某种程度）

   上海有_____。

   中国主要<u>有</u>八大菜系，有鲁菜、川菜、粤菜、苏菜等。（表示领有）

   中国有名的菜有_____。

   体育馆后面<u>有</u>一个公园。（表示存在）

   我家后面有_____。

   Ⓑ 例子：中国人注重食疗，<u>目的是为了</u>养生。（第29行）

   为了保持健康，_____。

2. 用带点的词语模仿例子造句

   例子：住在广东地区的人喜欢煲汤，<u>因为</u>那里<u>一年到头</u>比较潮湿。（第9行）

3. 选择其中一个短语造句

   Ⓐ 例子：中国人做菜讲究美感，<u>对</u>烹饪技术要求很高。（第16行）

   对……⎧ 满意
   　　　⎨ 着迷
   　　　⎩ 友善

   对……来说

   Ⓑ 例子：人们做菜时注重食物的色、香、味、形，<u>给</u>人一种美的享受。（第18行）

   给……⎧ 一个惊喜
   　　　⎨ 回信
   　　　⎩ 捐款

   Ⓒ 例子：我们应该深入了解中国的饮食文化，<u>好好儿</u>享受中国的美食。（第31行）

   好好儿地看书/休息/玩儿一玩儿/看一看

77

实际运用

口语训练

小组讨论

全球化对现代年轻人的饮食习惯产生了一些影响。你们的讨论将谈及以下几个方面：

- 产生了哪些正面和负面的影响
- 年轻人应该有哪些健康的饮食习惯
- 检讨一下你自己的饮食习惯是否健康
- 应该在哪些方面作适当的调整

例子：

男孩：全球化对年轻人的饮食习惯产生了很大的影响。在世界各地，几乎每个年轻人的饮食习惯都差不多。他们都喜欢吃热狗、汉堡包、薯条、比萨饼，喝可乐。

女孩1：是啊！看看我们周围的同学，他们都爱吃垃圾食品。这些不良的饮食习惯严重影响了学生的身体健康。经常吃高糖、油腻食品直接影响了学生的身体素质，有害身体健康。现在有些疾病都趋于年轻化，比如高血压、心血管病等，这值得社会关注。

女孩2：我并不认为全球化对年轻人的饮食习惯产生了负面影响。中国人以前早饭喝粥、吃馒头，现在也吃面包、喝牛奶，我认为现在的早餐更有营养。另外，由于货物在全世界的流通很快，很多有营养的、简便的食品给人们的生活带来了方便，比如很多半成品食物只要在微波炉中加热几分钟就可以吃了。应该说，全球化给人类的饮食习惯带来了一次革命。

提示：
① 此练习主要讨论全球化对年轻人在饮食习惯上的影响。老师可事先布置学生就自己国家/地区传统的饮食习惯以及受全球化影响而发生的一些变化等去搜集一些材料，这样课上讨论时有更多内容。

② 分组讨论前，老师可按照题目下方的四个方面引导、启发学生的思路。在谈及年轻人的饮食习惯时，可提到定时、定量饮食；肉菜、蔬果平衡搭配；少吃或不吃垃圾食品；遵从食物金字塔的指引等。

③ 如条件允许，老师可带领学生讨论更深刻的话题：减肥、瘦身带来的后果；年轻人对美和健康的概念的理解、看法。

④ 鼓励学生模仿"例子"继续讨论下去。

男孩：你说得也对。由于现在的食品种类太多了，而且很多垃圾食品很有诱惑性，深受年轻人的喜爱。我就是其中之一。我特别喜欢吃薯片、巧克力，喝汽水，到吃正餐时我就吃不下了。这种挑食、偏食的习惯对身体健康不利。但是我想改掉这种习惯又很难，就像戒烟一样难。

女孩1：没有你说得那么痛苦。如果你认识到饮食对健康的重要性，就会自觉地调整你的饮食习惯。一个月前，我开始注意吃少盐、少油、低糖、清淡、易消化的高纤维食品，还多吃蔬果，少吃肉。吃了一段时间后，觉得浑身轻松，再加上适当的运动，终于达到了瘦身的效果，而且身体比以前更健康了。

女孩2：我相信，对我来说，做饭、做菜是一种乐趣。我做菜时注重色、香、味、形，做出来的菜像工艺品一样，自己看了都满意。还有，我尽量少去饭店吃饭，因为饭店里的菜一般都比较油腻。在家里吃，既省钱又健康，何乐而不为呢？

参考句子

a) 如果我们仔细分析一下，绝大多数的现代疾病都跟吃有关。我们应该多吃粗粮、蔬菜和水果，少吃高盐、高糖、油腻的垃圾食品，少喝饮料；还要尽量少吃肉。一日三餐要营养均衡，还要定时进食。

b) 要长期坚持锻炼，每周至少要做三次有氧运动。除了运动以外，生活要有规律，要放松，不要过度紧张、劳累。过度紧张和疲劳对健康很有害。总的来说，身体健康完全靠平时注意。

c) 一般人午饭总是马马虎虎地吃一顿。其实，午饭很重要，要吃荤素搭配、有营养的午餐。专家说："早饭要吃好，午饭要吃饱，晚饭要吃少，而且一定不能挑食、偏食。"

d) 如今，"三高"食品（高脂肪、高热量、高蛋白质）越来越受欢迎，因而得肥胖症、高血压、糖尿病的人也就越来越多了。

e) 我们每天的饮食中应该保证有七类营养物质：蛋白质、碳水化合物、脂肪、维生素、矿物质、水和纤维。

实际运用

写作训练

1. 写文章

通过到中国交换生家里生活以及从课堂上、书本里,你了解到了中西方饮食文化上有一些不同。请为校刊写一篇文章,谈谈中西方饮食文化的不同之处。

你要提及以下几点:
- 对中西方饮食的看法
- 不同的食物种类
- 不同的餐具
- 不同的酒类、饮品
- 不同的烹饪方法
- 特殊场合及饮食

参考句子

a) 中国人非常重视饮食,认为一日三餐都很重要,而且吃东西很讲究味道。西方则注重营养。

b) 中国人主要以米饭、面条、包子等为主食,配以各式炒菜、汤等。西方人主要以面包、意粉、土豆等为主食,配以烤肉、蔬菜沙拉等食物,讲究新鲜。

c) 中国人用餐时主要用筷子、汤匙(chí),而西方人用刀叉、勺子。

d) 中国人喝的酒大都是白酒,酒精度数高,比如茅台(máo tái)酒有四十几度或五十几度。西方人主要喝红、白葡萄酒。中国人日常饮用最多的是茶,而西方人的日常生活则离不开咖啡。

e) 做中餐时,中国人用炒、煎、蒸等烹饪方法,而做西餐大多通过烤、炸、煮等方式。

f) 中国人吃饭时围坐在桌子旁,大家分享所有的菜;西方人喜欢把饭菜放到自己的盘子里,慢慢享用。

g) 中国人做饭十分讲究,从切菜、配料到烹饪都不能马虎,做好的菜要色、香、味、形俱全。西方人比较注重营养的搭配,食物大多需用刀叉慢慢切来享用。

提示:

① 在写此文章前,建议老师事先布置作业让学生去搜集一些关于中西方饮食文化的异同的资料,可按照题目下方所列出的六个方面来进行。其中第2、3点比较直接;至于酒类,可涉及中国的酒文化,何种情况下办什么酒席等;至于饮品可谈及中国的茶文化。至于烹饪方法,可涉及中国人做菜前精细的准备工作(刀工讲究)等。至于最后一点,可联系寿宴、婚宴、传统节日上的特殊食物、饮品等。如条件允许,还可以谈及中西方的餐桌礼仪、禁忌。

② 还可根据"参考句子"中的话题延伸讨论。

2. 阅读短文并写作文

模仿以下短文，介绍中国的两种传统小吃或美食。

饺子和馄饨

饺子

饺子，又叫水饺，至今已有一千八百多年的历史。饺子是中国北方人的民间主食之一，其特点是皮薄馅嫩，味道鲜美。特别是在北方人的年夜饭中，饺子是一道不可缺少的美食佳肴，因为饺子取"更岁交子"之意。饺子也是中国人喜爱的传统美食，逢年过节、喜事、大事、团圆聚餐，人们总要包顿饺子吃。

饺子的做法是将馅儿包进面皮，煮熟后食用。饺子皮儿一般用手工擀，这样吃起来才有韧劲。饺子馅儿可荤可素，用来做馅儿的材料可根据个人的口味而定。人们一般喜欢用猪肉、牛肉、羊肉、虾来做荤饺。素饺里的馅儿一般可以放蔬菜、豆腐干、粉丝等。饺子可以煮着吃，还有蒸、烙、煎、炸等多种做法。

馄饨

馄饨是中国的一种传统美食，源自中国北方，但是后来在南方发扬光大。馄饨的名称繁多，如在江浙一带人们称它为馄饨，而广东人则称云吞，湖北人称包面，江西人称清汤，四川人称抄手，福建人称扁食等。

馄饨的品种很多，其特点是皮薄馅嫩，味美汤鲜。馄饨皮儿一般为正方形或梯形。由于馄饨皮儿较薄，所以煮熟后里面的馅儿都看得见，有一种透明的感觉。馄饨除了煮熟了直接吃以外，还可以煮熟后放在油里煎，蘸上香醋以后吃，那种又脆又香的口味真是美极了。

馄饨馅儿多为瘦猪肉、鲜虾或者虾米、青菜、鸡蛋，再加入调味品如盐、麻油、葱、姜做成。如果馄饨是煮着吃，汤料一定要讲究。以猪骨汤为汤底的馄饨汤里还可以加蛋皮丝、榨菜丝、葱花等。

提示：
建议学生参考短文介绍中国美食的形式，从以下几个方面介绍另外两种小吃或美食：

- 名称
- 历史
- 品种
- 特点
- 人们在什么场合食用及其意义
- 美食的吃法
- 美食的用料、做法
- 烹饪美食的方法

阅读与理解

阅读一　　　　　　　　　　上海菜

第一段　　上海简称"沪",地处江苏、浙江交界处。上海的本帮菜指的是当地人的家常菜。后来本帮菜汇聚了苏州、南京、杭州、扬州等16个周边地区的美味佳肴,上海菜便诞生了。

第二段　　上海菜受苏南风味、南京风味、杭州风味、淮扬风味等的影响最大。苏南菜的特点是选料精细、花色繁多、时令新鲜、甜咸适中、清新美味、原汁原味,做菜时注重色、香、味、形。南京风味的菜制作时擅长炖、焖、烤,而且有酸、甜、苦、辣、咸、香、鲜、酥、脆、嫩、浓等丰富的味道。杭州菜重视用料鲜活,多用活鱼、活虾、时令蔬菜为主要材料,而且讲究刀工,突出本味。扬州菜选料严谨、讲究鲜活,做出来的菜保持原汁原味,口味清淡,而且造型美观。集所有这些佳肴于一身的上海菜形成了自己别具一格的风味:清淡爽口、新鲜美味、浓油赤酱、醇厚鲜美。

第三段　　典型的上海风味有糖醋排骨、阳澄湖大闸蟹、盐水鸭、肴肉、脆鳝、油爆河虾、清炒虾仁、狮子头、蟹粉豆腐等。上海风味的小吃有卤汁豆腐干、上海小笼包、生煎包、甜豆沙包、牛肉锅贴、糖粥藕、萝卜丝饼、汤圆、粢饭、煎臭豆腐、炒年糕、荠菜馄饨、鸡鸭血汤等。

第四段　　上海比较有名的饭店有苏浙汇、鹭鹭酒家、小南国等。在这些饭店,你能吃到造型精致、口味鲜美、价格合理而且地道的上海菜。到上海,你一定得去城隍庙的绿波廊酒楼品尝各种上海风味小吃。同时你还能欣赏周围古色古香的建筑和人文风情。

A 根据短文找出四个正确的句子

☐ 1. 上海是江苏和浙江的省会。
☑ 2. 南京菜的口味五花八门，有甜、苦、辣、酥、嫩、浓等。
☑ 3. 苏南菜和扬州菜都注重菜的造型。
☑ 4. 苏南菜和杭州菜都选用时令新鲜材料烹饪而成。
☐ 5. 阳澄湖大闸蟹是南京的一种风味小吃。
☐ 6. 苏浙汇和小南国饭店在城隍庙里。
☑ 7. 杭州菜和扬州菜的共同特点是讲究鲜活、保持原味。

B 根据短文填充

1. 上海菜实际上集苏州、<u>南京</u>、<u>杭州</u>、<u>扬州</u>等16个周边地区之美味佳肴。
2. 典型的上海风味小吃有<u>卤汁豆腐干</u>、<u>小笼包</u>、<u>生煎包</u>等。
3. 典型的上海菜有<u>肴肉</u>、<u>清炒虾仁</u>、<u>狮子头</u>等。
4. 如果你去上海，你可以去<u>苏浙汇</u>、<u>鹭鹭酒家</u>、<u>小南国</u>这几家饭店品尝口味鲜美、价格合理并且地道的上海菜。

C 从右边的段落大意中找出最合适的

1. 第一段　<u>B</u>　　A 苏南风味菜之特色。
2. 第二段　<u>E</u>　　B 上海菜的由来。
3. 第三段　<u>C</u>　　C 最典型的上海菜及小吃。
4. 第四段　<u>G</u>　　D 上海菜的品种繁多，价格合理。
　　　　　　　　E 上海菜集周边地区之佳肴及其风味特征。
　　　　　　　　F 上海菜的诞生地。
　　　　　　　　G 值得一去的几家上海饭店。

83

D 判断正误，并说明原因

1. 上海坐落在江苏和浙江两省临界的地方。　　　　　　　　　　对　错

   原因：上海简称"沪"，地处江苏、浙江交界处。　　　　　✓　__

2. 上海菜只是苏南菜、南京菜、杭州菜及淮扬菜的汇总。

   原因：上海菜受苏南风味、南京风味、杭州风味、淮扬风
   味等的影响最大。……集所有这些佳肴于一身的上　　　__　✓
   海菜形成了自己别具一格的风味……

3. 做苏南菜时，厨师特别讲究色、香、味、形并重。

   原因：苏南菜……，做菜时注重色、香、味、形。　　　　✓　__

4. 扬州菜的味道很浓，有多种口味。

   原因：扬州菜……，做出来的菜保持原汁原味，口味清淡。　__　✓

5. 如果想吃到价格合理并且地道的上海菜，去鹭鹭酒家是个不错的选择。

   原因：上海比较有名的饭店有……鹭鹭酒家……。在这些
   饭店，你能吃到……价格合理而且地道的上海菜。　　　✓　__

6. 坐在绿波廊酒楼里可以一边品尝上海各种风味小吃，一边欣赏周边的古建筑。

   原因：到上海，你一定得去城隍庙的绿波廊酒楼品尝各种
   上海风味小吃。同时你还能欣赏周围古色古香的建　　　✓　__
   筑和人文风情。

E 根据短文选择正确答案

1. 上海的另一个名称叫 __c__ 。

   a) 苏　　　b) 浙
   c) 沪　　　d) 杭

2. 上海本帮菜就是当地人的 __c__ 。

   a) 淮扬菜　b) 苏南菜
   c) 家常菜　d) 节庆食品

3. 上海小笼包和生煎包是两款 __b__ 。

   a) 上海名菜　b) 上海小吃
   c) 苏南名菜　d) 扬州小吃

4. 喜欢吃海鲜的人可以吃 __b__ 。

   a) 狮子头　　b) 清炒虾仁
   c) 盐水鸡　　d) 糖醋排骨

阅读与理解

阅读二

人参

第一段

人参作为中国著名的中药材已经有上千年的历史。自古以来，中国人一直把人参当做养生的良药，称其为"百草之王"。根据目前对人参的化学成分及功效的研究，人参具有增强机体免疫力、调节机体等方面的效果。中医专家发现，人参中的皂苷RH2成分还有抑制癌细胞生长的作用。

第二段

从植物学的角度来看，人参是五加科植物人参的根。人参一般分为四类：生晒参、红参、野山参、西洋参。生晒参和红参都是人工栽培的人参制造而成。野山参则是野生的，由于产量很少，所以价格非常昂贵。西洋参也叫花旗参，主要产于美国、加拿大等国家。

第三段

不同的人参功效各异。一般来说，生晒参有补元气、补益脾肺、生津安神的功效。红参也有大补元气的功效，而且还能益气摄血。野山参的功效跟红参很相似，但力量很大，效果很显著，所以一般健康的人不会选用野山参来作为补药。西洋参的功效是补气养阴，清火生津。

第四段

由于人参的种类和功效各异，在选择人参时要根据不同的需要精心选取。虽然人参是一种补药，但是任何药都有三分毒，所以要对症下药，否则非但不能改善身体状况，甚至有可能吃出问题来。比如说脾气暴躁的人、高血压患者就不适合吃红参和野山参。

第五段

西洋参是一种滋补保健品，具有清除体内的火气、增强免疫力、消除疲劳、提高机体的抗病能力等功效，所以选吃西洋参的人最多。西洋参可以跟鸡、瘦肉、鱼一起炖着吃，也可以泡了当做饮品喝，还可以放在嘴里细嚼，或者磨成粉末吞服。

A 根据短文找出四个正确的句子

☑ 1. 人参中的皂苷RH2具有抑制癌细胞生长的作用。
☑ 2. 不同的人参功效也不同，所以要对症下药。
☐ 3. 红参的功效比野山参大，效果也更显著。
☑ 4. 体内火气大可以服用西洋参清火。
☐ 5. 脾气暴躁的人宜用野山参降火。
☐ 6. 人参是滋补保健品，对身体有百益而无一害。
☑ 7. 西洋参能跟鸡一起做成菜。

B 从右边的段落大意中找出最合适的

1. 第一段　C
2. 第二段　H
3. 第三段　A
4. 第四段　D
5. 第五段　F

A 不同的人参有其不同的功效。
B 人参的研究价值。
C 人参的成分与功效。
D 根据自身需要而精心选用人参的重要性。
E 人参的栽培和成长过程。
F 西洋参之功效及服用方法。
G 人参的药用以及服用时应注意事项。
H 人参的主要种类。

C 从右边找到最适合的部分完成下列句子

1. 中国人把人参　D
2. 生晒参具有　B
3. 红参　G
4. 野山参　C
5. 西洋参　E

A 既有人工栽培的，也有野生的。
B 生津安神的功效。
C 力量很大，一般不为健康人所选用。
D 当做养生滋补良药。
E 主要产于北美，其功效是消除疲劳，增强免疫力等。
F 是毒药，但也能以毒攻毒。
G 能补元气，还能益气摄血。
H 的化学成分还不太清楚。

D 判断正误，并说明原因

1. 增强机体的免疫力是人参的一个功效。　　　　　　　　　　　对　错
   原因：<u>人参具有增强机体免疫力、调节机体等方面的效果。</u>　√　___

2. 只有美国和加拿大是盛产西洋参的地方。
   原因：<u>西洋参也叫花旗参，主要产于美国、加拿大等国家。</u>　___　√

3. 红参和生晒参有一个共同的功效：补元气。
   原因：<u>生晒参有补元气、……的功效。红参也有大补元气的功效，……。</u>　√　___

4. 人参是补药，对身体绝对没有害处。
   原因：<u>虽然人参是一种补药，但是任何药都有三分毒，……。</u>　___　√

5. 患有高血压的病人不宜随便服用红参。
   原因：<u>……高血压患者就不适合吃红参和野山参。</u>　√　___

6. 西洋参可以做成饮品来喝。
   原因：<u>西洋参……也可以泡了当做饮品喝，……。</u>　√　___

E 根据短文选择正确答案

1. 人参作为中药材已有 __c__ 的历史。
   a) 1000多年
   b) 将近1000年
   c) 超过1000年
   d) 几千年

2. 人参是五加科植物人参的 __b__ 。
   a) 茎
   b) 根
   c) 叶
   d) 果

3. 人参大致可以分为 __b__ 大类。
   a) 五
   b) 四
   c) 两
   d) 三

4. 野山参是所有人参中 __a__ 的。
   a) 价格最贵
   b) 产量最高
   c) 来源最广
   d) 最难培植

单元复习

> 提示:
> "生词"部分的词语是本单元内每一课的词语,要求学生会认读,并会默写、运用。

‹生词

第4课
西藏　指南　自助游　位置　高原　反应　边疆
青藏高原　海拔　处于　缺氧　地带　恶心　四肢
无力　心跳　加快　症状　正常　拉萨　逐步　适应
草原　森林　湖泊　风光　须知　紫外线　强烈
昼夜　防晒　防寒　衣物　单独　探险　行程　出发
藏族　风情　家常

第5课
桂林　*一定　延误　钟头　用餐　方便面　主动　整个
失望　同样　地毯　日程　临时　征求　拒绝　治疗
幸好　出……问题　驾驶　旅游车　司机　速度　危险
害怕　敬业　懒散　干活儿　被动　有损　形象　投诉

第6课
古国　悠久　居住　逐渐　形成　差异　江南　一带
辣椒　煲　祛除　体内　湿气　北方　火锅　祛寒
保暖　凉拌　清凉　美感　烹饪　情趣　起……名字
趣味　典故　全家福　狮子头　佛跳墙　食疗　养生
中草药　学问　深入

88

短语/句型

作好充分的准备　位于中国的西南边疆　平均海拔4000米以上
处于高海拔缺氧地带　尝试坐火车　逐步适应高原环境
欣赏独特的高原风光　气温偏低　昼夜温差较大　单独外出探险
应多注意防晒和防寒　合理地安排行程　住在藏式家庭旅馆里
了解独特的藏族风情　与当地人聊聊家常

非常感谢贵社为我校安排了桂林七日游　发生了不愉快的事
代表……表达我们的不满　抵达目的地　令……失望　做清洁工作
临时增加了两次购物　征求……意见　及时安排……去医院治疗
幸好没出大问题　安全意识差　令我们担心、害怕
有损贵公司的形象　认真对待我们的投诉　期待……今后改进服务

逐渐形成了不同的饮食文化　各地气候特点不同
根据不同的季节喝不同的汤　做菜讲究美感　对烹饪技术要求高
注重食物的色、香、味、形/情趣/食疗　给……一种美的享受
花心思、动脑筋　给菜起有意义、有趣味或者有典故的名字
目的是为了养生　深入了解中国的饮食文化，好好儿享受中国的美食

提示：
"短语/句型"部分是从每课课文中抽取的重点词句、短语，要求学生熟练掌握，并在口语/作文中准确运用。

第二单元　测验

一、阅读理解

中国的高铁

第一段　　高速铁路（高铁）是指时速在200公里以上的铁路。目前中国高铁运营里程为6894公里。到2015年，中国将贯通"四纵四横"的高铁网络，届时中国高铁总里程将达到1.8万公里。

第二段　　京津城际高铁、武广高铁、郑西高铁、沪宁城际高铁等相继开通运营，中国高铁建设的成就世界瞩目。这引起了国内外众多学者的深入思考。中国为什么必须建设高速铁路？战略意义何在？

第三段　　原来，高铁有不少优势。一是输送量大。目前各国高铁每列车可载客1200~1300人，年均输送旅客可达1.2亿人次。二是速度快。一些西方国家的高铁最高运行时速达到了300公里。如果进一步改善，运行时速可达350~400公里。三是安全性好。由于在全封闭环境中自动化运行，又有一系列完善的安全保障系统，高铁的安全程度相对来说更高一些。四是受气候变化影响小，正点率高。高铁全部采用自动化控制，可以全天候运营，因此正点率高。五是舒适方便。高铁列车车内布置豪华，设施较为齐全，座席宽敞舒适，运行非常平稳，而且减震、隔音效果好，车内很安静。六是能源消耗低。高铁用电力牵引，不消耗石油等液体燃料，可使用多种能源。七是对环境影响小。高铁的有害物排放和噪声污染都是各种运输方式中最低的，明显优于汽车和飞机。八是经济效益好。高铁运行以来备受旅客青睐，经济效益十分可观。

第四段　　由此可见，在中国这个人口大国，建设高铁不仅是必需的，而且具有战略意义。高铁是唯一用电而不用石油的交通工具。由于电力可以用很多方法生产，因此未来的成本能降到更低。石油是非再生能源，其储量有限。受能源影响，未来民航和汽车业可能会陷入萧条，而高铁在中国一定会大有作为。

A 判断正误，并说明原因　　　　　　　　　　　　　　　　　　　　　　　　　　对　错

1. 高铁已经在中国编织成了一张四通八达的交通网络。

   原因：_____　　__　__

2. 搭乘高铁没有搭乘其他交通工具安全。

   原因：_____　　__　__

3. 不管刮风下雨，高铁照样能正常运行。

   原因：_____　　__　__

4. 高铁可以一天24小时运行。

   原因：_____　　__　__

5. 就环境保护而言，高铁显然优于汽车和飞机。

   原因：_____　　__　__

B 根据短文选择正确答案

1. "届时"（第4行）的意思是_____。

   a) 到期　　　c) 期限已过

   b) 到时　　　d) 期限未至

2. "瞩目"（第6行）的意思是_____。

   a) 叮嘱、嘱咐　　c) 瞪大眼睛

   b) 闭上眼睛　　　d) 注视、注意

3. "青睐"（第22行）的意思是_____。

   a) 遭白眼　　c) 看不上

   b) 眉来眼去　d) 垂青

4. "萧条"（第27行）的意思是_____。

   a) 繁荣　　c) 衰败

   b) 昌盛　　d) 景气

C 从右边的段落大意中找出最合适的

1. 第一段 ☐
2. 第二段 ☐
3. 第三段 ☐
4. 第四段 ☐

A 高铁在中国运行具有绝对优势。

B 高铁的定义以及中国高铁建设的规模。

C 高铁具备的很多优势。

D 高铁网络对中国的经济建设贡献巨大。

E 中国高铁快速发展，引起了海内外学者的关注和思考。

F 高铁既环保又节能。

G 在中国建设高铁具有战略意义。

D 根据短文找出四个正确的句子

☐ 1. 2015年中国高铁的总里程数将是目前的三倍多。

☐ 2. 北京到天津的高铁预期在2015年开通运营。

☐ 3. 中国高铁的建设发展在世界上引起了众多关注。

☐ 4. 高铁的输送量是汽车和飞机难以相比的。

☐ 5. 在中国，驱动高铁所用的燃料为石油。

☐ 6. 石油并不是一种取之不尽、用之不竭的能源。

☐ 7. 高铁在中国的发展陷入萧条的可能性很小。

E 根据短文回答问题

1. 每小时行驶多少公里才能称为高铁？

2. 中国已经开通了哪几条线路的高铁？请至少列举三个例子。

3. 中国建设高铁的战略意义何在？

二、写作

暑假期间,你在中国的某个城市住了一个月。在这个月里,你对当地的年轻人有了更多的了解。写一篇博客,谈谈那里的年轻人是如何度过他们的业余时间的。

第二单元　参考答案

一、阅读理解

A　1. 错　原因：到2015年，中国将贯通"四纵四横"的高铁网络。

　　2. 错　原因：由于在全封闭环境中自动化运行，又有一系列完善的安全保障系统，高铁的安全程度相对来说更高一些。

　　3. 对　原因：受气候变化影响小，正点率高。

　　4. 对　原因：高铁全部采用自动化控制，可以全天候运营。

　　5. 对　原因：高铁的有害物排放和噪声污染都是各种运输方式中最低的，明显优于汽车和飞机。

B　1. b　2. d　3. d　4. c

C　1. B　2. E　3. C　4. G

D　3　4　6　7

E　1. 200公里以上。

　　2. 京津城际高铁、武广高铁、郑西高铁。（沪宁城际高铁）

　　3. 中国是一个人口大国。高铁是唯一用电而不用石油的交通工具。由于电力可以用很多方法生产，因此未来的成本能降到更低。石油是非再生能源，其储量有限。受能源影响，未来民航和汽车业可能会陷入萧条，而高铁在中国一定会大有作为。

第三单元

教学目标

- 能对调查结果作简短的分析、报告
- 能对如何善用互联网发表观点、看法，并给予用户忠告
- 能对影视节目给予理性的评价，并就如何应对影视节目对青年人的负面影响提出建议
- 能就现代青少年的优越生活的利弊进行分析、展开正/反方的辩论
- 能看懂比课文难度更大的阅读文章
- 会写文章、正式书信、报道、记叙文、辩论稿

语言点

a) 作：《青年时报》最近作了一次关于互联网使用情况的调查。

b) 至少：调查结果发现，85%的人每天平均上网至少三个小时。

c) 比：调查还发现，网上犯罪的案件比去年同期增长了15%。

d) 比……更：网络比一般媒体传播信息更快、更广。

e) 甚至：网上有很多不良及无聊的信息，甚至有些信息还教人犯罪。

f) 首先……第二……第三……最后：首先，要劝告他们少接触一些不安全的网站；第二，要限制他们上网的时间；第三，要提醒他们不要轻易透露个人资料；最后，告诉他们要保管好自己的电脑。

g) 有助于：健康、向上的影视节目有助于青年人开阔视野。

h) 危害：低俗、无聊的影视节目会危害青年人。

i) 有碍：经常接触不健康的影视节目有碍青年人的健康成长。

j) 有损：我认为整个行程的安排有损贵公司的形象。

k) 有害：多吃高糖及油腻食品会直接影响青少年身体素质，有害健康。

l) 有利于：最近政府制定的娱乐指南有利于公众正确地选择影视节目。

m) 如何：如何应对影视节目对青年人的负面影响呢？

n) 并且：政府有责任监管影视节目，并且对公众进行引导。

o) 对：优越生活对青少年弊大于利。

p) 往往：在性格方面，他们往往很任性。

q) 好像：钱好像是从天上掉下来的。

r) 根本：他们不会做家务，处处依赖父母，根本就没有劳动观念。

第三单元 第7课

互联网时代

《青年时报》最近作了一次关于互联网使用情况的调查。调查对象是5000个15至25岁的青年人。调查结果发现，有5%的人几乎一天到晚上网，85%的人每天平均上网至少三个小时，而且他们习惯从网上获得信息。在调查中，29.3%的人表示，他们的个人信息曾经被公开在网络上。调查还发现，网上犯罪的案件比去年同期增长了15%。

互联网的确使人们的沟通变得自由、迅速、方便，使地球变成了一个小村庄。一条消息在几秒钟内就可以传遍全世界，但同时一些人的隐私也在网上传播。

网上有很多不良及无聊的信息，如黄色信息、假消息，甚至有些信息还教人犯罪。如果青年人经常接触这些信息，将不利于身心健康。

在互联网上，人们似乎没有隐私。你可以轻易地在网上发现某一个人的姓名、性别、年龄、嗜好、个人身世、健康状况、银行账号等信息。

现在的网络非常发达，青年一代完全依赖网络。社会、学校、家长都有责任教育他们学会安全上网。首先，要劝告他们少接触一些不安全的网站；第二，要限制他们上网的时间；第三，要提醒他们不要轻易透露个人资料；

提示：

① "互联网"这个话题并不陌生，但本课的侧重点在于互联网给人们，尤其是给青少年，带来的负面影响。

② 老师可事先交代学生为此话题作准备，他们对电脑网络的熟悉程度远高于成人。

③ 课上或者由老师带领学生先联想，或者让学生分组将他们搜集到的材料集中后讨论。涉及的方面可以包括YouTube上的内容、Facebook的普遍使用等。

④ 如条件允许，可谈及更深一层的负面影响：网上信息泛滥、网络的隐蔽性、网络的无约束性等对青少年上网的影响。由于有些青少年学生过度迷恋、依赖、沉迷于网络，正常生活、学习秩序遭到破坏。这些对青少年的智力以及身体素质都会造成影响，甚至会影响青少年的心理健康。

⑤ 在介绍完本课生词以后，老师可跟学生一起精读课文，帮助学生即时掌握文中的主要内容、重点词句。

⑥ 课本92页上的练习一可用来重温课文。

最后，告诉他们要保管好自己的电脑，不让其他人使用。专家提议，政府应该制定法律来监管网络，还要用法律手段来惩罚不道德的甚至是犯罪的行为。

[30]

生词

1. 一天到晚 yī tiān dào wǎn from morning till night; all day long
2. 个人 gè rén individual; personal
3. 公开 gōng kāi make public
4. 罪 zuì offence; crime
   犯罪 fàn zuì commit a crime or an offence
5. 案件 àn jiàn law case
6. 同期 tóng qī corresponding period
7. 增长 zēng zhǎng increase; grow
8. 村 cūn village
9. 庄（莊）zhuāng village
   村庄 cūn zhuāng village
10. 消息 xiāo xi news; information
11. 秒 miǎo second (1/60 of a minute)
12. 传遍 chuán biàn spread all over
13. 播 bō sow; spread
    传播 chuán bō spread widely
14. 无聊 wú liáo boring; dull
*15. 黄色 huáng sè vulgar; pornographic
*16. 假 jiǎ false; fake

17. 似 sì look; seem; appear
    似乎 sì hū it seems that; as if
18. 轻易 qīng yì easily
19. 某 mǒu certain; some
20. 性别 xìng bié gender
21. 身世 shēn shì life experience
22. 账号 zhàng hào account number
23. 发达 fā dá developed; flourishing
24. 一代 yī dài generation
25. 网站 wǎng zhàn website
26. 限制 xiàn zhì restrict
27. 透 tòu penetrate; leak
    透露 tòu lù disclose; leak
28. 提议 tí yì propose; suggest
29. 法律 fǎ lǜ law; statute
30. 手段 shǒu duàn method; way; means
31. 惩（懲）chéng punish
    惩罚 chéng fá punish
32. 道德 dào dé morality; morals

91

消化课文

口语热身

1. 根据课文回答问题

1) 《青年时报》最近所作调查的对象是什么人？调查的内容是什么？
2) 调查的结果怎样？请举两个例子。
3) 为什么说互联网使地球变成了小村庄？
4) 互联网上有哪些不良的信息？
5) 教育青年人安全上网是谁的责任？
6) 对于网上犯罪的行为，政府应该怎样管制？

2. 根据实际情况回答问题

1) 你平均每天上网多长时间？你一般浏览哪些网站？你觉得网上的哪些信息比较可靠，哪些不可靠？请举一个例子。
2) 你的个人信息在网络上被公开过吗？是有关你哪方面的信息？个人信息在网络上公开，你是怎么看的？
3) 你听到、看到过网上犯罪的案子吗？请举一个例子。在你的周围，有人通过网络犯罪或做不该做的事吗？请举一个例子。
4) 你在网络上接触过不良信息吗？这些不良信息是否对你的生活、学习产生了负面的影响？请举一个例子说明。
5) 你会把真实的个人资料放在网上吗？你经常用社交网吗？你觉得青年人花在网上的时间多了会不会影响学习和工作？请说说你的看法。
6) 你觉得哪些私人的信息不应该在网上传播？为什么？
7) 你觉得对于个人来说，人们应该怎样做才能做到安全上网，保护个人隐私？
8) 你觉得上网会上瘾吗？你会限制自己上网的时间吗？为什么？

答案（仅供参考）：
1) 对象是5000个15至25岁的青年人。内容是关于互联网使用的情况。
2) 调查结果发现，有5%的人几乎一天到晚上网；85%的人平均每天上网至少三个小时。(29.3%的人表示，他们的个人信息曾经被公开在网络上；网上犯罪的案件比去年同期增长了15%。)
3) 因为互联网使人们的沟通变得自由、迅速、方便。
4) 互联网上有黄色信息、假消息，甚至有些信息还教人犯罪。
5) 社会、学校、家长都有责任。
6) 政府应该制定法律来监管网络，用法律手段来惩罚不道德的甚至是犯罪的行为。

提示：
此练习中的问题比较个人化，所以在班上问同学时注意适可而止。就公众比较关心的内容可进一步展开，如能具体联系到课文中新学的内容则达到了重温的效果。

语言难点

1. 选择其中一个词语造句
   - Ⓐ 例子：《青年时报》最近作了一次关于互联网使用情况的调查。（第1行）

   作…… ┌ 检查
         ├ 准备
         └ 合理的安排

   - Ⓑ 例子：调查结果发现，85%的人每天平均上网至少三个小时。（第2行）

   最多/超过/不到

2. 用带点的词语模仿例子造句
   - Ⓐ 例子：调查还发现，网上犯罪的案件比去年同期增长了15%。（第6行）
   网络比一般媒体传播信息更快、更广。网络信息每时每刻都在更新，所以人们可以通过网络接触到最广、最新的信息。
   - Ⓑ 例子：网上有很多不良及无聊的信息，甚至有些信息还教人犯罪。（第11行）
   - Ⓒ 例子：首先，要劝告他们少接触一些不安全的网站；第二，要限制他们上网的时间；第三，要提醒他们不要轻易透露个人资料；最后，告诉他们要保管好自己的电脑。（第22行）

3. 用课文中的动词填空
   1. 公开（第5行）个人信息
   2. 传播（第10行）消息
   3. 限制（第25行）外出时间
   4. 透露（第27行）姓名
   5. 保管（第28行）财产
   6. 制定（第29行）校规

实际运用

提示：
① 此练习是小组讨论，但又分角色，所以类似角色扮演。
② 此话题也是学生所熟悉的话题，所以学生可联系自己的情况进行讨论。
③ 提醒学生运用本课课文中学到的内容，运用"参考句子"，模仿"例子"继续讨论下去。
④ 这里可多提到网络的互动性、虚拟性，还可以谈到之前未提到的网络欺凌、抄袭等。

口语训练

小组讨论

假设在这次讨论中有三个角色：《青年时报》的记者和两名学生。记者今天就网络的利与弊以及网络对青年人的学习和生活的影响采访两名学生。采访的内容包括以下几个方面：

- 网络及其用途
- 网络的利与弊
- 网络对青年人的学习和生活的影响
- 青年人如何正确使用网络

94

例子：

记者：网络发展很快。网络在青年人的日常生活中占有很重要的地位。先请你们谈谈网络的作用，好吗？

男生：好的。网络的确给我们带来了很多方便。现在的年轻人几乎都在网络上看新闻、查资料、听音乐、看电影、购物、玩儿游戏、做功课等。

女生：没错儿。我一般一到家就把电脑打开上网。我不看电视，一般也不去电影院看电影，也不买音乐碟，这些娱乐活动我都可以在网上进行。现在是网络时代，网络上的信息不但丰富了我们的业余生活，扩大了知识面，而且也开阔了我们的眼界。

记者：你们讲的都对。但是，网络上的同类信息太多，有时候人们要花很多时间找资料，但是收获却不大。你们是否有同感？

男生：的确是这样。有时候我查了几个小时的资料，就是查不到我想要的东西。这令我很失望。事实上，并不是什么资料都能从网上获得。

记者：网络上的信息也不一定正确、可靠，有些信息会误导网民。由于青年人辨别是非的能力差，所以他们很容易上当、受骗。

女生：是啊！我就被骗过。网上有一家卖便宜手机的，当我交了钱，拿到手机后才发现手机的质量很差。没用上一个月就坏了。

男生：通过网络欺负别人的事也经常发生。有些青年人还滥用网络，把作业答案、论文放在网上卖钱。还有，在网络上，人们不用提供真实的信息，这会使一些青年人养成说谎的习惯。

记者：有人认为现在的青年人大都通过网络跟人沟通、联络，因此他们跟人面对面沟通的机会少了，交际能力也因此下降。你们同意吗？

男生：我同意这种观点。我就有一个朋友上网成瘾，跟家人都很少交流，也不外出。后来发展到没有心思读书，对其他活动也不感兴趣。结果他不但学习成绩下降了，而且健康状况也变差了。

女生：总的来说，网络不是万能的。我们只有正确使用网络，网络才能为我们服务。我们用网络时，要小心辨别信息，不要轻易相信网络上的消息。

参考句子

a) 网络上的信息量大，更新快。不管你在哪里，只要上网，你就能看到最新的消息。网络还能把文字、声音、图像、动画、视频结合在一起，深受网民的喜爱。

b) 现在有很多青年人热衷于玩儿虚拟世界的游戏。他们可以在这个属于自己的世界里"生活"：造房子、谈恋爱、养宠物、购物等。但要记住：玩儿游戏会上瘾！

c) 有些青年人每天晚上花几个小时在网上跟朋友聊天儿。等到他们发现时间已经不早了，才开始做作业。久而久之，他们养成了赶作业的坏习惯。

d) 有些青年人整天生活在网络世界里。他们不关心周围的事物，也没有什么兴趣爱好。这对他们的成长没有好处。

e) 虽然有了网络，人与人之间面对面的沟通还是很重要的。举个例子，虽然人们可以通过网络打电话、发传真、发电邮，通过视频开电话会议，但是现在还是有很多人坐飞机、火车去会面。原因是面对面地沟通效果是不一样的。

f) 青年人一定要限制使用网络的时间。因为除了网络以外，还可以通过很多渠道获取知识和技能。

写作训练

实际运用

1. 写信

从这个学期开始，你注意到了在教学的过程中各种滥用电脑的现象。写一封信给校长，发表你的看法及建议。在信中，你要提及以下几个方面：

- 学生在课堂上滥用电脑的现象
- 在课堂上，有些教师不正确使用电脑的现象
- 建议学校如何教育学生正确使用电脑
- 建议学校应该引导教师在教学中正确使用电脑

参考句子

a) 每个学生一早来到学校就打开电脑。他们不是在做作业，也不是在做跟学习有关的事，而是在玩儿游戏，而且有些游戏有不健康的内容和暴力画面。

b) 每个教师都用电脑上课。实际上有的学科是不适合用电脑的。比如说初级外语课，学生没有能力在电脑上查资料。相反，他们需要做大量的操练，这是电脑不能做的。还有绘画课，老师应该用课上的时间教学生绘画技巧，而不是让学生用电脑绘画。

c) 有些学生说，听老师讲课比自己在电脑上学效果好多了。其实学生是不知道该学什么、怎么学的。如果学生知道自学，那么他们来学校干什么？学校的作用也就不存在了。

d) 学校应该制定规章，引导学生在课堂上正确使用电脑。学生自己应控制使用电脑的时间，该用的时候用，不该用的时候就不用。

e) 教师应该认识到电脑可以用来辅助教学，但不能代替教师。如果教师不知道如何正确地使用电脑，电脑不但不能帮助教学，反而会误人子弟。

提示：

① 此练习要求采用正式书信的格式。

② 此练习着重谈讨学校里、教室里滥用电脑的现象，学生也很熟悉。可按照题目下方的四个方面来写，第1、2点讲现象，第3、4点讲如何改善。

a) 第1点中可提到学生课上浏览其他网站、上Facebook、看YouTube、发电邮、做其他功课、玩儿游戏等。

b) 第2点可以谈到多媒体教学的运用不当、为使用电脑而使用电脑教学的现象。有些活动采用传统教学的方法几分钟就可以实现，如用电脑却会花掉大量不必要的时间。

c) 第3、4点可建议学校屏蔽Facebook网站，禁止学生上课时上网，在教室的后墙装上镜子，这样老师可以看到学生的电脑屏幕；要求老师写教案，注明哪些话题/课题适合用电脑教学等。再根据"参考句子"中的话题展开、深入。

2. 阅读短文并写作文

假设你非常同意以下短文中的观点。写一篇文章放在博客上发表你的具体看法。

资讯爆炸的时代

在这个资讯爆炸的时代，我们难免会被许许多多的信息纠缠着。在享受资讯带给我们知识和视野的同时，我们也掉进了一个令人缺乏警惕的陷阱中。

过多的资讯占去了我们有限的精力。我们每天都接触到很多空洞无味、浪费人们时间的垃圾信息。鸡毛蒜皮的事、各种花边新闻等充斥着整个网络。人们每天看电子邮件，看新闻，看博客；刚看了电脑，再看手机新闻、手机报，连吃饭都要在餐厅里用笔记本电脑；等车、登飞机前还要无线上网！然而现在社会的信息量太大了，就是不吃饭、不睡觉也看不完。

我们不能把一切有用和无用的东西都往脑袋里塞。我们不妨认真想一想，只有对你真正有意义的资料才称得上资讯，其他的其实都是垃圾。如今很多现代人多少都患上了"信息超载健忘症"：在网上浏览半天，结果什么也没记住。

网络的便利性，使得我们即使坐在家中都可以知道世界上发生的大小事情，这也就造成了我们花在阅读新闻上的时间大大地增加了。从前只要花一小时，现在可能就要花两三个小时。我们有限的精力分散了。结果，长时间的无效阅读使得我们对信息的分析、判断和吸收效率大大地降低。

如何有效地吸取有用的资讯就成了关键。当你在网络上寻找一条信息时，突然发现有另一条十分吸引你的新闻，该怎么办？精明的人这时就会摆脱诱惑，直奔主题，找自己的目标资讯；而缺乏坚定的毅力的人是做不到的。看来，坚定的毅力将是你在竞争中取胜的关键。

从今天起，就努力做一个精明的人吧！

[1]
[5]
[10]
[15]
[20]

97

提示：

建议学生按照文章的格式来写。内容可包括：

- 过多的资讯占去了我们有限的精力
- 我们每天都接触到很多空洞无味、浪费人们时间的垃圾信息
- 现在社会的信息量太大了，就是不吃饭、不睡觉也看不完
- 我们不能把一切有用和无用的东西都往脑袋里塞
- 只有对你真正有意义的资料才称得上资讯，其他的其实都是垃圾
- 长时间的无效阅读使得我们对信息的分析、判断和吸收效率大大地降低
- 如何有效地吸取有用的资讯就成了关键
- 坚定的毅力将是你在竞争中取胜的关键

阅读与理解

阅读一

第一段 [1]　　电子书就是e-book，是传统的印刷书籍的电子版本，人们可以通过使用计算机或电子书阅读器进行阅读。电子书不同于网上的免费线上阅读或光盘图书，它是与纸质版同步　①　的最新书籍。电子书阅读器内置上网芯片，可以从互联网上购买及下载数字化的图书。购买者用信用卡或[5]电子货币付款后，即可下载电子书。

第二段　　电子书有很多特殊功能：第一，可以从网上自动订阅、　②　众多电子期刊、图书和文档，能完整显示整页文本和图形。第二，可全文检索。第三，可通过搜索、注释等功能增强阅读体验。第四，可以　③　似于纸质书的翻页系统。第五，允许读者　④　类似纸质书的操作，比如[10]可以在某页插入书签、记笔记、选中某一段，并且能够　⑤　以上操作。第六，内置字典，可变字体和字号。第七，内容可呈现多媒体影音资料。第八，可通过网络超链接的特性　⑥　更多的资料。第九，读者可根据需要订制电子书，个人出版成为可能。

第三段　　相比传统的纸质书，电子书有很多优点。电子书制作方便，不需要[15]大型印刷设备，制作经费低，它的价格可比纸质图书便宜一半或以上。电子书不占空间，容量大，一次可以储存大约30本传统图书的信息。电子书还不易损坏，读者在光线较弱的环境下也能阅读。其缺点在于电子书容易被非法复制，　⑦　原作者利益。虽然电子书可以用大屏幕的液晶显示器，但是长时间注视电子屏幕有害视力。

第四段 [20]　　总之，从上述这些特性不难看出，电子书非常　⑧　现代生活。也许不久的将来，电子书会成为网络时代最普遍的阅读方式。

98

A 从下面的方框里为短文选择最合适的词语填空

采用　下载　保障　推出　保存
损害　进行　争取　获得　适合

1. _推出_　　2. _下载_　　3. _采用_　　4. _进行_
5. _保存_　　6. _获得_　　7. _损害_　　8. _适合_

B 从右边的段落大意中找出最合适的

1. 第一段　_D_　　A 电子书的功能。
2. 第二段　_A_　　B 电子书与传统纸质书的比较。
3. 第三段　_G_　　C 电子书的发展前景。
4. 第四段　_C_　　D 电子书的特色及购买方法。
　　　　　　　　E 电子书弊大于利。
　　　　　　　　F 电子书的商业利润。
　　　　　　　　G 电子书的优缺点。

C 判断正误，并说明原因

1. 人们一定要买电子书阅读器才能看电子书。　　　　　　　　对　错
   原因：_人们可以通过使用计算机或电子书阅读器进行阅读。_　　　✓

2. 读者可通过电子书阅读器从互联网上下载数字化图书。
   原因：_电子书阅读器内置上网芯片，可以从互联网上购买及下载数字化的图书。_　✓

3. 电子书可采用翻页系统，用起来跟纸质书没有太大区别。
   原因：_第四，可以采用类似于纸质书的翻页系统。_　✓

4. 电子书中的网络超链接特征能使读者获得更多信息。
   原因：_第八，可通过网络超链接的特性获得更多的资料。_　✓

5. 纸质书的价格比电子书高出至少一倍。
   原因：_电子书制作方便，……，它的价格可比纸质图书便宜一半或以上。_　✓

6. 电子书没法复制，这样就保障了原作者的利益。
   原因：_……电子书容易被非法复制，损害原作者利益。_　　✓

D 从右边找到最适合的部分完成下列句子

1. 电子书制作方便， **D**
2. 购买电子书的用户 **A**
3. 读者可以在电子书上 **B**
4. 电子书能用多媒体影音形式 **F**

A 用电子货币付款即可买到电子书。
B 记笔记以及在某页插入书签。
C 容易损坏。
D 因为不需要印刷设备。
E 没有搜索、注释等功能。
F 呈现书中的某些内容。
G 在较弱的光线下不能阅读。

E 根据短文找出四个正确的句子

☑ 1. 电子书也就是传统的纸质书的电子版本。
☐ 2. 电子书可以从线上免费下载，这便利了读者。
☑ 3. 读者可以把电子书中所选的文章保存起来。
☑ 4. 电子书的功能远远多于纸质书，而且适合现代生活。
☐ 5. 一本电子书容纳不下30本传统图书的内容。
☐ 6. 电子书可采用大屏幕的液晶显示，因此对视力无害。
☑ 7. 由于电子书适合网络时代，因此电子书可能会得到普及。

F 为短文配题目

☐ 1. 电子书的诞生 ☐ 3. 电子书的利与弊
☑ 2. 网络时代的电子书 ☐ 4. 电子书的特殊功能

G 用短文中的名词填空

1. 出版各种 <u>书籍</u> （第1行）
2. 查询有关 <u>期刊/图书/文档</u> （第7行）
3. 修改演讲 <u>文本</u> （第7行）
4. 订购教学 <u>资料</u> （第11行）
5. 支持网络 <u>出版</u> （第13行）
6. 保护民众 <u>利益</u> （第18行）
7. 损害青少年 <u>视力</u> （第19行）
8. 适合快节奏 <u>生活</u> （第20行）

100

阅读与理解

YouTube

阅读二

YouTube是一个视频分享网站，起源于美国，目前在世界同类网站中最受欢迎。它可供网民上载及分享视频短片，至今造就了多位网上名人，并激发人们的网上创造力。

第一段 [1]

YouTube成立于2005年2月，由乍得·贺利、陈士骏、贾德·卡林姆创办。其创办的原意是为了方便朋友之间分享录影片段，后来逐渐成为网民的回忆储存库和作品发布场所。

第二段 [5]

YouTube的第一部影片是由卡林姆在2005年4月23日上传的，长度只有19秒。至2006年，YouTube已有4000万条短片，每天吸引600万人浏览。在成立后的短短15个月，已超越MSN视频与谷歌视频等竞争对手，成为本世纪最多人浏览的网站。2006年10月9日，谷歌公司以16.5亿美元收购了YouTube网站。

第三段 [10]

YouTube作为当前行业内最为成功、实力最为强大、影响力颇广的在线视频服务提供商，其系统每天要处理上千万个视频片段，为全球成千上万的用户提供高水平的视频上传、发布、展示、浏览服务。自2007年6月，YouTube还开始拓展全球化服务，至今已推出了多种语言版本。

第四段 [15]

YouTube的创立给网络带来了一场革命。由于科技发达，宽带和摄影器材的普及，短片资讯得以大行其道，令网民由传统的资讯接收者变成了资讯发布者，网民更可成立自己的私人影院、影片发布站、新闻站，或上载家庭生活短片，因而取代了传统的传播媒体。与此同时，越来越多的人欣赏网上短片，令电视机前的观众逐渐转移至电脑屏幕前。

第五段 [20]

虽然YouTube深受网民的喜爱，但它也给那些侵犯版权、散布社会不良风气的人创造了条件。他们将打斗短片、过分的暴力和色情等影片上传，给使用者尤其是青少年带来了负面影响。

第六段

101

A 根据短文找出四个正确的句子

☑ 1. 到目前为止，作为视频分享网站的YouTube在同类网站中最受网友欢迎。

☑ 2. YouTube发展到今天的规模跟创始人的原意有所出入。

☐ 3. YouTube只独立运作了15个月，最后被谷歌公司收购了。

☑ 4. 除了英文版的，YouTube还有其他语言版本。

☑ 5. 在YouTube上有不计其数且更新迅速的视频短片资讯。

☐ 6. YouTube无法取代电视，因为现在电视观众越来越多。

☐ 7. YouTube对过分暴力、色情短片有监管制度。

B 从右边找到最合适的部分完成下列句子

1. 起源于美国的YouTube —— C
2. YouTube的创始人 —— A
3. 谷歌视频 —— E
4. 网民可以 —— B
5. 现在有越来越多的网民 —— H

A 一共有三位。
B 把家庭生活短片上传到YouTube。
C 是一个视频分享网站。
D 尤其是青少年带来负面的影响。
E 曾是YouTube在网络市场上的竞争对手。
F 并没给不法之徒创造犯法的机会。
G 只允许影视短片上传。
H 转去YouTube欣赏网上短片。

C 用短文中的动词填空

1. <u>激发</u> (第3行) 人们的创作热情
2. <u>分享</u> (第5行) 宝贵的环保经验
3. <u>吸引</u> (第8行) 年轻的影视爱好者
4. <u>浏览</u> (第8行) 各种最新信息
5. <u>拓展</u> (第15行) 网络视频短片市场

D 判断正误，并说明原因

1. 多名网民通过YouTube分享视频短片而在网上出了名。　　对　错
   原因：<u>它可供网民上载及分享视频短片，至今造就了多位网上名人。</u>　　✓

2. 在YouTube的创办初期，创始人希望为网友搭建一个朋友之间可以分享录影片段的平台。
   原因：<u>其创办的原意是为了方便朋友之间分享录影片段。</u>　　　✓

3. 放在YouTube上的第一部短片出自其中一个创始人之手。
   原因：<u>YouTube的第一部影片是由卡林姆在2005年4月23日上传的。</u>　✓

4. YouTube花了15年时间才超越了它的对手——谷歌视频。
   原因：<u>在成立后的短短15个月，已超越MSN视频与谷歌视频等竞争对手，……</u>　　✓

5. YouTube每天为网民提供约一万个高水平视频片段相关的服务。
   原因：<u>YouTube作为……，其系统每天要处理上千万个视频片段，……</u>　　✓

6. 通过YouTube，网民从传统的资讯接收者变成了资讯发布者。
   原因：<u>YouTube的创立给网络带来了一场革命。……短片资讯得以大行其道，令网民由传统的资讯接收者变成了资讯发布者。</u>　✓

E 根据短文选择正确答案

1. 第一段　C
2. 第二段　F
3. 第三段　D
4. 第四段　H
5. 第五段　B
6. 第六段　A

A YouTube可能让不法之徒有机可乘，因而对社会造成负面影响。
B YouTube给社会带来的正面影响。
C YouTube的起源及在网民中的地位。
D YouTube的成长过程及归宿。
E YouTube被谷歌公司成功收购。
F YouTube的创办原意及演变。
G YouTube革命性的发展正逐渐取代传统的传播媒体。
H YouTube每天所承载的处理工作量。

103

影视节目的影响

第三单元 第8课

[1] 　　观看电影、电视是当今最通俗、最大众化的娱乐形式。电影、电视节目是青年人看世界的一个窗口。健康、向上的影视节目有助于青年人开阔视野、增长知识、提高修养。但是，低俗、无聊的影视节目是文化垃
[5] 圾，会危害青年人，甚至影响他们的人生追求。
　　现在的影视节目丰富多彩、五花八门，其中有一些不适合青年人观看的电影及电视节目，比如一些暴力、色情内容、不负责任的言论等等。青年人自律能力不够强，人生经验不足，有时候辨不清是非，无意中可能会
[10] 吸收一些不健康的内容，受不良思想的影响。
　　经常接触不健康的影视节目有碍青年人的健康成长。那么，如何应对影视节目对青年人的负面影响呢？政府有责任监管影视节目，相关部门应该审查所有的电影、电视节目，并且对公众进行引导。政府还应设立电
[15] 话热线，如果公众看到不文明、不健康的影视节目，可以向有关部门反映或者拨打热线电话投诉。政府还应该拨款，为青年人制作健康、有教育意义的影视节目。社会、学校和家长也有责任劝告青年人远离不健康的影视节目。

104

提示：

① 此话题以前没有涉及，可能需要老师多引导。

② 建议老师可从"青年人看世界的窗口"这个点切入。相信大多数学生可能会说电脑、网络是他们看世界的窗口，因为他们这一代人平时已经很少看电视了，但是他们还是会看电影，看一些电视剧等。

③ 由电影可以引出哪些电影对他们产生过震撼、什么样的震撼、这一类电影是什么电影、对他们后来的生活有没有产生任何影响、对世界观有没有影响等。还可以谈到电影作为媒体的一种，有怎样的影响力。他们期待看到更多的哪一类电影，等等。

④ 由电视节目可以问及他们平时看什么节目，娱乐、体育、电视剧，还是知识性的如国家地理等。由电视也可以联想电视媒体所带来的影响、媒体的偏见等。

⑤ 介绍完本课要学的词语后，可跟学生一起精读课文，要求学生能在课上掌握文中重点词句、短语。课本第106页的练习一可用来重温课文内容。

[20]　　电影、电视是向青年人传播积极向上、正面思想的一个重要途径。优秀的影视作品会给青年人提供宝贵的精神营养，成为他们的良师益友，陪伴他们健康地生活。

（《青年周刊》，高心平　报道）

生词

1. 当今 dāngjīn　now; nowadays
2. 大众 dàzhòng　broad masses of people; the public
3. 窗口 chuāngkǒu　channel; medium
4. 有助于 yǒuzhùyú　contribute to; help
5. 视野 shìyě　field of vision
6. 低俗 dīsú　vulgar
7. 危害 wēihài　harm
8. 五花八门 wǔhuābāmén　of all sorts
9. 言论 yánlùn　opinion on public affairs
10. 无意 wúyì　not deliberately; inadvertently
11. 吸收 xīshōu　absorb; take in
12. 碍（礙）ài　hinder　有碍 yǒu'ài　hinder
13. 应对 yìngduì　reply; answer; cope with
14. 相关 xiāngguān　related
15. 部门 bùmén　department; branch
16. 审（審）shěn　interrogate; examine
17. 审查 shěnchá　examine; investigate
18. 公众 gōngzhòng　the public
19. 进行 jìnxíng　carry on
20. 引导 yǐndǎo　induct; guide
21. 设立 shèlì　establish; set up
22. 热线 rèxiàn　hot-line
23. 反映 fǎnyìng　report; make known
24. 拨款 bōkuǎn　allocate funds
25. 远离 yuǎnlí　stay away from
26. 途径 tújìng　way; channel
27. 良师益友 liángshīyìyǒu　good teacher and helpful friend
28. 陪 péi　accompany
29. 伴 bàn　accompany
　　陪伴 péibàn　accompany
30. 报道 bàodào　report; cover

105

消化课文

口语热身

1. **根据课文回答问题**
   1) 如今，通俗、大众化的娱乐形式有哪些？
   2) 什么样的影视节目对青年人有益？
   3) 哪些影视节目内容不适合青年人看？为什么？
   4) 政府在监管影视节目时有哪些责任？
   5) 除了监管影视节目，政府还可以做些什么？
   6) 优秀的影视作品对青年人的成长能起到什么作用？

2. **根据实际情况回答问题**
   1) 除了电影、电视以外，通俗、大众化的娱乐形式还有哪些？
   2) 你认为哪些东西可以算是文化垃圾？在你的日常生活中，你认为这些文化垃圾对你有何影响？请举一个例子。
   3) 你觉得政府应该监管哪些影视节目？你们国家的政府对影视节目的监管严格吗？有没有设立热线投诉电话？如果你在电视上看到不健康的电视节目，你会投诉吗？为什么？
   4) 很多人认为政府可以通过电影、电视为青年人提供更多、更好的娱乐节目。为了满足社会的要求，你觉得政府可以在哪些方面做得更好？
   5) 你平时是通过哪些方式来了解世界、增长知识的？
   6) 在你们国家，电视上经常播放有教育意义的宣传片或节目吗？你经常看什么节目？从这些电视节目中，你学到了什么？
   7) 你周围有没有人受电影、电视的影响，而做出一些不该做的事情？请举一个例子。
   8) 你喜欢看什么类型的电影？请介绍一部你非常喜欢的电影。（要求：它不但具有教育意义，而且情节、演技、音乐、剪辑、服装等方面都做得很好。）

106

答案（仅供参考）：
1) 看电影、看电视等。
2) 健康、向上的影视节目对青年人有益。
3) 暴力、色情内容、不负责任的言论等不适合青年人看。因为青年人自律能力不够强，人生经验不足，有时候辨不清是非，无意中可能会吸收一些不健康的内容，受不良思想的影响。
4) 相关部门应该审查所有的电影、电视节目，并且对公众进行引导。政府还应设立电话热线，如果公众看到不文明、不健康的影视节目，可以向有关部门反映或者拨打热线电话投诉。
5) 政府还可以拨款，为青年人制作健康、有教育意义的影视节目。
6) 会给青年人提供宝贵的精神营养，成为他们的良师益友，陪伴他们健康地生活。

提示：
此练习中的问题比较广泛，不仅与本课有联系，还可用来拓展其他话题："文化垃圾""宣传片"等。第8题则类似电影观后感/影评。如条件允许，可进行延伸讨论、写作。

语言难点

1. 用带点的词语模仿例子造句

   Ⓐ 例子：健康、向上的影视节目有助于青年人开阔视野。(第2行)

   低俗、无聊的影视节目会危害青年人。(第4行)

   经常接触不健康的影视节目有碍青年人的健康成长。(第11行)

   我认为整个行程的安排有损贵公司的形象。

   多吃高糖及油腻食品会直接影响青少年身体素质，有害健康。

   最近政府制定的娱乐指南有利于公众正确地选择影视节目。

   Ⓑ 例子：如何应对影视节目对青年人的负面影响呢？(第12行)

   怎样才能让影视节目为教育服务呢？

2. 选择其中一个短语造句

   Ⓐ 例子：优秀的影视作品会给青年人提供宝贵的精神营养。(第21行)

   给…… ┌ 送礼
   　　　└ 拜年

3. 查词典，写出下列词语的同义/近义词

   例子：五花八门(第6行)→ 各种各样

   1) 五颜六色→（五色斑斓）五彩缤纷
   2) 乱七八糟→（一塌糊涂）
   3) 七嘴八舌→（议论纷纷）众说纷纭
   4) 成千上万→（千千万万）数以万计

107

实际运用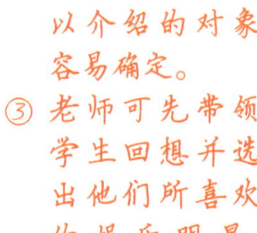

口语训练

口头报告

介绍你喜欢的一个影视明星、歌手或者音乐人。在你的报告中，要提及以下几个方面：

- 姓名、国籍
- 性格、爱好
- 职业以及成就
- 为社会做的好事、善事
- 你喜欢他/她的理由

例子：

我最喜欢的音乐人是周杰伦。因为他是一个全能的音乐人。在我眼里，他是一个近乎完美的艺人。

周杰伦是台湾华语流行歌手、作曲家、作词人、制作人，又是一家音乐公司的老板之一，还是导演，有"亚洲流行天王"的称号。

周杰伦1979年出生在台北。他的父亲是一位物理教师，母亲是美术教师。他14岁时父母离婚，后来一直跟母亲一起生活。周杰伦小时候个性乖僻，不过他对音乐表现出了浓厚的兴趣。他从3岁开始学习钢琴，16岁起尝试作曲。

高中毕业后，周杰伦没有考上大学。后来，一个偶然的机会，他被台湾一位资深的乐坛名人看中，并进入他的公司做音乐制片助理。在此期间，他不断地写歌，但是，他的歌太稀奇古怪，因此得不到老板和歌手的赏识。有一天，老板给了他一个机会：在10天内，写50首歌，然后挑选10首，自己唱，出专辑。2000年11月，他的第一张专辑《Jay》终于问世，立即轰动了亚洲乐坛。2001年7月，他的第二张专辑《范特西》又

提示：
① 此练习要求学生单独完成。
② 要介绍的人是娱乐明星，所以介绍的对象容易确定。
③ 老师可先带领学生回想并选出他们所喜欢的娱乐明星，然后再按照题目中所列的五个方面展开。老师也可事先让学生找好有关明星的材料，按照题目的五项要求写出报告内容。还可以先带领学生学习"例子"，然后再写他们自己选择的明星。所选明星最好是中国人，或是侨居国外的华人。
④ 如条件允许，还可以涉及明星效应、青年人需不需要偶像、怎样为青年人树立正面的偶像等话题。

风靡了世界流行音乐界。

2003年周杰伦登上了美国《时代周刊》亚洲版封面人物。他是第5位出现在《时代周刊》封面的亚洲艺人，也是第一位获得这个荣誉的亚洲男歌手。

周杰伦与众不同的歌唱技巧、主题、歌词，使他的音乐形成了突出的个人风格。他在歌曲里使用西方古典音乐，也使用民乐乐器，融合中西音乐的风格。周杰伦的音乐十分多样化，但他的专长是节奏蓝调(R&B)和饶舌(Rap)。

周杰伦从2003年开始进入电影圈。他先在一些电影中扮演角色、作曲，后来又自编、自导电影，比如2009年的《熊猫侠》等。

周杰伦也是一个热心公益的歌手，曾经多次参加公益歌曲演唱。在东南亚海啸期间，他在泰国举办的一个音乐大奖颁奖典礼上演唱。在汶川发生地震后，他连续向灾区捐出了多笔善款，帮助灾区重建小学，资助遇难学生的家庭。后又将重庆音乐会的收入全部捐献给灾区。2009年台南刮台风，周杰伦不仅捐出了善款，还认养了300名受灾儿童。

除了音乐、电影，周杰伦还喜欢打篮球、练武术、变魔术等。

参考句子

a) 萨顶顶是中国大陆艺人。她以独具民族特色的服装和西藏佛教色彩的音乐风格闻名中国大陆。作为一名歌手，她拥有令人羡慕的天使般的独特嗓音，而且还能配以风格独特的舞蹈。

b) 宋祖英是中国著名的女高音歌唱家。她出生于一个世代为农的普通苗族家庭。她从小就是妈妈的乖乖女，老实本分，性格温和，文静内向。她自然的嗓音、清纯的音色和天真活泼的神态为她在专业歌剧团赢得了一席，从此她走上了歌唱之路。宋祖英的歌声甜美，具有很强的艺术感染力。她人也长得漂亮，台风端庄大方。2008年8月24日晚，在奥运会闭幕式上，她与男高音歌唱家多明戈合唱了《爱的火焰》。

c) 马友友是华裔美国人，世界著名大提琴演奏家。马友友出生在法国的巴黎。他从4岁开始学钢琴和大提琴，5岁开始在观众面前演出。后来，马友友进入朱莉亚音乐学院学大提琴。

写作训练

实际运用

1. 写记叙文

为《青年周刊》写一篇记叙文，介绍你居住地区的青年人的业余生活。你的文章要包括以下几个方面：

- 青年人一般喜爱哪些娱乐活动？
- 在成长的过程中，这些娱乐活动会给青年人带来哪些影响？
- 你认为政府、社会和学校应该如何丰富青年人的业余生活，帮助他们成为国家和社会的有用之才？

参考句子

a) 虽然现在的青年人学习、工作都挺忙的，但是他们还会抽空跟朋友一起去享受美食，结伴外出旅游或者去郊外野餐、远足、登山等。有的人还喜欢在家里看电视、看杂志、小说等。大部分青年人更喜欢看电影、看展览、听戏、听音乐等。

b) 现在几乎每个青年人都有自己的爱好和特长。他们当中很多人都会一种乐器，还喜欢各种体育运动。

c) 丰富多彩的娱乐生活和社交活动对于青年人来说都很重要。知识性、娱乐性、挑战性的活动可以培养他们的社交技巧，扩大知识面，提高修养。

d) 青年人是社会的未来，政府、社会、学校有责任为他们提供健康、有益的成长环境，把他们培养成为有用的人，今后为社会服务，为国家作贡献。

e) 政府、社会和学校要根据青年人的特点和兴趣爱好帮助他们开展一些健康、有益的活动，使他们在快乐的环境里成长。同时，还要正确引导他们参加健康的、有益的、富有挑战性的活动。

提示：

① 此练习需要写记叙文。

② 由于全球化的影响，现代青年人的一些娱乐活动都有相似之处。但是，由于学生来自不同国家/地区，每个国家/地区又都有各自的文化特点，因此业余生活自然也有不同。鼓励学生联想自己国家的青年人如何消遣。

③ 可从户内、户外活动开始联想，也可以联想动态和静态的活动等。

④ 可带领学生讨论中国的一些传统文化、娱乐活动：下棋（围棋、象棋、跳棋）、打扑克牌、踢毽子、抖空竹、打麻将、画国画儿、练书法、练武术、放风筝、耍杂技、剪纸等。

⑤ 除了按照题目所列出的三个方面讨论以外，还可以鼓励学生讨论青年人如何通过这些业余活动来进行社交，来学会社交/与人交往。

⑥ 也可以就"参考句子"中所列的项目继续展开讨论。

2. 阅读短文并写作文

写一篇文章发表在网络上，谈谈你周围的年轻人中是否有追星现象，并说说都表现在哪些方面。

追星族

当今世界上有那么一群追星族，也被称为"粉丝"。他们一般都是年轻人。他们追求时尚，整天崇拜、追逐明星。这些年轻人追逐的大多是体育明星和演艺明星。

追星族们会竭尽所能，对他们的偶像穷追不舍。有些年轻人由于崇拜某一个影星而看他的每一部电影，追随他的足迹，模仿他的发型、服饰等。还有的人想尽办法通过各种渠道收集关于偶像的私人情况，比如兴趣爱好、服装品牌、恋爱情史等。有些年轻人不惜等上几个小时，为的就是亲眼见偶像一面。有的追星族在公共场合围追明星，拥抱狂呼。有些人追星追到患上"梦幻症"，还有的甚至为了偶像而轻生。这种追星现象无疑影响到了年轻人的学业、工作和正常的生活。

其实，年轻人的追星现象并不难理解。在这个年龄段，年轻人有一些共同的特点。他们有一种从众心理，如果大多数年轻人追逐某一个明星，他们也不愿落伍。此外，追星是一种时尚，所以大部分年轻人都会有自己的偶像。

对于年轻人来说，虽然追星是一种正常的心理需求和行为表现，但不能因过分追崇而影响正常的生活和学习，要把握好尺度。第一，年轻人不应该盲目地追星。年轻人除了崇拜、支持偶像外，还应从他们身上吸取积极的人生经验。第二，年轻人不应该滥用金钱和时间去追逐明星，以致影响正常的生活和学习。第三，要正确看待明星。明星其实也是人，也有生活、家庭、苦恼、病痛等，不要把明星神化了。第四，不要因整天追逐明星而忽视了学习、工作和应该关心的亲人。

提示：

建议学生按照文章的格式来写。内容可包括：

- 年轻人追逐的大多是体育明星和演艺明星
- 有些年轻人由于崇拜某一个影星而看他的每一部电影，追随他的足迹，模仿他的发型、服饰等
- 有的人想尽办法通过各种渠道收集关于偶像的私人情况
- 有些人不惜等上几个小时，为的就是亲眼见偶像一面
- 有的在公共场合围追明星，拥抱狂呼
- 有些人追星追到患上"梦幻症"
- 有的甚至为了偶像而轻生

阅读与理解

阅读一　　　　　CCTV——中国中央电视台

第一段 [1]　　中国中央电视台，简称央视，是中华人民共和国国家电视台。它成立于1958年，最初叫北京电视台，1978年改为中央电视台。

第二段　　中央电视台是中国的主流媒体之一，具有传播新闻、社会教育、文化娱乐等多种功能，同时是全国人民获取信息的主要渠道。

第三段 [5]　　中央电视台经过几十年的努力已经发展成了以电视传播为主业，电影、互联网、报刊、音像出版等相互扶持的多元化经营模式。央视的业务还包括节目销售、广告营销、旅游开发等。央视设立了科影制作中心，承担拍摄科教影片、生产动画片等项目。此外，央视还开办了"央视国际"网站，出版《中国电视报》、《现代电视技术》等面向全国发行的报刊，同时，还拥有国内最大的广播电视音像资料馆。

第四段　　自从改革开放以来，央视的发展日新月异。目前，央视一共开办了21套电视节目，包括新闻、财经、综艺、体育、电视剧、电影、音乐、少儿、戏曲、科学教育等频道。央视栏目总数近400个，使用中、英、法、西班牙、阿拉伯、俄六种语言和粤语、闽南语等方言面向国内外播出。

第五段　　在栏目的建设方面，央视鼓励创新，不断提高栏目品质。在央视工作的员工有近万人，大部分员工都有本科学历，有的还有硕士或博士学历。这是一批高素质的各类电视专业人才。

第六段　　中央电视台是全世界了解中国的一个窗口，在对内和对外的传播上日益扩大，在国际上的影响也日益增强。央视节目在中国国内的覆盖率为95.5%，观众近12亿。央视又通过卫星把节目传送给美洲、欧洲、非洲、亚洲、大洋洲等120多个国家的观众。

112

A 判断正误，并说明原因

1. 中国民众主要从央视获得官方信息。 　　　　　　　　　　　　对　错
   原因：<u>中央电视台……是全国人民获取信息的主要渠道。</u>　√ ___

2. 央视有能力拍摄科教及卡通影片。
   原因：<u>央视……，承担拍摄科教影片、生产动画片等项目。</u>　√ ___

3. 央视的广播电视音像资料馆是全国规模最大的。
   原因：<u>央视……，还拥有国内最大的广播电视音像资料馆。</u>　√ ___

4. 央视用八种外语向世界各地播放。
   原因：<u>央视……，使用中、英、法、西班牙、阿拉伯、俄六种语言……面向国内外播出。</u>　___ √

5. 大部分央视工作员工是具有硕士和博士学位的专职人才。
   原因：<u>在央视工作的员工有近万人，大部分员工都有本科学历，……</u>　___ √

6. 央视把节目传播到世界上120多个国家，观众近12亿。
   原因：<u>央视节目在中国国内的覆盖率为95.5%，观众近12亿。</u>　___ √

B 根据短文选择正确答案

1. "主流"（第3行）的意思是 <u>d</u>。
   a) 流行
   b) 主要的河流
   c) 办事的流程
   d) 事情发展的主要方面

2. "日新月异"（第11行）的意思是 <u>a</u>。
   a) 形容进步很快
   b) 又新又不同
   c) 不一样
   d) 有很大区别

3. "粤语、闽南语"（第14行）的意思是 <u>c</u>。
   a) 广东话、四川话
   b) 湖南话、福建话
   c) 广东话、福建话
   d) 上海话、山东话

4. "窗口"（第19行）的意思是 <u>c</u>。
   a) 天窗
   b) 同窗
   c) 渠道、途径
   d) 门户

113

C 根据短文找出四个正确的句子

☑ 1. 除了传播新闻以外，央视还制作文艺、体育、科教等节目。
☑ 2. 央视涉及的业务包括广告营销、旅游开发等。
☐ 3. 央视出版自己的刊物，而且向全世界发行。
☐ 4. 在央视工作的员工一定要有大学本科学历。
☐ 5. 央视播出的节目非常丰富，栏目总数有400多个。
☑ 6. 央视传播的覆盖率在国内为95%以上。
☑ 7. 央视还通过卫星向世界各大洲播出各种节目。

D 从右边的段落大意中找出最合适的

1. 第一段 G   A 央视的经营模式及业务范围。
2. 第二段 C   B 央视在过去30多年中出版的报刊种类。
3. 第三段 A   C 央视的功能。
4. 第四段 D   D 改革开放以来央视的发展。
5. 第五段 I   E 央视在国内外的影响。
6. 第六段 E   F 央视的主要节目内容。
       G 中央电视台的简史及现名。
       H 央视的未来规划。
       I 央视栏目建设的宗旨及其员工素质。

E 根据实际情况回答问题

1. 你平时看电视吗？一般看什么台的节目？为什么？

2. 你一般读哪些刊物？为什么？

3. 你在网上一般关心哪方面的信息？你一般从哪些渠道获取信息？

阅读与理解

春晚

阅读二

第一段

春节联欢晚会是中国中央电视台在每年的除夕夜为庆祝农历新年而举办的综艺性的文艺晚会,简称为"春晚"。春晚于1983年的除夕夜第一次由央视以现场直播形式播出,从晚上八点开始,全长四个半小时,从而创造了三个世界之最,即演出规模最大、播出时间最长、观众收视率最高。春晚自此成了中国人在家里一边吃年夜饭,一边观看文艺节目的电视大餐。与此同时,春晚也开创了电视综合艺术节目的先河。

第二段

每年的春晚在节目内容和艺术表达方面都下足了工夫。首先,组织者苦心筹划;其次,集体着力创作、精心打造;再者,春晚汇集了知名演员和艺术家。晚会以中华民族各种艺术形式的最高水平呈现给观众。

第三段

近几年,随着人民生活水平和艺术欣赏力的提升,春晚已经不是除夕夜唯一的文化大餐了。因此,人们对每年的春晚有赞扬声,同时也有骂声,甚至有些网友搞了"山寨版"的春晚,现命名为"民间春晚",公开跟央视的春晚打擂台。春晚组织者其实也意识到了这一动向,所以每一届的春晚都力图推出新人、新节目,以尽量满足观众日益增长的文化需求。

第四段

回顾过去三十年,春晚走过了20世纪80年代的发展期,90年代的壮大期,到21世纪的成熟期。虽然春晚在形式、内容、演员选择等方面需要创新,但是它已经成为家喻户晓、闻名海内外的迎春综艺文化大餐,成为中华民族欢庆佳节、追求吉祥和谐的民俗盛典。春晚作为一个电视晚会,其意义远远超出了文艺演出。实际上,它已经创造了一个文化奇迹,完成了一个电视神话。

A 判断正误，并说明原因

1. 每年的春晚都在年三十晚上举办。　　　　　　　　　　　　　　　　　对　错
   原因：春节联欢晚会是……在每年的除夕夜……而举办的……，简称为"春晚"。　　✓

2. 1983年的大年夜，春晚首次呈现在全国公众的面前。
   原因：春晚于1983年的除夕夜第一次由央视……播出，……。　✓

3. 每年的央视春晚工作人员都绞尽脑汁，千方百计地为观众献上一台高质量的文艺晚会。
   原因：每年的春晚在节目内容和艺术表达方面都下足了工夫。首先，组织者苦心筹划；其次，集体着力创作、精心打造……。　✓

4. 由于生活水平及艺术欣赏力的提升，观众们把春晚评价得一文不值。
   原因：人们对每年的春晚有赞扬声，同时也有骂声，……。　　✓

5. 虽然春晚在各方面需要改进，但它在华人心目中作为迎春的民俗盛典是不容置疑的。
   原因：虽然春晚在形式、内容、演员选择等方面需要创新，但是它已经……，成为中华民族欢庆佳节、追求吉祥和谐的民俗盛典。　✓

B 根据短文找出四个正确的句子

☑ 1. 春晚以电视直播的形式播出。
☑ 2. 除夕夜，中国人一般一边吃年夜饭，一边欣赏春晚。
☑ 3. 近些年的除夕夜，春晚的收视率没有以前那么高了。
☐ 4. 一些网友想自发搞一台春晚，挑战央视举办的春晚。
☐ 5. 春晚自1987年第一次播出以来，经历了一波三折，发展很艰难。
☑ 6. 春晚每年都力图推出新人、新节目以增强新鲜感。
☐ 7. 因为有了春晚这个文化大餐，有些中国民众因此不再吃年夜饭了。

116

C 从右边找到最适合的部分完成下列句子

1. 春晚上的节目综合了 **E**
2. 中央电视台每年 **A**
3. 春晚的规模 **G**
4. 春晚的播出时间最长 **H**
5. 为了满足观众日益增长的文化需求， **C**

A 都把一台精心策划打造的高水准的文艺晚会呈现给观众。
B 追求吉祥和谐的民俗盛典。
C 央视想方设法使每年的春晚有创新。
D 尽量使春晚的播放时间逐年加长。
E 中华民族的各种艺术形式。
F 成为闻名海内外的高水平综合文艺节目。
G 在世界上算得上是最大的。
H 有四个半小时。

D 从右边的段落大意中找出最合适的

1. 第一段 **B**
2. 第二段 **F**
3. 第三段 **A**
4. 第四段 **C**

A 春晚面临的挑战。
B 春晚的诞生开创了电视综合文艺节目的先河。
C 春晚三十年的功绩。
D 春晚的功过。
E 春晚的艺术水准评估。
F 春晚的组织者煞费苦心打造出最高水平的节目。
G 春晚是政府规定要看的电视综合文艺节目。

优越生活，弊大于利

第三单元 第9课

[1] 尊敬的主席、评委、正方代表，在座的老师们、同学们：

大家好！

我方今天要辩论的题目是：优越生活对青少年弊大于利。

[5] 在城市里，现在的青少年生活无忧无虑，养成了衣来伸手、饭来张口的习惯。优越的生活条件给青少年带来了不少负面影响。具体表现在以下几个方面：

第一，在性格方面，他们往往很任性。有些人脾气急躁，比较自私，也很自我。

[10] 第二，在饮食方面，现在的食物太丰富了，应有尽有。因此，一些青少年养成了挑食、偏食、不爱惜食物的不良习惯。而营养过剩使越来越多的青少年得了肥胖症及其他现代疾病。

第三，在衣着方面，他们赶时髦，追求名牌。他们
[15] 经常买不必要买的衣服，养成了浪费的坏习惯。

第四，在用钱方面，他们大手大脚，时常换最新款式的手机、电脑等。有些青少年还认为每年去国外度假是理所当然的事。在他们看来，钱好像是从天上掉下来的，而不是父母辛苦挣来的。

[20] 第五，在生活自理方面，他们不会做家务，处处依赖父母，根本就没有劳动观念。

第六，在学习方面，他[25]们缺乏动力和毅力，不懂得为自己的将来

提示：

① 此话题出现的形式是辩论稿，是反方辩论稿。

② 生活在当今社会的青年人，可能很少对自己所处的优越条件进行认真的思考。老师可事先给学生布置作业，让他们去搜集如今的优越生活表现在哪几个方面。也可通过一部电影/文学作品来展现过去的生活景象，引起学生的反思。

③ 如条件允许，可带领学生讨论中国的第一代独生子女"80后"，以及现在"90后"的青年人，还有中国的"富二代"等人群的生活方式。老师可有意按照课文中所列的六个方面来分析。

④ 介绍完本课要求掌握的词语后，可跟学生一起精读课文，要求学生掌握文中的重要词句、短语、要点。课本第120页的练习一可用来重温课文。

⑤ 如条件允许，讨论也可涉及"饥饿与贫穷"这个话题。

着想。有些青少年贪玩、厌学，甚至随便旷课。

[30] 　　总而言之，优越的物质生活会使青少年变得好吃懒做，对任何事情都不闻不问。他们以为美好的生活来得很容易。因此，我们反方认为优越生活对青少年弊大于利。

　　谢谢！

生词

1. 优越 yōuyuè favourable; advantageous
2. 忧（憂）yōu worry
   无忧无虑 wú yōu wú lǜ free from anxieties
3. 伸 shēn put out; stretch
   伸手 shēnshǒu hold out one's hand
   衣来伸手，饭来张口 yī lái shēnshǒu, fàn lái zhāngkǒu lead an easy life, with everything provided
4. 任性 rènxìng self-willed
5. 躁 zào impulsive
   急躁 jízào irritable; hot-tempered
6. 自我 zìwǒ self; oneself
7. 应有尽有 yīng yǒu jìn yǒu have everything that one expects to find
8. 爱惜 àixī cherish
9. 过剩 guòshèng excess
10. 衣着 yīzhuó clothing
11. 款式 kuǎnshì style; design
12. 理所当然 lǐ suǒ dāng rán take...for granted
13. 在……看来 zài……kànlái in one's opinion
14. 天上 tiānshang sky; heavens
15. 处处 chùchù everywhere; in all respects
16. 劳动 láodòng work; labour
17. 动力 dònglì motive force; impetus
18. 毅 yì firm; resolute; steadfast
    毅力 yìlì will; willpower
19. 懂得 dǒngdé understand; know
20. 贪（貪）tān greedy
    贪玩 tānwán be crazy about play
21. 厌（厭）yàn be sick of; be bored with
    厌学 yànxué be weary of studying
22. 旷（曠）kuàng neglect (duty, work, etc.)
    旷课 kuàngkè play truant
23. 好吃懒做 hào chī lǎn zuò be fond of eating and averse to working
24. 任何 rènhé any
25. 不闻不问 bù wén bù wèn take no notice of
26. 以为 yǐwéi think; believe
27. 美好 měihǎo happy; pleasant
28. 反方 fǎnfāng (as of a debate) con side

口语热身

1. 根据课文回答问题

1) 城市里优越的生活使青少年养成了哪些不良习惯？请举三个例子。
2) 在优越的生活中长大的青少年有哪些个性？
3) 优越的生活使一些青少年在饮食、衣着方面养成了什么坏习惯？各举两个例子。
4) 青少年花钱大手大脚主要反映在哪几个方面？
5) 在优越环境中成长的青少年是怎样对待学习的？
6) 在优越的物质生活条件下成长起来的青少年对生活会有哪些错觉？

2. 根据实际情况回答问题

1) 有人认为"现在的青少年衣来伸手，饭来张口"，你是否同意这种说法？为什么？
2) 你周围的同学是否生活无忧无虑？请举一两个例子。
3) 你周围的同学有没有花钱大手大脚的？如果有，表现在哪些方面？
4) 在你们学校，有没有迟到、早退的现象？这些现象严重吗？学校是怎样处置这些学生的？你们学校有没有逃课、旷课的现象？这些同学为什么逃课、旷课？你们学校有欺负同学的现象吗？你被同学欺负过吗？如果有的话，请讲一讲事情的经过。
5) 检讨一下你自己，看看你有没有挑食、偏食、不爱惜食物并浪费的坏习惯。请举一两个例子。你认为这种坏习惯需要改掉吗？应该怎么改？
6) 你能理解父母挣钱不容易吗？你会因为假期里不去国外旅游而生气吗？
7) 你在家做不做家务？做哪些家务？你的劳动观念强吗？请举一个例子。
8) 你有理想吗？你已经为自己的将来作好了哪些准备？你还应该在哪些方面更加努力？

提示：
此练习中的题目涉及的话题也可逐一展开讨论（要看时间是否允许）。要求学生回答问题时尽量联系本课所学内容。中国的两句俗语"有钱难买少年苦"、"穷人的孩子早当家"也可用来讨论。

消化课文

答案（仅供参考）：

1) 在性格方面，他们往往很任性；在饮食方面，一些青少年养成了挑食、偏食、不爱惜食物的不良习惯；在衣着方面，他们赶时髦，追求名牌。（在用钱方面，他们大手大脚；在生活自理方面，他们不会做家务；在学习方面，他们缺乏动力和毅力。）

2) 他们往往很任性，有些人脾气急躁，比较自私，也很自我。

3) 在饮食方面，一些青少年挑食、偏食，不爱惜食物。在衣着方面，他们赶时髦，追求名牌，经常买不必要买的衣服。

4) 他们时常换最新款式的手机、电脑等。有些青少年认为每年去国外度假是理所当然的事。

5) 在学习方面，他们缺乏动力和毅力，不懂得为自己的将来着想。有些青少年贪玩、厌学，甚至随便旷课。

6) 有些青少年认为每年去国外度假是理所当然的事。在他们看来，钱好像是从天上掉下来的，而不是父母辛苦挣来的。他们以为美好的生活来得很容易。

语言难点

1. 选择其中一个短语造句

Ⓐ 例子：优越生活对青少年弊大于利。(第3行)

对…… { 有利/不利/有害
        有好处/坏处 }

Ⓑ 例子：因此，一些青少年养成了挑食、偏食、不爱惜食物的不良习惯。(第11行)

除此以外/看来/总而言之

2. 用带点的词语模仿例子造句

例子：钱好像是从天上掉下来的。(第18行)

她打扮入时，看上去很有钱。

她其实已经四十五岁了，但看上去像三十出头。

3. 完成句子

例子：在生活自理方面，他们不会做家务，处处依赖父母，根本就没有劳动观念。(第20行)

有些青少年乱花钱，根本就＿＿＿＿＿＿。

4. 写出下列词语或句子的意思

Ⓐ 例子：大手大脚(第16行) → 乱花钱

1) 七手八脚 → 大家一起动手做／人多手杂
2) 有口难言 → 有嘴说不出
3) 有气无力 → 没有力气，无精打采
4) 有头无尾 → 缺乏毅力，开始了一件事情却没有好好儿地做完

Ⓑ 例子：衣来伸手，饭来张口。(第5行)

→ 懒惰成性，坐享别人的劳动成果。

1) 说起来容易，做起来难。→ 嘴上表达／保证／评论很容易，但落实到行动上是很困难的。
2) 冰冻三尺，非一日之寒。→ 事情不是一下就成为这样的，而是有个长期酝酿、积累的过程。
3) 百闻不如一见。→ 听说过一百次，不如亲自看见一次，眼见为实。
4) 眼不见，心不烦。→ 眼睛没看到的（令人烦恼的）人或事物，心里也就不去多想，也就不会为之烦恼了。

实际运用

提示：

① 注意联系本课所讲内容，以及之前已讨论过的内容，老师可先带领学生就题目中所列的四个方面进行联想。

② 第一点中的不良习惯除之前已提到的，还有：有些青少年不懂得感恩、珍惜、换位思考；更有些人抽烟、酗酒、吸毒、进行毒品交易等。老师可带领学生讨论这些不良习惯，甚至恶习，所带来的后果。

③ 第三点涉及谁该对这一切负责，可以从家长、学校、社会三方面展开。社会的责任包括各种媒体，尤其是网络媒体、影视节目等对青少年的误导。有关媒体的作用，可深入讨论。"参考句子"中的话题值得深入探讨。

口语训练

小组讨论

总体来说，现在的物质生活条件比以前优越了，青少年也养成了一些不良习惯并对生活持有不正确的态度。讨论一下现在的青少年的不良习惯和生活态度。

请谈及以下几个方面：

- 现代青少年有哪些不良习惯
- 他们对生活的态度是怎样的
- 谁应该对这一切负责
- 应该怎样改进目前的状况

例子：

学生1：现在的青少年有很多不良习惯。他们饭来张口，衣来伸手，有些最基本的事情都不会做。这是因为他们从小没有养成好的生活习惯。我听说，有一个大学生家里比较富裕(fù yù)，他一直由保姆(bǎo mǔ)照顾，上了大学后连煮方便面都不会，房间里每天都乱七八糟(luàn qī bā zāo)，卫生状况差得简直没法形容(xíng róng)。

学生2：那也太过分了吧。这样的人还是少数。我们不得不承(chéng)认(rèn)，我们的经济条件和生活环境比以前优越了，现在的年轻人过着无忧无虑的生活，他们不用为衣食住行发愁(chóu)。如果长期在这样的环境下生活，年轻人会变得没有理想，觉得什么都来得那么容易，什么事都是理所当然的。

学生3：我同意你的观点。由于选择太多了，我们中间有相当一部分人都不知道在大学里选读什么专业，今后做什么工作。我妈妈经常对我说，年轻人应该珍惜现在的好时光，多为自己的前途着想。

但是，我好像没有这种紧迫感。

学生1：你还不算太糟糕的。现在有些青少年好吃懒做，在家里什么都不干，一点儿劳动观念都没有。将来走上社会，他们怎么靠自己的双手自食其力呢？

学生2：还有些年轻人花钱大手大脚，好像钱不是赚来的，而是从天上掉下来的。他们以自我为中心，从来都不为他人考虑。

学生3：我觉得现在的家庭教育也有问题。有一些父母在子女小时候太宠他们，什么都顺着他们，这使一些青少年养成了坏习惯，对生活持有不正确的态度，并错误地认为美好的生活不用自己努力。当他们进入社会才会发现外面的世界是完全不一样的。

学生1：这也不能全怪他们的父母。在现代社会里，媒体不断地宣传，要给孩子自由，给他们空间，让他们决定自己的事。不过，实际上孩子是需要家长指导的，家长的建议也是很有道理的，因为他们有丰富的人生经验。

参考句子

a) 有些青少年往往做事自作主张，说话、办事不考虑后果。还有些人很任性，以自我为中心，从来都不为别人着想。这样的人长大后是很难跟人合作的。

b) 有人总是觉得生活对他不公平。的确，生活中很多事是不公平的，但有些事不是个人能改变的，你只有自己去积极地调整和适应。每天抱怨是没有用的。

c) 现代社会过分强调自由、独立，这使得父母在家里的地位和教师的教育作用有所削弱。因此，家长在孩子的眼里没有威信，学生对老师的教导也当成耳边风。

d) 整个社会应该达成共识：孩子是需要管教的。孩子的管教先从家庭开始。进入学校后，教师应担负起教育学生的责任。社会也要在各个方面配合家庭和学校的教育。

e) 社会、学校、家长对孩子要从小教育：什么事该做，什么事不该做，怎样做人、办事。其实，孩子没有明确的对与错的概念，所以要靠大人去引导、教育他们。

f) 教育孩子首先要尊重孩子，与他们平等交流，同时也要正确引导，这样他们才能在学习、生活等各个方面做得更好。

写作训练

实际运用

1. 写辩论稿

假设你代表正方,写一篇辩论稿,题目是:优越的生活,利大于弊。在你的辩论稿里,要提及优越的生活对青少年在以下几个方面的影响:

- 性格培养
- 生活环境与身体健康
- 各种活动的参与
- 学习
- 为将来的人生作准备
- 其他

参考句子

a) 在性格方面,绝大多数的青少年性格活泼,热情开朗,乐于助人,敢于尝试,不怕失败。

b) 由于现在的经济条件好了,生活环境也有了很大的改善。青少年在这样的环境里健康地成长,他们长得高大、健壮,不常生病,这样他们就有健康的身体来应付繁重的学业。同时,青少年基本上不用为衣食住行操心,这样他们就能把全部精力投入到学习中去。

c) 青少年积极参与各项活动,利用各种机会丰富人生,体验生活。他们经常组织或参与有益的社会活动,如娱乐、环保宣传、募捐等。

d) 现在的大多数青少年勤奋、刻苦学习,因为他们知道有了知识和技能,今后才能为社会服务,为人类发展作贡献。

e) 现在的青少年除了学习以外,都有一技之长。他们中的很多人都会弹奏乐器或绘画,还有各种体育技能。他们还注重各种能力的培养,比如领导才能、合作能力、沟通能力等。

f) 在学业方面,他们有条件接受良好的教育,有机会学习自己喜欢的专业,还有的人能够去国外的高等学府深造。

提示:

① 此练习要以辩论稿的格式来写,是正方辩论稿。

② 建议老师回顾本课所学的有关此题目的反方辩论稿,再加上前两页口语训练中涉及的一些新的内容。

③ 题目中的第二点可谈及现代科技发展,使医疗保健、卫生防疫、饮食与健康都有了充分保障,保证了青少年的健康成长。即便是心理健康问题也有专业人士帮忙解决。即便世界上某一个偏远的地方发生传染病,传媒及医疗卫生行业也能迅速反应、应对。

④ "参考句子"中的话题,老师可带领学生进行深入讨论。

2. 阅读短文并写作文

写一篇文章发表在学校的网站上，谈谈你及周围的朋友是如何对待名牌的。

为什么有些青少年追求名牌

现在很多家庭渐渐富裕起来，孩子们吃、穿、用的品位也越来越高了。在提倡追求个性的今天，崇尚和追求名牌的现象在青少年中较为普遍。青少年为什么会追求名牌呢？请听以下三位同学的观点：

张：我觉得名牌食品让人吃得放心。名牌食品的用料、制作、包装都很讲究，考虑得特别周到，质量绝对有保障，也适合众人的口味。虽然价钱贵一点儿，但名牌食品吃起来味道就是不同。

王：俗话说，爱美之心人皆有之。我认为衣服代表着一个人的修养和素质。我觉得如果家庭条件允许的话，可以穿名牌，因为穿名牌显示出了我们的气质，同时名牌代表高的品质和审美水平。总的来说，买名牌衣服有几个好处：第一，可以节省挑选的时间，名牌的面料及加工方式都比较好；第二，穿上名牌，可以增强自信；第三，名牌服装穿着舒服，也使人显得帅气、漂亮。"人靠衣装"，"三分人才七分打扮"，这些都说明了穿着的重要性。

李：我认为名牌的东西用起来比普通的质量要好。名牌虽然贵，但是耐用，一样东西可以用得久一些，最终还是合算的。而且，名牌产品通常样式都很好看，符合我们的审美需求。

众所周知，名牌通常都是优质产品，质量有保证。尽管如此，青少年在享受名牌的同时应谨记：学生们基本上没有经济能力，花的都是父母辛苦赚来的钱，应懂得钱来之不易；同时，也应该避免养成从众心理，同学之间不要盲目追求、攀比。一味追求享受，人就会变得虚荣。

提示：
建议学生按照文章的格式来写。内容可包括：
- 崇尚和追求名牌的现象在青少年中较为普遍
- 名牌食品让人吃得放心，质量绝对有保障，适合众人的口味
- 虽然价钱贵一点儿，但名牌食品吃起来味道就是不同
- 穿名牌显示出了自己的气质
- 名牌代表高的品质和审美水平
- 买名牌衣服可以节省挑选的时间
- 名牌的面料及加工方式都比较好
- 穿上名牌，可以增强自信
- 名牌服装穿着舒服，使人显得帅气、漂亮
- 名牌的东西用起来比普通的质量要好
- 名牌虽然贵，但是耐用，一样东西可以用得久一些，最终还是合算的
- 名牌产品通常样式都很好看，符合青少年的审美需求

阅读与理解

阅读一

[1] 李：大家好，我是主持人李南。今天我们请来了心理学及教育学专家孙教授给我们讲讲青年人如何警惕并预防患上网瘾。孙教授，网瘾是怎么回事？现在社会上网瘾现象严重吗？

孙：网络作为开放式传播和交流的平台，具有交互性、全球性、资源共[5]享、匿名性、自由性等特点，在人们的生活中起着越来越重要的作用。但是，网络这把双刃剑给青年人的学习、工作和生活带来了很大的影响。很多青年人沉溺于网络聊天儿、游戏、色情等虚拟世界而不能自拔，以至于荒废了学习和工作，疏离了朋友和亲人，影响了他们的正常生活，引发了不良的社会行为，甚至违法犯罪。[10]这就是网瘾现象。目前，网瘾问题比较严重，在当今中国青少年群体中，有网瘾的比例达10%~15%。

李：青年人患上网瘾的主要原因有哪些？

孙：主要有家庭、学校和社会三个方面的原因。大多数家长认为，网络游戏、聊天室、聊天工具和黄色网站是造成网瘾的罪魁祸首。有[15]些家长无节制地满足孩子的物质需求，这可能会使孩子的欲望膨胀，自我约束能力下降，容易在诱惑面前失去自控能力。而学校的教育评价单一，课外活动缺乏也是原因之一。为了逃避考试和升学压力，发泄心中的苦闷，探索更多的课外知识，一些学生往往选择上网寻求精神上的满足，缓解压抑的情绪，恢复内心的平衡。再有[20]就是社会对网络活动缺乏有效的监管。

李：青少年自己应该怎样预防网瘾？

孙：青少年应该严格遵守网络规则，学会保护自身安全。首先，他们要学会时间管理和目标管理，提高上网效率。其次，当遭受生活挫折时不要靠网络来逃避，要积极应对。

A 判断正误，并说明原因

1. 在中国的网民中，有网瘾的大约占一成至一成半。 对 错
   原因：在当今中国青少年群体中，有网瘾的比例达10%~15%。 ✓

2. 青年人患上网瘾最主要的原因还在于他们自己。
   原因：主要有家庭、学校和社会三个方面的原因。 ✓

3. 在物质上，如果家长对孩子总是有求必应，孩子的自我约束能力可能会下降。
   原因：有些家长无节制地满足孩子的物质需求，这可能会使孩子的欲望膨胀，自我约束能力下降。 ✓

4. 一些学生因精神上得不到满足而选择上网。
   原因：一些学生往往选择上网寻求精神上的满足。 ✓

5. 目前，所有网络活动都已经得到了社会的有效监管。
   原因：再有就是社会对网络活动缺乏有效的监管。 ✓

6. 青年人遇到生活挫折时，积极应对的方法就是依靠网络。
   原因：当遭受生活挫折时不要靠网络来逃避，要积极应对。 ✓

B 用短文中的动词填空

1. 荒废（第8行）学业
2. 疏离（第8行）亲友
3. 逃避（第17行）现实
4. 发泄（第18行）苦闷
5. 探索（第18行）知识
6. 恢复（第19行）平衡
7. 缺乏（第20行）监管
8. 遭受（第23行）挫折

C 为短文配题目

☐ 1. 青少年患上网瘾的原因
☑ 2. 青少年与网瘾
☐ 3. 网络这把双刃剑
☐ 4. 如何戒除网瘾

D 根据短文选择正确答案

1. "警惕"（第2行）的意思是 __a__ 。
   a) 对可能发生的危险情况保持谨慎
   b) 告诉人们要大胆
   c) 引起其他人注意
   d) 遇事保持冷静

2. "匿名"（第5行）的意思是 __c__ 。
   a) 具名
   b) 签署真名实姓
   c) 不署名或不写真名
   d) 写出真实姓名

3. "自拔"（第8行）的意思是 __d__ 。
   a) 自杀
   b) 依赖自己
   c) 自讨苦吃
   d) 从消极状态里解脱出来

4. "罪魁祸首"（第14行）的意思是 __d__ 。
   a) 犯罪团伙
   b) 罪状
   c) 罪犯
   d) 作恶犯罪的首要分子

5. "发泄"（第18行）的意思是 __a__ 。
   a) 全部释放出来
   b) 急性腹泻
   c) 两眼发呆
   d) 全部闷在心里

6. "挫折"（第23行）的意思是 __a__ 。
   a) 不顺利的情况
   b) 胜利在望
   c) 损坏严重
   d) 畅通无阻

E 从短文中找反义词

1) 收缩→(开放)（第4行）
2) 多样→(单一)（第17行）
3) 愉快→(苦闷)（第18行）
4) 放纵→(压抑)（第19行）
5) 无效→(有效)（第20行）
6) 违反→(遵守)（第22行）
7) 损害→(保护)（第22行）
8) 降低→(提高)（第23行）

阅读与理解

现代三族

阅读二

近几年，每年有成千上万的年轻人涌入像北京、上海这样的大城市。这些年轻人在走向社会、开始独立生活的道路上面临着很多困难和挑战。根据他们的生活观念和生活状态，人们把其中一部分年轻人统称为"三族"，即"啃老族""月光族"和"蚁族"。

据中国媒体调查，目前"啃老族"大致有六类人：一是因就业挑剔而找不到满意工作的；二是以工作太累太紧张、不适应为由，自动离岗离职的；三是创业幻想型青年，他们有强烈的创业愿望，却没有目标，缺乏真才实学，总是不成功，而又不情愿做打工仔；四是因频繁跳槽最后找不到工作的；五是下岗的年轻人；六是文化低、技能差，只能在中低端劳动力市场上找苦、脏、累工作，却又因怕苦怕累待在家中的。这些失业群体被叫做"啃老族"，因为他们靠父母的收入和积蓄生活，成了父母沉重的家庭负担。

"月光族"指将每月赚的钱都用光、花光的人。这些年轻人与父辈勤俭节约的消费观念不同。他们喜欢追逐新潮，扮靓扮酷，只要玩儿得开心，穿得漂亮，想买就买，根本不在乎钱财。他们的格言是"能花才更能赚"，花光、用光，自得其乐。

"蚁族"是指大学毕业生低收入聚居群体。这些大学毕业生虽受过高等教育，却从事着保险推销、电子器材销售、广告营销、餐饮服务等临时性工作。他们主要居住在城乡结合部或近郊农村。他们中的绝大多数月均收入低于2000元，年龄集中在22岁至29岁之间。他们中有九成是童年时在家中曾被称为"小太阳""小皇帝"的80后。

（胡雪丽　报道）

A 判断正误，并说明原因

1. 现在的年轻人生活和工作道路都平坦无阻。　　　　　　　　　　　　对　错
   原因：这些年轻人在走向社会、开始独立生活的道路上面临着很多困难和挑战。　　　　✓

2. 有些啃老族找工作时挑三拣四，因而找不到如意的工作。
   原因：目前"啃老族"大致有六类人：一是因就业挑剔而找不到满意工作的；……。　　✓

3. 月光族每月的工资扣除消费，还有剩余。
   原因："月光族"指将每月赚的钱都用光、花光的人。　　　　　　　　　　　　✓

4. 月光族买东西时不考虑价钱高低，只要称心就买。
   原因：他们……想买就买，根本不在乎钱财。　　　　　　　　　　　✓

5. 蚁族的文化水平虽高，但没有稳定的工作。
   原因："蚁族"是指……这些大学毕业生虽受过高等教育，却从事着……等临时性工作。　✓

6. 蚁族薪酬不高，因此大多数集中居住在市中心。
   原因：他们主要居住在城乡结合部或近郊农村。　　　　　　　　　　　✓

B 从右边找到最适合的部分完成下列句子

1. 90% 的蚁族　　　　D
2. 一些啃老族青年　　F
3. 月光族青年　　　　B
4. 蚁族青年　　　　　H
5. 中国的大学生毕业后　C

A 生活消费的观念跟父母的基本一致。
B 很能花钱，每个月的工资都花光、用光。
C 喜欢去大城市。
D 中很少有人月工资高于2000元的。
E 认为勤俭节约是美德。
F 不肯干又苦又累又脏的活儿。
G 年龄都已30岁出头。
H 小时候大都相当受宠。

130

C 根据短文选择正确答案

1. "挑剔"（第5行）的意思是 __a__ 。
   a) 故意在细节上找毛病
   b) 随和
   c) 挑食
   d) 没有眼光

2. "跳槽"（第8行）的意思是 __a__ 。
   a) 换工作
   b) 应聘
   c) 请病假
   d) 逃跑

3. "下岗"（第9行）的意思是 __b__ 。
   a) 在山下工作
   b) 失去原来的工作岗位
   c) 倒班
   d) 刚下班

4. "积蓄"（第11行）的意思是 __d__ 。
   a) 退休工资
   b) 银行贷款
   c) 年终结账
   d) 积攒存储的钱

5. "格言"（第15行）的意思是 __b__ 。
   a) 写在格子纸上的句子
   b) 含有教育、劝诫意义的话
   c) 供名人欣赏的语句
   d) 普通人常讲的话

6. "自得其乐"（第16行）的意思是 __c__ 。
   a) 自由自在
   b) 自说自话
   c) 自己从中得到乐趣
   d) 自我欣赏

D 用短文中的动词填空

1. __涌入__（第1行）大城市
2. __走向__（第2行）社会
3. __面临__（第2行）挑战
4. __缺乏__（第8行）真才实学
5. __赚/用/花__（第13行）钱
6. __追逐__（第14行）新潮
7. __在乎__（第15行）钱财
8. __从事__（第18行）工作

131

单元复习

生词

第7课

一天到晚　个人　公开　犯罪　案件　同期　增长
村庄　消息　秒　传遍　传播　无聊　*黄色　*假
似乎　轻易　某　性别　身世　账号　发达　一代
网站　限制　透露　提议　法律　手段　惩罚
道德

第8课

当今　大众　窗口　有助于　视野　低俗　危害
五花八门　言论　无意　吸收　有碍　应对　相关
部门　审查　公众　进行　引导　设立　热线　反映
拨款　远离　途径　良师益友　陪伴　报道

第9课

优越　无忧无虑　衣来伸手，饭来张口　任性　急躁
自我　应有尽有　爱惜　过剩　衣着　款式　理所当然
在……看来　天上　处处　劳动　动力　毅力　懂得
贪玩　厌学　旷课　好吃懒做　任何　不闻不问　以为
美好　反方

> 提示：
> "生词"部分的词语是本单元内每一课的词语，要求学生会认读，并会默写、运用。

短语/句型

作关于互联网使用情况的调查　调查结果发现　不良及无聊的信息
不利于身心健康　比去年同期增长了15%　使沟通变得自由、迅速、方便
有责任教育……安全上网　劝告……少接触网络　限制上网时间
提醒……不要轻易透露个人资料　制定法律来监管网络
用法律手段来惩罚不道德的甚至是犯罪的行为

健康、向上的影视节目有助于……开阔视野、增长知识、提高修养
影响青年人的人生追求　自律能力不强　人生经验不足
辨不清是非　无意中吸收不健康的内容　有碍青年人的健康成长
如何应对影视节目对……的负面影响　对公众进行引导
优秀的影视作品给……提供宝贵的精神营养　陪伴……健康地生活

优越生活对青少年弊大于利　带来负面/正面影响
具体表现在以下几个方面　养成浪费的坏习惯　赶时髦，追求名牌
认为……是理所当然的　钱好像是从天上掉下来的　处处依赖父母
根本没有劳动观念　缺乏动力和毅力　不懂得为……着想
贪玩、厌学，甚至旷课　总而言之　对任何事情都不闻不问

> 提示：
> "短语/句型"部分是从每课课文中抽取的重点词句、短语，要求学生熟练掌握，并在口语/作文中准确运用。

第三单元　测验

一、阅读理解

网购

目前，中国拥有全世界最多的互联网用户。研究显示，6%的中国网民每天都会进行网络购物（简称"网购"），33%的中国网民每周进行网购。

有调查显示，同一网购___1___，网购产品类别比较集中。女性白领网购产品主要集中在服装鞋帽类，比例高达73%；其次是图书音像类，占60%；值得关注的是，化妆品及个人护理用品已成为女性白领网购的第三大___2___，比例接近60%。男性白领则更倾向于网购数码类产品及通讯类产品。调查___3___显示，84.5%的在校大学生有网络购物的___4___。其中，67.2%的受访者会在网上购买服装，而选购书刊、音像制品的人达到了38.9%，还有25.8%的人会通过网络购买数码产品。

中国互联网商务起步较晚，但中国人为何如此热衷于网购呢？调查显示，价格低和送货上门的方式是网购优于传统销售___5___的因素。

首先，网购的价格低。这是由于它解决了传统零售业的最大难题——流通效率的提升和流通成本的降低，从而为商品提供了广阔的降价___6___。同时，网络零售渠道的高效性，也使得一模一样的两件商品，在网购时候的流通成本和营销成本往往比"线下货"要便宜很多。

其次，网购能够送货上门。如果按照传统的逛商场、逛超市的购货模式，购买的商品需要自己运送回家，费时费力。另外，逛的过程中需要的时间较多，对商品进行比较难度大。而在网上，你可以迅速把商品的种类、特点、价格等查询得清清楚楚、明明白白。

不过，网购这一新的商业___7___的快速发展，在给消费者带来廉价和便利的同时，也让参与者遭遇尴尬。调查显示，42.3%的受访者称收货曾被延误过；另外，有34.3%的人遭遇过实物与商品___8___不符的尴尬；还有近三成网购的大学生表示，收到的商品质量有问题；以下依次是不提供售后服务、伪劣商品无处退货等。

A 从下面的方框里为短文选择最合适的词语填空

| 数据 | 渠道 | 人群 | 经验 | 模式 |
| 空间 | 服务 | 介绍 | 类型 | 经历 |

1. _____ 2. _____ 3. _____ 4. _____

5. _____ 6. _____ 7. _____ 8. _____

B 根据短文找出四个正确的句子

☐ 1. 相同的群体基本上在网上选购相同的物品。

☐ 2. 超过半数以上的女性白领网民在网上购买化妆品。

☐ 3. 男性网民也有在网上购买数码类产品的经历。

☐ 4. 相比传统零售商，网购商不支付货品的流通成本。

☐ 5. 商家通过网络把货品的种类、特点、价格等信息及时传送给顾客。

☐ 6. 虽然网购给消费者带来廉价货品，但也令买家遭遇不便及尴尬。

☐ 7. 大约30%的网民抱怨他们所收到的货品与介绍不符。

C 根据短文回答问题

1. 什么原因促使中国网民如此青睐网购？

2. 什么因素促使网购商品的价格下降？

3. 比较传统的逛商场购物与网购，差异何在？

传统购物	
网购	

D 从右边找到最适合的部分完成下列句子

1. 女性白领网购时，　　□
2. 在校大学生也热衷于　　□
3. 在网上购买货品　　□
4. 网购既提升了流通效率，　　□
5. 从网络上购买的货品也有可能是伪劣产品，　　□

A 在网上购物。
B 网购货品的质量问题值得消费者关注。
C 又降低了流通成本。
D 有七成以上喜欢网购服装、鞋帽等。
E 便利消费者、价廉物美的商品是网购最大的卖点。
F 货品不及时送到消费者手中。
G 比在商场里买便宜得多。
H 让消费者蒙受经济损失。

E 判断正误，并说明原因　　　　　　　　　　　　　　　　　　对　错

1. 中国的网民人数比其他任何一个国家的都多。

   原因：_____　__ __

2. 有将近三分之一的中国网民每天都进行网购。

   原因：_____

3. 中国的女性白领网民主要在网上购买服装。

   原因：_____

4. 有七成女性白领网民喜欢在网上购买图书、音像等货品。

   原因：_____

5. 有近40%的在校大学生网民在网上购买书籍。

   原因：_____　__ __

二、写作

　　电脑、iPad、智能手机等新电子产品越来越让青年一代"熟悉了陌生人，疏远了朋友"。写一篇演讲稿，准备在学校集会上演讲。

第三单元 参考答案

一、阅读理解

A 1. 人群　2. 类型　3. 数据　4. 经历
　　5. 渠道　6. 空间　7. 模式　8. 介绍

B 2　3　6　7

C 1. 网购价格低，能够送货上门。

2. 由于它解决了传统零售业的最大难题——流通效率的提升和流通成本的降低，从而为商品提供了广阔的降价空间。同时，网络零售渠道的高效性，也使得一模一样的两件商品，在网购时候的流通成本和营销成本往往比"线下货"要便宜很多。

3.

传统购物	①价格高（流通效率低、流通成本高、营销成本高）；②一般购买者自己运送回去；③逛的过程中需要的时间较多，对商品进行比较难度大；④商品买了就可以带走；⑤购买者能验看实物；⑥质量问题在购买过程中就能发现；⑦提供售后服务；⑧能退货
网购	①价格低（流通效率高、流通成本低、营销成本低）；②送货上门；③可以迅速把商品的种类、特点、价格等查询得清清楚楚、明明白白；④收货可能被延误；⑤实物可能与商品介绍不符；⑥收到的商品可能有质量问题；⑦有些不提供售后服务；⑧伪劣商品可能无处退货

D 1. D　2. A　3. G　4. C　5. H

E 1. 对　原因：目前，中国拥有全世界最多的互联网用户。

2. 错　原因：研究显示，……，33%的中国网民每周进行网购。

3. 对　原因：女性白领网购产品主要集中在服装鞋帽类。

4. 错　原因：女性白领网购产品……；其次是图书音像类，占60%。

5. 对　原因：调查数据显示，84.5%的在校大学生有网络购物的经历。其中，……，而选购书刊、音像制品的人达到了38.9%。

第四单元

教学目标

- 能介绍一本好书，对其作者、内容进行论述、评价，并发表感想
- 能就中国的一些传统美德进行讨论，发表自己的观点
- 能叙述成长过程中对自己影响最深的人或事，并发表感想
- 能就中西方教育制度的利与弊进行讨论，发表看法
- 能就中国文化对世界的影响进行讨论，并讨论自己所居住的国家/地区的传统文化与中国文化的共同和不同之处
- 会写读后感、书评、日记、非正式书信、采访、旅游小册子

语言点

a) **以及**：这本书主要讲孔子的生平以及他对中国文化的影响。

b) **与**：中国的传统文化与孔子是分不开的。

c) **一共**：孔子一共有三千多个弟子。

d) **近**：作家白羽近十年写了十几本著作。

e) **对**：孔子主张对别人要友善。
我对孔子以及中国传统文化有了比较深刻的了解。
孔子的思想对中国社会产生了深远的影响。

f) **通过**：通过这本书，我认识到中国的传统文化与孔子是分不开的。

g) **正在**：我正在慢慢地适应国际学校的学习环境。

h) **在……下**：在一般情况下，老师上课时比较严肃。

i) **总之**：总之，中国的教育制度有优势也有缺点。

j) **只有……才……**：家长希望他们的子女能考上重点学校，考进名牌大学，好像只有这样他们的孩子才有出息。

k) **过**：老师有时候对学生要求过高。

l) **体会到**：我深深地体会到中国的学生比较尊重知识、尊重老师。

m) **做**：他将给我们做一个专题讲座。

n) **先后**：中国的传统文化先后传入了日本、韩国等亚洲国家和地区。

o) **再**：中国的中草药先后传到了亚洲其他国家，再传到了世界各国。

p) **可以说**：可以说，中国的传统思想及文化对世界文明的发展产生了深远的影响。

q) **这样看来**：这样看来，中国文化确实在各个方面对世界都有一定的影响。

r) **受到**：中国的草药、针灸在世界范围内受到欢迎。
中国的服装，如唐装、旗袍等，受到越来越多的人的喜爱。

第四单元 第10课

孔子与中国传统文化

[1]　我最近读了一本书，叫《孔子与中国传统文化》，作者是著名作家白羽。

　　这本书主要讲孔子的生平以及他对中国文化的影响。孔子是中国古代伟大的思想家、政治家和教育家。

[5]　孔子青少年时期勤奋好学，多才多艺，长大后做过小官。为了宣传自己的政治主张，孔子用了大半生，带领弟子到处奔走游说。但是他的主张一直没有得到重视。由于孔子在政治上不得志，六十多岁时回到了家乡鲁国，专心从事教育。孔子一共有三千多个弟子，其中

[10] 七十二个弟子很有作为。孔子还编著了书籍，开创了儒家思想。儒家思想的主要内容有"仁、义、礼、智、信、忠、孝"等。孔子主张人与人的关系要和谐，对别人要友善，而且人们要相互关心、相互帮助。他还主张"学而不厌，诲人不倦"。

[15]　读完这本书，我对孔子以及中国传统文化有了比较深刻的了解。我了解到了尊敬师长、孝顺父母是中国人的传统美德。我们要为人正直、诚实，讲信用，还要经常反省自己，知错就改，这样才能不断进步。作为年轻

[20] 人，我们还要勤奋好学，有志气、有毅力。通过这本书，我认识到中国的传统文化与孔子是分不开

[25] 的。孔子的思想对中国社会

提示：

① 此课文的格式是读后感，是新文体。建议老师为学生详解如何写读后感。

② 课前可给学生布置任务，让他们去搜集有关孔子的生平和儒家思想、学说及孔子的著作、名言等资料。

③ 如条件允许，老师还可顺便谈及中国的道教和佛教，以及它们对中国文化的影响、对中国人思想的影响等。

④ 从儒家思想更可联想中国人的传统美德、风俗习惯等。

⑤ 介绍完本课所要求掌握的词语后，可与学生一起精读课文，讲解文中所涉及的重要词句、短语，并要求学生即时掌握一些孔子的名言，如："温故知新""三人行必有我师""己所不欲，勿施于人""吾日三省吾身"等。课本第136页的练习一可以帮助学生重温课文，有助于学生记忆课文内容。

产生了深远的影响。

[30] 《孔子与中国传统文化》这本书的作者用简单的语言介绍了孔子这位伟大的人物。如果你想了解孔子以及中国传统文化，我推荐你好好儿读一读这本书。

生词

1. 孔子 kǒngzǐ Confucius
2. 生平 shēngpíng all one's life
3. 古代 gǔdài ancient times
4. 思想家 sīxiǎngjiā thinker
5. 政治家 zhèngzhìjiā statesman
6. 教育家 jiàoyùjiā educator
7. 多才多艺 duōcáiduōyì versatile
8. 主张 zhǔzhāng view; stand; proposition
9. 大半 dàbàn more than half; greater part
10. 带领 dàilǐng lead
11. 弟子 dìzǐ disciple
12. 奔 bēn run quickly 奔走 bēnzǒu rush about
13. 游说 yóushuì lobby; go about selling an idea
14. 得志 dézhì achieve one's ambition
15. 乡（鄉）xiāng countryside; home village or town
    家乡 jiāxiāng hometown
16. 鲁国 Lǔguó State of Lu
*17. 作为 zuòwéi accomplishment
18. 从事 cóngshì be engaged in
19. 编著 biānzhù compile; write
20. 书籍 shūjí books

21. 开创 kāichuàng initiate; found; set up
22. 儒 rú Confucianist; Confucianism
    儒家 rújiā Confucianism
23. 仁 rén kind-heartedness; benevolence
*24. 义（義）yì justice; righteousness
25. 智 zhì wisdom
*26. 信 xìn faith; trust
27. 和谐 héxié harmonious
28. 学而不厌 xué ér bù yàn be insatiable in learning
29. 诲（誨）huì teach; instruct
30. 倦 juàn be tired
    诲人不倦 huì rén bù juàn be tireless in teaching
31. 深刻 shēnkè deep; profound
32. 师长 shīzhǎng teachers
33. 信用 xìnyòng credibility
*34. 省 xǐng examine oneself critically
    反省 fǎnxǐng examine oneself critically; introspect
35. 志气 zhìqì aspiration; ambition
36. 分开 fēnkāi (cause to) separate or part
37. 深远 shēnyuǎn profound; far-reaching
38. 人物 rénwù figure; personage

135

口语热身

1. 根据课文回答问题

1) 孔子青少年时期有什么特点？
2) 孔子用他的前半生做了什么？目的是什么？
3) 孔子是从什么时候开始教书、编书的？
4) 孔子开创了什么思想？他的思想主要有哪些内容？
5) 通过读《孔子与中国传统文化》这本书，作者有哪些收获？请列举一二。
6) 作者是怎样评价这本书的？

2. 根据实际情况回答问题

1) 读了这篇课文后，你认为孔子在哪些方面很伟大？
2) 孔子的"学而不厌，诲人不倦"这句话，你是怎么理解的？联系你自己的实际情况，说一说你今后怎样做得更好。
3) 孔子的"孝"在当今社会还适用吗？请举例说明。
4) 正直、诚实、讲信用是一个人的优良品质。在现实生活中，你能否举一个例子说明这些品质的重要性？
5) 你是一个勤奋、好学的人吗？在现在竞争激烈的社会里，你应该怎么做才能提高自己的素质和竞争力？
6) 你有没有尊敬师长、孝顺父母的美德？表现在哪些方面？
7) 在学习或做事方面，你有毅力吗？表现在哪些方面？如果你遇到困难，会采取什么方式来克服困难？请举一个例子说明。
8) 你经常反省自己吗？如果你知道自己错了，会马上改正吗？请举一个例子。

消化课文

答案（仅供参考）：

1) 勤奋好学，多才多艺。
2) 孔子用了大半生，带领弟子到处奔走游说。目的是为了宣传他的政治主张。
3) 他从六十多岁时开始教书、编书。
4) 孔子开创了儒家思想。儒家思想的主要内容有"仁、义、礼、智、信、忠、孝"等。孔子主张人与人的关系要和谐，对别人要友善，而且人们要相互关心、相互帮助。他还主张"学而不厌，诲人不倦"。
5) 作者对孔子以及中国传统文化有了比较深刻的了解。作者了解到尊敬师长、孝顺父母是中国人的传统美德。（要为人正直、诚实，讲信用，还要经常反省自己，知错就改，这样才能不断进步。作为年轻人，要勤奋好学，有志气、有毅力。）
6) 本文作者认为"这本书的作者用简单的语言介绍了孔子这位伟大的人物"。作者推荐人们好好儿读一读这本书，从中可以了解孔子以及中国传统文化。

提示：
此练习的问题比较个性化，有些可在课上讨论，有些可让学生课后把回答的内容写出来。可要求学生回忆在讲课文前讨论过的一些内容，联系自己的实际情况，作出回答。

语言难点

1. 用带点的词语模仿例子造句

   例子：这本书主要讲孔子的生平以及他对中国文化的影响。（第3行）

   我对孔子以及中国传统文化有了比较深刻的了解。（第15行）

   中国的传统文化与孔子是分不开的。（第22行）

   "仁"和"义"是儒家思想中很重要的两个内容。

   对于人与人之间的关系，孔子主张忠孝及诚信。

2. 选择其中一个词语造句

   Ⓐ例子：孔子一共有三千多个弟子。（第9行）

   作家白羽近十年写了十几本著作。

   大约/大概/不到/左右

   Ⓑ例子：孔子主张对别人要友善。（第12行）

   我对孔子以及中国传统文化有了比较深刻的了解。（第15行）

   孔子的思想对中国社会产生了深远的影响。（第25行）

   Ⓒ例子：通过这本书，我认识到中国的传统文化与孔子是分不开的。（第21行）

3. 用课文中的动词填空

   1. 宣传（第6行）中国文化　　4. 主张（第12行）人人平等
   2. 重视（第7行）环境保护　　5. 帮助（第13行）有困难的人
   3. 从事（第9行）教育工作　　6. 尊敬（第16行）长辈

口语训练

小组讨论

通过学习，你们了解了一些中国的传统美德，而且这些美德很多都与孔子的思想有关。讨论一下这些传统美德在当今社会是否还适用(shì yòng)。你们的讨论要包括以下几个方面：

- 孝顺父母、尊敬师长
- 勤奋好学、学而不厌
- 做人诚实、讲信用
- 有理想、有毅力
- 勤劳、节俭(jié jiǎn)

例子：

学生1：我们现在了解到中国的一些传统美德跟孔子的主张有关。今天我们来讨论一下，这些传统美德在当今社会是否还适用。

学生2：我认为不论是哪个国家、哪个社会的人都应该孝顺父母。父母对子女有养育(yǎng yù)之恩(ēn)，做子女的长大后要努力报答。这份亲情是最重要的。

学生3：我完全同意。我也认为师长是非常值得我们尊敬的。老师传授知识给学生，教导我们怎样做人，教给我们人生的经验，所以应该尊敬师长。

学生1：你们俩说得都对。我觉得作为学生，我们每个人不管学什么，都应该勤奋好学。如果不勤奋、努力，到头来就什么也学不到，今后又怎么能成功呢？

学生2：如果一天到晚讨厌学习，或者学一会儿就觉得闷了，不能专心，这样下去就学不到知识和技能，那以后靠什么吃饭呢？

实际运用

提示：

① "例子"里已对题中所列的五个方面展开了一定的讨论。

② 讨论第二点时，可多给学生一些名人名言，尤其是让青年人励志的名言："有志者，事竟成""水滴石穿""千里之行，始于足下""决心是成功的开始""成功者想办法，失败者找借口""一个人的态度，决定他的高度"等。

③ 讨论第五点时，可联系中国人的传统美德："未雨绸缪""晴天砍下雨天柴"；节俭可与环保联系起来，也可以谈到"超前消费"等。

④ 可根据"参考句子"中的话题，延伸讨论东南亚国家在哪些方面受到孔子思想的影响，以及海外华人如何保持中国人的传统美德。

学生3：你们看那些成功的人士，不是每个人都很聪明，但是他们肯定是勤奋好学、努力工作的人。

学生1：另外，我还觉得做人首先要诚实、讲信用。不论是名人还是普通人，做一个正直诚实的人，做事讲信用非常重要，这也是最基本的道德准则。

学生2：我同意你的看法。做人如果没有诚信，就没有人会相信你了。

学生3：我也赞成。同时，我觉得一个人从小要有理想，这样才有努力的目标和方向。

学生1：对，我父母也常跟我说，一个人有了志向才会主动朝着这个目标去努力，不用别人提醒。

学生2：我还认为在当今社会，勤劳仍然是值得提倡的。正是因为中国人勤劳、能吃苦，中国的经济才发展得那么快。

学生3：还有，如今人们一直在讲环保，我认为节俭就是环保的最好方法。如果我们只买需要的东西，不浪费，不就是环保了吗？

学生1：总之，我认为中国的传统美德还适用于当今社会。

参考句子

a) 父母为我们付出了很多心血，我们没有理由不孝顺他们。父母有丰富的人生经验，见过更多的世面，所以我们要理解他们，他们所说、所做的都是为了我们好。

b) 由于中国社会受孔子思想的影响很深，所以中国人尊敬师长、重视教育。

c) 孔子主张以诚待人，做人要讲信用。其实不管在哪个社会这都是适用的。

d) 每个人在实现理想的过程中都一定会遇到各种各样的困难，这时就需要坚持、有自信，并且不断努力，要不然就会半途而废。

e) 在成长的路上，毅力很重要，也很可贵。有了毅力，你就会积极地思考，想办法克服困难、解决问题，最终实现你的理想。

f) 儒家提倡节俭，反对奢侈浪费。勤俭节约一直是中华民族的传统美德。

g) 在消费方面，中国人一向很节俭。他们会把赚来的钱大部分都存在银行里，只把一小部分钱用于日常消费。中国人一般不会今天花明天的钱。

139

写作训练

实际运用

1. 写日记

从小到大，你从父母、老师、长辈、朋友那里学到了不少人生的道理。写一篇日记，简述对你影响最深的人或事。你要谈及以下几个方面：

- 何时、何地发生了什么事
- 对你有哪些影响
- 从此你有哪些改变
- 你的感想

提示：
① 此练习要求以日记的格式来写。
② 此练习可写人或事，要求联系自己的经历。"参考句子"里提供了一些切入点，可就某一点产生联想，进行写作。要求有足够的细节描写。

2. 写读后感

请选择你最近看的一本书或一篇文章，写一篇读后感。文章可分为四段：

- 第一段：介绍题目、作者
- 第二段：原书/文的简介
- 第三段：读后的感想
- 第四段：对这本书或这篇文章的评价

（参见P141的书评）

提示：
建议学生联系近期或以前读过的文学作品，按照题目中所列的文章结构来写，重点在感想。

参考句子

a) 相信每个人都同意父母是我们的第一任老师。从小到大，妈妈给我上过两次人生课。第一次是我说了谎，妈妈发现后并没有打我、骂我，她耐心地告诉我为什么要诚实。第二次，是因为我偷偷交男朋友，没有告诉妈妈。她发现后对我解释谈恋爱的利与弊，说得我心服口服。

b) 我从爸爸身上学到了勤奋。他每天下班后还要在家里工作，有机会还要去进修、学习，使自己不断进步。这对我的影响很大。

c) 我在初中阶段是一个很害羞、不敢提问的女孩子。我的老师一直鼓励我在课上要大胆，敢于提问。她经常说："学问学问就是又学又问。"我非常感谢她。我从她身上学到了很多东西。

d) 我跟我的好朋友互相取长补短。我觉得他对我有很多正面的影响，比如做事有毅力，不在困难面前低头。

e) 通过那件小事，我发现朋友之间最重要的是信任。

f) 我外婆教我做任何事情都要仔细、认真，不能马虎。

3. 阅读短文并写作文

假设你最近读了一本跟中国有关的书。参考下面的短文，写一篇书评，并通过电邮发给朋友，建议他/她也读一读这本书。

读《闲话中国人》有感

我最近读了由易中天先生编著、上海文艺出版社出版的《闲话中国人》。这本书对中国人的特征及中国的传统文化作了很客观的分析。易中天先生长期从事文学、历史学等研究，对中国历史、文化有独特的见解。

《闲话中国人》共分九章：饮食、服饰、面子、人情、单位、家庭、婚恋、友谊、闲话。通过讲故事的形式，作者细致地分析了中国人日常生活中大量的典型事例，使读者对中国人有比较全面的了解。中国人普遍被认为是一个比较重亲情、感情含蓄、性格内向、要面子、群体意识很强的民族。然而，中国人的特征又很矛盾：他们节俭，但有时候又很讲排场、铺张浪费；他们相信知足常乐，但又希望财源广进、升官发财；他们喜欢自扫门前雪，但又热衷于管闲事；他们重礼节，但有时候又缺乏公德。把这些日常生活中最熟悉、最普遍的现象综合起来，就是中国人的特征。

我觉得《闲话中国人》这本书不仅适合中国人读，外国人也可以读一读。对中国人来说，他们对自己不一定有很深刻的了解。这本书能使他们更深入地了解自己，正视所存在的问题，这样才能完善自己，不断提高自身素质，使中华民族更强大。而对外国人来说，在全球化的背景下，他们会有越来越多的机会跟中国做生意，跟中国人打交道。如果不了解中国文化，不了解中国人为人处事的方式，难免会出洋相，甚至闹出笑话来。

《闲话中国人》这本书的写作风格也非常独特。书中语言生动风趣、轻快流畅；内容通俗易懂、条理清晰。《闲话中国人》确实是一本好书，我推荐大家都读一读。

提示：
建议学生参考此短文的格式来写。可运用以下结构、语句：

- 我最近读了由……编著/编写/创作、……出版社出版的……
- 这本书对……作了……分析
- 作者从事……的研究，对……有独特的见解
- 作品分为……章/节
- 我觉得……不仅适合……而且适合……读
- 这本书能使……更深入地了解……
- 这本书的写作风格……
- 书中的语言……
- 书中的内容……
- ……是一本好书，我推荐大家读一读

阅读与理解

阅读一　　　　　　　　　中国的古董拍卖现状

第一段 [1]　　随着中国经济的快速增长，中国的有钱人大大增加。除了在其他方面投资外，中国人在古董市场也投入了不少资金，中国的古董市场也因此越来越红火。

第二段　　中国的古董收藏家们不但出现在国内不同的拍卖行，而且远赴欧洲、美洲寻宝。在各种拍卖场上，只要有中国古董，就会有中国人的身影出现。更离谱儿的是，在一些拍卖场，总有一批华人"蹲点"，守在那里，看到中国古董就买。所以很多时候都是几个华人在竞价。

第三段　　如此狂热地收购中国古董，中国买家难道不担心赔钱吗？竞投到的中国古董保不保真？据业内人士说，目前中国国内拍卖场的中国古董价格高出国外，但在国外拍卖行拍卖的中国古董十有八九是真货。即使有时候会买到个别假货，但是投资人还是稳赚不赔。有一个中国古董商竞投到的三件明代青花瓷瓶，一年后转手在北京拍卖，赚了不小的一笔。

第四段　　投资中国古董跟其他投资一样，并非无风险。所以，如果股市涨了，投资人则会把钱投向股市而不投中国古董。这时，古董市场就可能冷清下来，古董也有可能会跌价。不仅如此，中国古董市场的火爆现状引起了中国政府的关注，自2007年5月起，买方佣金调高了12%，这就增加了投资成本。

第五段　　拍卖行之间的竞争也几乎达到了白热化。由于拍卖能赚钱，中国各地相继出现大大小小的拍卖行。各个拍卖行绞尽脑汁到国内外搜寻拍卖品，差旅费、运输费成了一笔不小的开支，这无疑增加了运营成本。为了吸引更多买家，拍卖行用不同方式宣传，如登广告、预展、出图册、邀媒体报道等。

（王小天　报道）

A 根据短文选择正确答案

1. "越来越红火"（第3行）的意思是 __a__。
   a) 生意越做越好
   b) 宣告结业
   c) 停产整顿
   d) 生意不景气

2. "寻宝"（第5行）的意思是 __c__。
   a) 考古探险   b) 考察
   c) 买古董   d) 开发金矿

3. "更离谱儿的是"（第6行）的意思是 __b__。
   a) 在正常情况下
   b) 简直不可思议
   c) 按照市场规律
   d) 按照游戏规则

4. "蹲点"（第6行）的意思是 __c__。
   a) 拍卖竞投总是由中国人主持
   b) 蹲着竞投
   c) 守在古董拍卖场
   d) 捉迷藏

5. "十有八九"（第10行）的意思是 __a__。
   a) 大多数   b) 只有一小部分
   c) 全部都是   d) 所有场合

6. "白热化"（第18行）的意思是 __c__。
   a) 缓解
   b) 市场惨淡
   c) 很激烈的程度
   d) 互相谅解

B 根据短文找出四个正确的句子

☑ 1. 现在，中国有不少古董收藏家。
☐ 2. 中国古董收藏家不惜重金买下国外拍卖场上所有的中国古董。
☑ 3. 在国外拍卖场上拍卖的中国古董不一定全都是真货。
☐ 4. 中国政府把拍卖的买方佣金调高了，是想扼杀中国古董收藏市场。
☑ 5. 各家拍卖行都想办法在这竞争激烈的行业中分一杯羹。
☐ 6. 由于付不起车旅费，小拍卖行只能在国内搜寻拍卖品。
☑ 7. 到国内外搜寻拍卖品，拍卖行要支付高额的差旅费和运输费。

143

C 判断正误，并说明原因

1. 中国人把古董作为投资渠道之一。　　　　　　　　　　　　　　对　错
   原因：除了在其他方面投资外，中国人在古董市场也投入了不少资金。　✓

2. 在欧洲的古董拍卖场上，经常出现中国竞投者的身影。
   原因：中国的古董收藏家们……，而且远赴欧洲、美洲寻宝。在各种拍卖场上，只要有中国古董，就会有中国人的身影出现。　✓

3. 在国外拍卖场买到的中国古董比在中国拍卖场买到的贵。
   原因：目前中国国内拍卖场的中国古董价格高出国外，……。　　　　　　✓

4. 如果中国股市涨了，中国古董投资者会把投资古董的钱投向股市。
   原因：如果股市涨了，投资人则会把钱投向股市而不投中国古董。　✓

5. 中国政府关注到了中国古董市场升温的现象。
   原因：中国古董市场的火爆现状引起了中国政府的关注。　✓

D 从右边的段落大意中找出最合适的

1. 第一段　A　　A 中国古董市场红火的原因。
2. 第二段　D　　B 中国古董市场发展的趋势。
3. 第三段　C　　C 中国古董市场投资既有风险，也有利润。
4. 第四段　E　　D 中国古董收藏家们在国内外狂热搜寻中国古董。
5. 第五段　G　　E 政府的管制增加了古董投资风险。
　　　　　　　　F 古董市场跟股市之间的关系。
　　　　　　　　G 拍卖行之间的竞争激烈，想拥有一席之地谈何容易。
　　　　　　　　H 国内跟国外拍卖行运行之比较。

E 根据短文用自己的话解释

1. 竞投到的中国古董保不保真？（第8行）
   在国外拍卖行拍卖的中国古董十有八九是真货，有时候可能会买到个别假货。

2. 投资人还是稳赚不赔。（第11行）
   投资人只会赚，不会赔。

3. 投资中国古董并非无风险。（第13行）
   投资中国古董也有风险。因为如果股市涨了，投资人则会把钱投向股市而不投中国古董。这时，古董市场就可能冷清下来，古董也有可能会跌价。而且，由于中国古董市场的火爆现状引起了中国政府的关注，买方佣金调高了12%，增加了投资成本。

144

阅读与理解

星云大师

阅读二

台湾的星云大师原名李国深，1927年出生于江苏扬州，12岁出家。他1949年到台湾，1967年创办了佛光山寺。

星云大师以弘扬"人间佛教"为宗风，奉行"以文化弘扬佛法，以教育培养人才，以慈善福利社会，以共修净化人心"的宗旨。星云大师用循循善诱的教诲，以他独特的方式来教育现代的年轻人。在谈到一个人要成大器时，他强调必须做到以下四点：

第一，要经得起烦恼的折磨。一生中烦不胜烦的事比比皆是，一个人要经得起外界的干扰。

第二，要忍得住愤怒。人活在世上不可能天天得意。生气不但不能成就好事，反而会坏事。所以人要学会抵得住恶意的攻击，毁誉来时要撑得住。

第三，要受得了挫折。一个人不可能一辈子事事顺利，在人生的道路上一定会碰到挫折，如果经受得住打击，说明你有能力，敢担当，一定能再爬起来。

第四，要耐得住时间的考验。世上有很多事要忍一年、十年，甚至更长的时间。人要有耐心，要相信时间能证明一切，造就一切。

星云大师一生致力于弘扬"人间佛教"，推动佛教教育、文化、慈善等事业。他融古汇今，撰写了几十种著作，而且被翻译成十几种外文。大师还创办美术馆、图书馆、出版社、学校等来弘扬佛法。

星云大师在世界各地创建了200余所道场，弘扬佛教精神。大师的千余弟子遍布全世界，全球信徒数百万。1991年国际佛光会成立，星云大师被推选为世界总会会长，致力于向世界推广佛教。迄今，国际佛光会在五大洲170多个国家和地区成立了协会，成为全球华人最大的社团。

A 判断正误，并说明原因

		对	错
1. 星云大师30岁时创办了佛光山寺。			✓
原因：台湾的星云大师……，1927年出生于……，1967年创办了佛光山寺。			
2. 星云大师教导年轻人遇到不顺心的事，生气反而会把事变坏。			
原因：生气不但不能成就好事，反而会坏事。		✓	
3. 星云大师相信只要有耐心，时间会证明一切。			
原因：人要有耐心，要相信时间能证明一切，造就一切。		✓	
4. 除了撰写著作以外，星云大师还创办了美术馆、学校等。			
原因：他融古汇今，撰写了几十种著作，……还创办美术馆、图书馆、出版社、学校等……。		✓	
5. 星云大师的弟子信徒集中在亚洲。			
原因：大师的千余弟子遍布全世界，全球信徒数百万。			✓
6. 国际佛光会是全球华人最大的社团。			
原因：国际佛光会……，成为全球华人最大的社团。		✓	

B 从右边找到最合适的部分完成下列句子

1. 星云大师用独特的方式 **B**　　A 缺乏耐心和忍耐力是不可能的。
2. 能忍得住打击的人， **C**　　B 教育年轻的一代。
3. 要想成功， **A**　　C 说明他有能力，敢担当。
4. 星云大师撰写了几十种著作， **F**　　D 200多所道场。
　　　　　　　　　　　　　　E "文化弘扬佛法"的宗旨。
5. 在世界各地，星云大师创建了 **D**　　F 还被翻译成十几种外文。
　　　　　　　　　　　　　　G 世上不可能天天顺心。
　　　　　　　　　　　　　　H 人生难免碰到挫折。

C 根据短文找出四个正确的句子

- ☑ 1. 星云大师信奉慈善福利社会。
- ☐ 2. 星云大师出家前从事教育工作。
- ☑ 3. 星云大师注重教育培养现代的年轻人。
- ☑ 4. 能受得住挫折，耐得住时间考验的人，今后一定能再站起来。
- ☑ 5. 星云大师融古汇今，编著了几十种著作。
- ☐ 6. 20世纪60年代国际佛光会把佛教推向了全世界。
- ☐ 7. 国际佛光会在近100个国家和地区设有协会。

D 从右边的段落大意中选出最合适的

1. 第一段 —— G
2. 第二段 —— A
3. 第三至六段 —— B
4. 第七段 —— F
5. 第八段 —— C

A 星云大师对"人间佛教"的诠释。
B 星云大师的一些理念与教诲。
C 星云大师致力于把佛教推向世界。
D 星云大师出家的经历。
E 星云大师的"人间佛教"理念的由来。
F 星云大师从事的弘扬佛法的事业。
G 星云大师生平概括。

E 根据短文选择正确答案

1. 星云大师和李国深是 __b__ 。
   a) 两个不同的人
   b) 同一个人
   c) 师徒
   d) 师兄弟

2. 星云大师奉行 __b__ 的宗旨。
   a) 教育为先
   b) 人间佛教
   c) 大慈大悲
   d) 循循善诱

3. 星云大师的弟子 __c__ 。
   a) 有一千来个
   b) 有成千上万
   c) 遍布世界各地
   d) 有数百万

4. 国际佛光会 __a__ 。
   a) 成立于1991年
   b) 是世界上最大的宗教机构
   c) 下属有千余个道场
   d) 成立了社团

147

中国教育制度的利与弊

第四单元 第11课

提示：
① 此话题涉及中国的教育制度，建议老师向学生介绍中国的教育制度、九年制义务教育、高等教育、职业学校、自学考试等有关的知识，还可以联系孔子的一些治学的思想来谈。
② 在介绍完中国的教育制度以后，可以谈及西方的教育制度，或学校所在地区的教育制度，或国际学校的办学制度，与中国的教育制度比较，找出相同与不同之处。
③ 之后可继续分析中国教育制度的利与弊。由于中国人口多，大学数量相对少，所以中国的教育制度有自己的特点。
④ 如条件允许，可以谈到高考，以及其他国家的大学入学考试，可以进行比较，探讨利弊。
⑤ 在介绍完本课要求掌握的词语后，可与学生一起精读课文，要求学生即时掌握本课的重点内容、词句等。课本第150页的练习一可以帮助学生重温课文。

[1] 亲爱的小冰：

你好！一转眼我移民到新加坡已有半年了。我正在慢慢地适应国际学校的学习环境。今天，我想跟你交流一下我对中国教育制度的一些感想。

[5] 我们都知道中国人在传统上非常重视教育，看重考试成绩。在中国，每个家长都望子成龙、望女成凤，希望他们的子女能考上重点学校，考进名牌大学，好像只有这样他们的孩子才有出息。

在我以前就读的学校，老师期望每个学生都拿高

[10] 分，有时候对学生要求过高，因为他们总以为学生能做得更好。在一般情况下，老师上课时比较严肃，学生不敢提问。我觉得这样的教学环境很难培养学生的想象力、创造力和批判思维能力。课后，老师通常给学生留大量的作业，而这些作业大都需要记忆或默写。

[15] 通过在国际学校半年的学习，我也深深地体会到中国的学生比较尊重知识、尊重老师。他们平时抓紧时间学习，上课比较遵守纪律，听老师的话。绝大多数学生课后能按时完成作业。总的来说，中国学生的基础知识比较全面、扎实。

[20] 总之，中国的教育制度有优势也有缺点。如果中国

148

的教育制度能更加注重培养学生的动手能力、独立思考能力、研究分析能力和灵活运用知识的能力，就更加理想了。

你同意我的看法吗？来信和我谈谈吧！

祝

[25] 学习进步！

友：石平

1月10日

生词

1. 制度 zhìdù system
2. 移 yí move　移民 yímín immigrate
3. 新加坡 Xīnjiāpō Singapore
4. 望子成龙 wàng zǐ chéng lóng long to see one's son succeed in life
5. 凤（鳳）fèng phoenix
   望女成凤 wàng nǚ chéng fèng hope one's daughter will have a bright future
6. 重点 zhòngdiǎn key
7. 出息 chūxi promise; prospects
8. 期望 qīwàng hope; expect
9. 肃（肅）sù solemn　严肃 yánsù solemn; stern
10. 敢 gǎn dare
11. 提问 tíwèn ask or put a question
12. 判 pàn judge　批判 pīpàn criticize
*13. 维（維）wéi thought; thinking
    思维 sīwéi thought; thinking
14. 大量 dàliàng large number; great quantity
15. 忆（憶）yì recall
    记忆 jìyì remember; memory
16. 默 mò write from memory
    默写 mòxiě write from memory
17. 抓 zhuā seize; grab
    抓紧 zhuājǐn lose no time in doing something
*18. 纪（紀）jì discipline　纪律 jìlǜ discipline
19. 按时 ànshí on schedule
20. 扎 zhā prick; needle into　扎实 zhāshi firm; solid
21. 势（勢）shì power; influence
    优势 yōushì advantage; superiority
22. 更加 gèngjiā still more
23. 动手 dòngshǒu get to work; do
24. 研 yán study; research
    研究 yánjiū study; research

149

消化课文

口语热身

1. 根据课文回答问题

1) 石平移民到新加坡有多久了？他今天写信的目的是什么？
2) 中国的家长对子女有什么期望？
3) 在中国的学校里，学生的表现是怎样的？这有什么缺点？
4) 通过在国际学校学习，石平有什么体会？请说出两个方面。
5) 中国的教育制度有哪些优势？
6) 石平认为怎样的教育制度是比较理想的？

2. 根据实际情况回答问题

1) 你就读的学校是一所什么样的学校？请介绍一下。你认为你们学校在课程和课外活动方面有哪些需要改进的地方？
2) 在你就读的学校，学生在课堂上的表现如何？如果学生上课表现不好，甚至在课堂上捣乱，老师和学校会采取什么措施管教他们？
3) 你们老师的教学方法是否能培养学生的独立思考能力、灵活运用知识的能力？如果某一个老师做得不好，你会向他/她提出改进的建议吗？请举一个例子。
4) 在你就读过的学校，老师是通过哪些活动来培养学生的想象力、创造力和批判思维能力的？
5) 你们学校的学生有什么特点？跟中国学生相比，他们有什么不同和相同之处？
6) 在你们国家，人们注重考试成绩吗？请举例说明。一般的中国人认为只有上大学的人才有出息，你是怎么看的？
7) 请介绍一下你们国家或地区的教育制度。你认为这种教育制度有哪些优势和缺点？你认为还可以在哪些方面改进？
8) 你认为什么样的教育制度比较理想？

150

答案（仅供参考）：
1) 已有半年了。他想跟小冰交流一下他对中国教育制度的一些感想。
2) 中国的家长都望子成龙、望女成凤，希望他们的子女能考上重点学校，考进名牌大学。
3) 上课时，学生不敢提问。这样的教育环境很难培养学生的想象力、创造力和批判思维能力。
4) 中国的学生比较尊重知识、尊重老师。他们平时抓紧时间学习，上课比较遵守纪律，听老师的话。（绝大多数学生课后能按时完成作业。）
5) 中国学生的基础知识比较全面、扎实。
6) 如果中国的教育制度能更加注重培养学生的动手能力、独立思考能力、研究分析能力和灵活运用知识的能力，就更加理想了。

提示：
如果在前一课已按提示讨论过所列的话题，则此练习中出现的问题不难回答。一定提醒学生学会比较自己国家/地区的教育制度和中国的教育制度，找出优势和缺陷。

语言难点

1. 完成句子

   Ⓐ 例子：我正在慢慢地适应国际学校的学习环境。（第2行）

   我最近正在研究_____。

   Ⓑ 例子：在一般情况下，老师上课时比较严肃。（第11行）

   在正常情况下，_____。

   Ⓒ 例子：总之，中国的教育制度有优势也有缺点。（第20行）

   总之，西方的教育制度_____。

2. 选择其中一个短语造句

   Ⓐ 例子：我想跟你交流一下我对中国教育制度的一些感想。（第3行）

   跟……⎧ 借东西
   　　　⎨ 一样
   　　　⎪ 同岁
   　　　⎩ 分享乐趣

   Ⓑ 例子：家长希望他们的子女能考上重点学校，考进名牌大学，好像只有这样他们的孩子才有出息。（第6行）

   一……就……　　虽然……但是……
   要是……就……

   Ⓒ 例子：老师有时候对学生要求过高。（第10行）
   太/不够/非常/特别

3. 学一学

   祝学习进步！（第24行）

   祝一切顺利！

   祝一路顺风！

   祝你步步高升！

   祝夏安！

   151

口语训练

实际运用

小组讨论

回顾一下你们从小学到中学的经历，讨论学校的成功与不足之处。讨论应包括以下几个方面：

- 课程设置
- 教学方法
- 课外活动
- 校规
- 校风

例子：

学生1：我从小到大读过两所学校。我觉得我在小学里玩儿得太多了，在初中阶段学的东西也不多，老师对学生的要求也不高，但是一进入高中后，各门课程都比初中的难了很多，我一下子很难适应。

学生2：我不反对小学一二年级玩儿一玩儿，但是三四年级以上的学生已经有能力学习了，也应该学得更快。

学生3：我同意。很多人认为学生应该在游戏中学。其实，在玩儿游戏的过程中，大部分时间是在玩儿，而不是在学。有些知识在几分钟里就能学会，可是通过玩儿游戏却需要花更长的时间。我认为这是浪费学生在校的宝贵时间，不值得。

学生1：我们上初中时要学十几门课。现在回想起来，我觉得一个初中生学太多的课程结果不一定好，因为在学校的时间是有限的，主要的课程没有时间学好，比如数学、语言的基础打得不好，其他的课程学了一大堆，对我们来说

提示：
① 此练习要求学生讨论所就读学校办学的成功与不足之处，所以讨论可按题目中所列的五个方面逐一进行，先谈成功之处，再谈不足之处；或者先谈所有五个方面的成功之处，再谈五个方面的不足之处。
② 建议学生联系刚讲过的有关办学制度的内容，运用刚学过的词句进行讨论。
③ "参考句子"中的话题可以用于延伸讨论。

也没什么用。

学生2：我不同意你的说法。有些课程是很有用的。比如说我喜欢音乐，以后想在音乐方面发展，所以音乐课对我来说很重要。

学生1：你没有完全理解我的意思。我觉得有些课程不该在中学阶段学，比如说商科、心理学科等。中学生应该多学基础课，比如语言、数学等，我现在觉得心理学挺难懂的，这些应该到大学才学。

学生3：我们学校的高中生，除了繁重的学业以外，还要组织、参与很多活动。到了晚上已经精疲力尽了，我有时根本就没有精力做作业了。每当要交专题论文、准备单元测验、模拟考试时，我基本上每天只睡三四个小时。

学生1：我虽然在这个学校已经六年了，但是我对学校的校规不太满意。总的来说，我们学校的校规太宽松了。我认为该开除的学生应该开除，该重罚的学生要重罚。

学生2：我赞同。一个学校应该有严格的校规。我还认为学校应该多鼓励、奖励优秀的学生。

参考句子

a) 学校不只是一个教授基础知识和技能的场所，学生也不只是来学校获取知识的。

b) 学校要在教学上吸引学生，激发学生的学习动力，培养学生的学习能力，使他们养成良好的学习习惯。

c) 学校应该培养学生的独立思考能力和辨别是非的能力。

d) 学校要为学生提供各种健康、有益的、有挑战性的课余活动。通过做这些活动，学生可以发挥各自的潜能，培养各种能力。

e) 学校还要制定严格的校规。对于那些不遵守校规的学生，要严格管教，给他们适当的处罚，比如停课、课后留校等。对于极少数严重犯规的学生应开除。

f) 学校要教育学生做诚实、正直、自信的人，成为有责任感的公民。

g) 学生的精力是有限的，他们在校的时间也是有限的，所以学校的课程设置十分重要。课程的设置要科学、合理。

h) 学校要对课程设置进行适当的调整，使得学生能学到真正有用的知识、技能。

实际运用

提示：
① 此练习要求学生给父母写一封信。
② 在学生开始写之前，老师先帮助学生解题。题目中提到的"看法"可以是正面的，也可以是负面的，也可能是两种都有。要求学生提供一些细节。（可联系自己所就读学校的实际情况，也可对比自己心目中理想的学校来写）

写作训练

1. 写信

假设你今年刚转到一所新学校。经过一个月的学习，你对这所学校有了一些看法。写信告诉你的父母，让他们给你出主意，帮助你作一些调整。在信中，你要对以下方面说出自己的看法：

- 设施
- 课程安排
- 考试制度
- 课外活动
- 伙食（huǒ shí）
- 交友
- 其他

参考句子

a) 这个学校的学生来自世界上50多个国家，就像一个小联合（lián hé）国（guó）。这里的学生很友好，我很快就交到了好几个朋友。

b) 学校的设施挺破旧的，校园也不大，所有的体育课都要去附近的一个体育场上。我们的宿舍条件不错，但是卫生条件比较差，特别是厕所和饭厅。

c) 这个学校的课程选择很少，因为学生人数不多。老师们都挺严肃、认真的，对学生的要求过高。

d) 我发现同学们的基础知识不扎实，但是动手能力很强。在有些课上，学生的纪律很差，老师好像也没有办法。

e) 学校的课外活动倒挺丰富的，这个学期有50多种活动供学生选择。我这个学期参加了橄榄球队、合唱队、辩论队和话剧组。（gǎn lǎn）

f) 学校的伙食很差，品种又少，饭菜口味极差（wèi kǒu），我一看见食堂里的饭菜就一点儿胃口都没有了。

g) 我们的校长很好，平易近人（píng yì jìn rén）。他经常在校园里走走，关心一下学生，主动听取学生的意见。

154

2. 阅读短文并写作文

目前在世界范围内出现了"汉语热""中国热"的现象。写一篇文章寄给你所在地区的报刊，谈一谈你对此现象的了解及看法。

HSK——汉语托福

HSK即汉语水平考试，俗称"汉语托福"，是为测试母语为非汉语者（包括外国人、华侨和中国国内少数民族考生）的汉语水平而设立的国家级标准化考试。它考查考生在院校学习及实际工作等环境中运用汉语进行交流和沟通的能力。

HSK是由北京语言大学汉语水平考试中心设计研制的，于1990年2月通过专家鉴定。HSK包括听力理解、语法结构及阅读理解等内容。2009年，中国国家汉办在原有HSK基础上推出了新HSK，考试内容除笔试外，还增加了口试。

HSK每年在中国国内和海外进行。凡考试成绩达到规定标准者即可获得相应等级的汉语水平证书。此证书的用途包括：作为申请进入中国大学进行专业学习或报考研究生所需的实际汉语水平证明；也可作为汉语水平达到某种等级或免修相应级别汉语课程的证明；同时还可作为聘用机构录用人员时评价其汉语水平的依据。过去，很多考生参加汉语检定的目的是求学，近来以求职为目的的考生数倍增，估计已占考生总数的一半。

自推出以来，HSK已形成主干考试，即基础、初中等、高等三种（2009年开始实行的新HSK考试则分为一至六级）；专项分支考试，即少儿（15岁以下青少年）、商务、文秘、旅游的考试系列，这样可以全面满足世界范围内汉语测评的需求。除中国大陆外，HSK已在全球三十多个国家设立一百六十多个考点，每年在海外参加考试的人数达五万多人。近年来，中国经济快速增长，跨国外商企业纷纷涌进中国市场，这个趋势也反映在参加HSK的考生人数上。

随着世界范围内的"汉语热"不断升温，相信HSK也会更加红火。

155

提示：

建议学生按照文章的格式来写。内容可包括：

- 目前在世界范围内出现了"汉语热""中国热"的现象
- 汉语水平考试（HSK）（汉语托福）于1990年推出
- 此考试可考查母语为非汉语者在中国院校学习及实际工作等环境中运用汉语进行交流和沟通的能力
- 考试成绩达到规定标准者可获得相应等级的汉语水平证书
- 此证书有三个用途
- 过去，很多考生参加汉语考试的目的是求学，近来以求职为目的的考生数量倍增
- HSK每年在中国国内和海外进行
- 除中国大陆外，HSK已在全球三十多个国家设立一百六十多个考点
- 每年在海外参加考试的人数达五万多人
- 世界范围内的"汉语热"不断升温，相信HSK也会更加红火

阅读与理解

阅读一　　　　　　　　　　　中英双语教学在中国

第一段　[1]　　所谓"双语教学",即用两种语言(母语及目的语)作为教学媒介语,其目的是使学生掌握两种语言和文化。

第二段　　　　近年来,在世界范围内,由于全球化进程的加速、互联网的广泛使用、国际交流的日益频繁,英语的作用显得越来越重要。在这种背景
[5]　下,中英双语教学成为中国人讨论的热门话题。自20世纪90年代以来,中国内地中英双语幼儿园、小学、中学日渐增多。

第三段　　　　20世纪60年代起,双语教学在加拿大及美国比较流行,法语沉浸式教学模式更源自加拿大。在北美实行双语教学有其优势,因为不论是英法还是英西双语,它们同属印欧语系,互相之间的共同之处比较多,英
[10]　法、英西双语人士也相对比较多。但自20世纪80年代以来,双语教学的效果在西方已受到质疑。

第四段　　　　在中国实行中英双语教学其实比较困难。就语言来讲,汉语属汉藏语系,跟英语不属于同一语系,因此差别比较大;再加上中国以汉语为唯一的官方语言,并没有中英双语交流的需求,因此,在生活中、社会
[15]　上运用英语的迫切感和必要性并不大。双语教育要取得成功就在于日常生活中对两种语言都有需求,不然的话,成功的几率就很小。

第五段　　　　目前,中国国内的中英双语教学面临许多问题,主要是缺乏能够熟练运用英语开设专业课程的师资,以及符合中国学生特点的中英双语教材。由此看来,中英双语教学在中国的未来还难以预料,鱼和熊掌能否
[20]　兼得仍是个问号。

第六段　　　　学生能掌握两种语言固然是好事。但如果最后两种语言都成了"夹生饭",甚至连中文都没有学好,就值得中国教育界反思了。

156

A 判断正误，并说明原因

1. 在中国内地，从幼儿园到中学，越来越多的学校办成了中英双语学校。 对 错
   原因：……，中国内地中英双语幼儿园、小学、中学日渐增多。 ✓ ___

2. 加拿大最早采用法语沉浸式的教学方式。
   原因：……，法语沉浸式教学模式更源自加拿大。 ✓ ___

3. 中国唯一的官方语言为汉语。
   原因：再加上中国以汉语为唯一的官方语言，……。 ✓ ___

4. 运用两种语言的迫切感和必要性决定了双语教育的成败。
   原因：双语教育要取得成功就在于日常生活中对两种语言都有需求，不然的话，成功的几率就很小。 ✓ ___

5. 在中国，中英双语学校很难找到熟练运用双语的教师。
   原因：……，主要是缺乏能够熟练运用英语开设专业课程的师资，……。 ___ ✓

B 根据短文选择正确答案

1. 北美的双语教学语言可能是 __b__ 。
   a) 英语和汉语
   b) 英语和法语
   c) 印欧语系和汉藏语系的语言
   d) 西班牙语和汉语

2. 中国的双语教学是采用 __a__ 两种语言。
   a) 英语和汉语
   b) 英语和法语
   c) 印欧语系和汉藏语系的语言
   d) 汉语和日语

3. 自从20世纪80年代以来，双语教学的效果在西方 __b__ 。
   a) 广泛受到肯定
   b) 受到怀疑
   c) 已经全面被否定
   d) 得到充分肯定

4. 双语教学的初衷是希望学生能 __b__ 。
   a) 得到鱼和熊掌
   b) 掌握两种语言和文化
   c) 把英语学好
   d) 把母语学好

157

C 用短文中的名词填空

1. 达到 目的 (第2行)
2. 发挥 作用 (第4行)
3. 缩小 差别 (第13行)
4. 满足 需求 (第14行)
5. 取得 成功 (第15行)
6. 解决 问题 (第17行)
7. 精通 英语/中英双语 (第18行)
8. 缺乏 师资/教材 (第18行)

D 用短文中的动词填空

1. 即使从双语学校毕业的学生，能真正 掌握 (第2行) 双语的人不算多。
2. 近些年，中英双语教学在中国教育界 成为 (第5行) 热门话题。
3. 在中国 实行 (第8行) 中英双语教学，其效果还难以预料。
4. 汉语 属 (第12行) 汉藏语系。
5. 在中国，汉语为唯一的官方语言，在生活中 运用 (第15行) 英语的机会并不多。
6. 在中英双语教育方面，中国的教育者还没有 取得 (第15行) 实际教学经验。
7. 中国大部分中英双语学校 面临 (第17行) 的最大困难是缺乏师资。
8. 双语学校中有些教材的选用不 符合 (第18行) 教学的需要。

E 从右边的段落大意中找出最合适的

1. 第一段 D
2. 第二段 A
3. 第三段 H
4. 第四段 C
5. 第五段 F
6. 第六段 B

A 中英双语教学在中国蓬勃发展的原因。
B 双语教学是否能成功值得深思。
C 在中国实行中英双语教学的可行性及可预计的难度。
D 双语教学的定义。
E 双语教学在北美的成功经验值得借鉴。
F 中国实行中英双语教学面临的困难及对其效果的疑惑。
G 中英双语学校在中国落地开花，成果显著。
H 双语教学的发源地及近期对双语教学效果的质疑。
I 双语教学的好处与弊端。

阅读与理解

汉语桥

阅读二

　　"汉语桥"中文比赛是中国国家汉办 ① 的一系列大型国际汉语赛事，包括"汉语桥"世界大学生中文比赛、"汉语桥"世界中学生中文比赛、"汉语桥"在华留学生中文比赛三项赛事。自2002年第一届"汉语桥"世界大学生中文比赛开赛以来，中国已经成功 ② 了九届"汉语桥"世界大学生中文比赛、三届"汉语桥"世界中学生中文比赛和三届"汉语桥"在华留学生中文比赛。来自世界70多个国家的近千名外国汉语学习者来华 ③ 了决赛，各国参与预赛的汉语学习者多达10万余人。

　　"汉语桥"是世界各国学习中文的学生 ④ 汉语水平和中国文化知识及才艺的大型国际性赛事，其目的在于激发各国青年学生学汉语的积极性， ⑤ 世界对中国语言与中华文化的理解。比赛之余，选手们能参加不同主题、丰富多彩的文化活动。

　　"汉语桥"中文比赛的内容包括汉语语言能力、中国国情知识、中国文化技能和综合学习能力。选手们首先在各自的国家参加预赛，优胜者应邀来华参加复赛、决赛。最终的优胜者还将 ⑥ 相应的来华留学奖学金等奖励。

　　2010年7月中旬，第九届"汉语桥"世界大学生中文比赛在湖南长沙隆重 ⑦ ，比赛的主题为"魅力汉语，精彩世博"。来自62个国家的107名大学生参赛选手在接下来的5个星期内参加了复赛与决赛的角逐。8月8日，比赛总决赛在长沙举行并圆满落幕，来自英国等6个国家的选手获得了"汉语语言使者"称号。

　　至今，"汉语桥"已成为各国学生学习汉语、 ⑧ 中国的重要平台，在中国与世界各国青年中间架起了一座沟通心灵的桥梁。

[1] 第一段

[5]

第二段

[10]

第三段

[15]

第四段

[20]

第五段

159

A 从下面的方框里为短文选择最合适的词语填空

> 举办　开幕　展示　组织　增强
> 参加　开办　了解　沟通　获得

1. __组织__   2. __举办__   3. __参加__   4. __展示__
5. __增强__   6. __获得__   7. __开幕__   8. __了解__

B 从右边的段落大意中找出最合适的

1. 第一段 __C__
2. 第二段 __E__
3. 第三段 __A__
4. 第四段 __B__
5. 第五段 __G__

A "汉语桥"中文比赛内容以及参赛者选拔过程。
B 第九届"汉语桥"世界大学生中文比赛的成功举办。
C "汉语桥"比赛的赛事以及自开赛以来发展至今的规模。
D 举办"汉语桥"比赛期间的活动项目。
E 举办"汉语桥"国际赛事的目的。
F "汉语桥"留学生奖学金计划的成立。
G "汉语桥"成为中外青年沟通的一个渠道。
H "汉语桥"中文比赛赛事种类。

C 根据短文找出四个正确的句子

☑ 1. "汉语桥"中文比赛由中国国家汉办负责主办。
☑ 2. 世界上不同国家的选手们踊跃参加"汉语桥"中文比赛。
☐ 3. "汉语桥"中文比赛主要考学习者运用语言的能力。
☐ 4. 只有"汉语桥"中文比赛的决赛是在中国进行的。
☐ 5. 2010年"汉语桥"世界大学生比赛安排在世博园里进行。
☑ 6. 第九届"汉语桥"世界大学生中文比赛2010年8月8日在长沙闭幕。
☑ 7. "汉语桥"可以说是中外青年相互了解和沟通的桥梁。

160

D 判断正误，并说明原因

1. 在华留学生的中文比赛是"汉语桥"中文比赛中的一个赛事。　　对　错
   原因："汉语桥"中文比赛……，包括……"汉语桥"在华留学生中文比赛三项赛事。　✓

2. 汉语学习者通过赛事来展示他们的汉语水平。
   原因："汉语桥"是世界各国学习中文的学生展示汉语水平和……的大型国际性赛事。　✓

3. 除了赛事，选手们没有时间和机会参加其他文化活动。
   原因：比赛之余，选手们能参加不同主题、丰富多彩的文化活动。　　　✓

4. 参加"汉语桥"中文比赛的优胜者能获得奖学金来中国留学。
   原因：最终的优胜者还将获得相应的来华留学奖学金等奖励。　✓

5. 第九届"汉语桥"世界大学生中文比赛从预赛到结束长达一个月。
   原因：……参赛选手在接下来的5个星期内参加了复赛与决赛的角逐。　✓

6. 在第九届"汉语桥"世界大学生中文比赛的总决赛上，有62名大学生获得了"汉语语言使者"的称号。
   原因：来自62个国家的107名大学生……参加了复赛与决赛的角逐。8月8日，比赛总决赛……，来自英国等6个国家的选手获得了"汉语语言使者"称号。　　✓

E 根据短文选择正确答案

1. "汉语桥"中文比赛中有一个赛事是 __b__ 中文比赛。
   a) 中国大学生
   b) 世界中学生
   c) 海外小学生
   d) 内地中学生

2. 第九届"汉语桥"世界大学生中文比赛在 __b__ 举行。
   a) 北京　　b) 长沙
   c) 上海　　d) 武汉

3. 通过"汉语桥"中文比赛， __a__ 。
   a) 各国青年更了解中华文化了
   b) 中国对世界更了解了
   c) 更多的中国学生去外国上大学
   d) 更多外国人来华工作

4. 选手一般先在 __b__ 参加预赛。
   a) 中国　　b) 本国
   c) 湖南　　d) 决赛举办国

161

中国文化对世界的影响

第四单元 第12课

[1] 张：今天我们有幸请来了中国文化研究专家孙教授。他将给我们做一个专题讲座，题目是"中国文化对世界的影响"。请大家欢迎孙教授。

孙：同学们好！我们大家都知道中国有五千年悠久的历史。在中国历史上，主要是从汉朝、唐朝开始，中国的传统文化，包括儒道佛思想以及文字、绘画、建筑、雕刻等，先后传入了日本、韩国等亚洲国家和地区。中国古代的陆上及海上丝绸之路把中国的瓷器、茶叶、丝绸传到了世界各地。中国的四大发明推动了世界的进步。明清时期，西方的传教士又把中国文化更广泛地传播到了欧洲，郑和下西洋更加深了这种影响。可以说，中国的传统思想及文化对世界文明的发展产生了深远的影响。

张：那么，您如何看待中国文化对现代世界的影响？

孙：中国文化在很多方面对现代世界有着重要的影响。比如，中华武术对世界武坛有重大的影响；中国的草药、针灸在世界范围内受到欢迎；中国的饮食文化及烹饪技术丰富了人们的饮食生活；中国的服装，如唐装、旗袍等，受到越来越多的人的喜爱。近些年，世界各地都出现了"汉语热"。通过学汉语，人们希望进一步了解中

提示：

① 本课文采用了采访的格式来写。

② 本单元第10课、第11课都涉及了中国文化。本课是要深入谈论中国文化对世界的影响。

③ 很多同学一定对"西化"有更多的认识，但有可能没听到过"汉化"的说法。上课前老师可事先让学生准备有关此话题的资料，也可以直接引导他们展开联想：中国的哪些文化思想、习惯等已经对世界上其他国家产生了影响。最容易想到的是对日本、韩国以及中国周边东南亚国家的影响，最普遍的可能是中国的饮食文化对这些国家，以及对西方国家的影响，由此展开。

④ 除了课文中出现的几大方面外，建议老师可对中医、中药作更进一步的解释：阴阳、五行；中医的望、闻、问、切；中医的养生、食疗等。再有就是世界范围内的"汉语热"也可多讲讲。

⑤ 介绍完本课词语后，老师可与学生一起精读本课课文，并要求学生即时掌握本课的重点内容、词句。

国。除此以外，当然还有很多方面。

张：这样看来，中国文化确实在各个方面对世界都有一定的影响。谢谢孙教授。

[30]

生词

1. 专题 zhuāntí special subject or topic
2. 讲座 jiǎngzuò lecture
3. 朝 cháo dynasty
   汉朝 Hàncháo Han Dynasty
   唐朝 Tángcháo Tang Dynasty
*4. 道 dào Taoism; Taoist
5. 雕 diāo carve; sculpt
   雕刻 diāokè carve; sculpt
6. 先后 xiānhòu one after another
7. 陆（陸）lù land
8. 丝绸之路 Sīchóu zhī lù Silk Road
9. 叶（葉）yè leaf
   茶叶 cháyè tea; tea leaves
10. 四大发明 sì dà fāmíng ancient China's four great inventions
11. 推动 tuīdòng push forward; promote
12. 明（朝）Míng(cháo) Ming Dynasty
13. 清（朝）Qīng(cháo) Qing Dynasty

14. 时期 shíqī period
15. 传教士 chuánjiàoshì missionary
16. 郑和 Zhèng Hé Zheng He, a navigator and diplomat of the Ming Dynasty
*17. 西洋 Xīyáng Western Seas, i.e. seas and lands west of the South China Sea
    郑和下西洋 Zhèng Hé xià Xīyáng Zheng He's voyages to the Western Seas (1406~1433)
18. 加深 jiāshēn deepen
19. 看待 kàndài look upon; regard; treat
20. 武坛 wǔtán realm of martial arts
21. 针（針）zhēn needle; acupuncture
22. 灸 jiǔ moxibustion
    针灸 zhēnjiǔ acupuncture and moxibustion
23. 范（範）fàn limits; range
    范围 fànwéi limits; range
24. 唐装 Tángzhuāng Tang suit, a Chinese-style costume
25. 出现 chūxiàn appear; emerge

消化课文

口语热身

1. 根据课文回答问题

1) 孙教授是作什么研究的？
2) 中国的传统文化是从哪个朝代开始传入亚洲一些国家和地区的？
3) 在中国古代，丝绸之路仅仅是一条陆上通道吗？中国的哪些物品通过丝绸之路传到了国外？
4) 在明、清两个朝代，谁把中国的文化传到了欧洲？
5) 中国文化对现代世界有哪些影响？请举两个例子。
6) 在世界各国，人们学汉语的目的是什么？

2. 根据实际情况回答问题

1) 你对中国的哪一段历史比较了解？在那段历史中有什么重大的事件发生？
2) 你对中国的武术了解吗？你看过中国的功夫片吗？你喜欢哪一部功夫片？在这部影片中你喜欢哪个功夫明星？为什么？
3) 你服用过中草药吗？你尝试过针灸治疗吗？你周围的人有没有人尝试过？效果怎么样？
4) 你居住的国家或地区有"汉语热"的现象吗？表现在哪些方面？你学汉语的目的是什么？你有没有打算以后去中国学汉语或者工作？
5) 你觉得孔子的哪些思想对当今社会仍然适用？
6) 你认为佛教思想，特别是星云大师的"人间佛教"思想对你今后做人处事会有影响吗？有什么影响？
7) 中国文化对你的生活有影响吗？有哪些影响？
8) 作为世界公民，你会从中国文化中汲取什么营养？请举一两个例子。

答案（仅供参考）：
1) 他是作中国文化研究的。
2) 主要从汉朝、唐朝开始。
3) 不是，还有海上丝绸之路。中国的瓷器、茶叶、丝绸通过丝绸之路传到了国外。
4) 西方的传教士。
5) 中华武术对世界武坛有重大的影响；中国的草药、针灸在世界范围内受到欢迎。（中国的饮食文化及烹饪技术丰富了人们的饮食生活；中国的服装，如唐装、旗袍等，受到越来越多的人的喜爱。）
6) 人们希望进一步了解中国。

提示：
此练习中的问题都跟中国文化有关，第一题更与中国历史有关。如果学生有兴趣，条件允许的情况下可对中国的朝代加以解释，尤其是历时较长的、较为有名的朝代：秦、汉、三国、唐、宋、元、明、清，还有就是一些重大历史事件。第六题提到了"佛教"，可联系本课课文所提到的丝绸之路来讲。

语言难点

1. 选择其中的一个词语造句

Ⓐ 例子：他将给我们做一个专题讲座。(第1行)

做 { 毕业论文 / 手工 / 练习 }

Ⓑ 例子：中国的传统文化先后传入了日本、韩国等亚洲国家和地区。(第5行)

春节前后

他看上去三十上下。

2. 用所给词语造句

例子：西方的传教士又把中国文化更广泛地传播到了欧洲。(第10行)　　又　　推动

中国的中草药先后传到了亚洲其他国家，再传到了世界各国。　　再　　发展

3. 用带点的词语模仿例子造句

Ⓐ 例子：可以说，中国的传统思想及文化对世界文明的发展产生了深远的影响。(第12行)

这样看来，中国文化确实在各个方面对世界都有一定的影响。(第29行)

Ⓑ 例子：中国的草药、针灸在世界范围内受到欢迎。(第16行)

中国的服装，如唐装、旗袍等，受到越来越多的人的喜爱。(第18行)

165

实际运用

提示：
① 此练习值得好好儿地做一下，因为下一课的话题就是"如何应对全球化"。
② 之前的第10、11课中较详细地讲到了中国的传统美德，在这里正好可以重温一下。
③ 至于"礼节"，中国是礼仪之邦，所以各种场合礼节很多，各不相同，比如在家里、在学校、餐桌上、到别人家做客、拜访、送礼、参加庆典或丧礼等场合都有一定的规矩、礼节。老师可向学生作简单介绍。
④ 节庆、饮食这两方面，学生应比较熟悉。"参考句子"里也主要讲了一些中国人的礼仪，可参考。
⑤ 这一话题值得详细展开，以后还可用来作为个人口试题目。

口语训练

小组讨论

各个国家和民族都有自己的传统文化和习俗，但也有一些共同之处。在以下几个方面，你们国家或地区的传统文化和习俗与中国的有哪些共同及不同之处：
- 传统美德
- 家庭结构、关系
- 礼节
- 节庆
- 饮食

166

例子：

学生1：各个国家和民族都有自己的传统。其实，不同民族的传统也会有共同之处。比如说，中国人的传统是长辈爱护、照顾晚辈，晚辈尊敬、孝顺长辈，尊老爱幼是中国人的传统美德。在其他国家也有类似的美德。

学生2：是的。我是印度(yìn dù)人。我们家就很传统。我们家四代人住在一起。做晚辈的要孝顺、尊敬长辈，而长辈则要照顾、爱护晚辈。我们一家人生活得非常愉快，大家和睦(hé mù)相处。

学生3：中国人很重视家庭、亲情，比如说过年、过节，中国人一定要赶回家，跟亲人团聚，与家人同乐。

学生1：我们美国人也一样。圣诞节和感恩(gǎn ēn)节，在不同地方的亲人都要赶回家跟家人团聚。

学生3：在家庭结构方面，中国城市里的家庭大部分是核心(hé xīn)家庭了。自从实行独生子女政策以来，每个中国家庭基本上只有三个人。

学生1：在我们国家，政府在生育方面没有限制，但是大部分家庭都只有一到两个孩子。

学生3：中国的传统是"重男轻女"，所以一般人还是喜欢生男孩，特别是在农村。但是在城市里，人们一般不在乎生男还是生女。

学生2：在我们国家，虽然人们觉得男孩、女孩都一样，但是你还是能感觉到男孩子更受宠爱。我爷爷、奶奶就特别喜欢我弟弟。

学生1：中国传统的婚礼上，新娘要穿红色的旗袍，戴红花。在我们国家新娘要穿白色的婚纱，手上拿着白色的鲜花。

学生3：中国人过年、过节去亲戚朋友家时要送礼品。现在中国人也喜欢带上葡萄酒、巧克力或鲜花。

学生1：中国有传统节日食品，比如过春节时，人们一定要吃鱼，希望"年年有余"，主要是讨吉利。西方人过圣诞节也有节日食品，但是我不知道为什么要吃火鸡、土豆泥等等。

参考句子

a) 过年时，中国人吃的食物、摆的饰物、做的事都是为了驱邪，祈求新年平安、吉利。

b) 现在有些年轻人选择不结婚，做单身贵族，自己赚来的钱自己花，享受生活。还有婚后选择不要小孩。

c) 中国人的称呼太复杂了，对每个人都有不同的称呼。在很多国家，孩子对父母的兄弟姐妹以及父母的同辈人都叫"叔叔""阿姨"。

d) 中国人的生日跟十二生肖有关。在我们国家，人们的生日跟星座有关，但都是12个。

e) 中国人过年要给孩子压岁钱；在我们国家过圣诞节，大人要给小孩子礼物。

f) 中国人认为红色是喜庆、成功、忠勇和正义的象征，而且认为红色有驱邪、护身的作用。

g) 中国人过年时要在除夕守岁，庆祝新年的到来会放烟花、爆竹。在我们国家，人们迎新年也会倒数，之后放烟花庆祝。

h) 中国人见面、送别时经常会握手；我们见面、送别时有的握手，有的拥抱，还有的亲吻。

写作训练

实际运用

提示:
① 此练习要求学生写小册子。
② 学生对这个题目应该较为熟悉,很多学生对北京、西安都有相应的了解。如条件允许,可鼓励学生介绍"孔子的故乡""丝绸之路"等他们不太熟悉的地方,让他们对中国有更深刻的了解。
③ 注意"活动"一项要记住安排白天和晚上的活动。

1. 写小册子

假设你要为一家旅行社写一个小册子,介绍该旅行社为本市学生组织的"七天中国文化之旅"。通过去中国游学,学生们将了解并亲身体会中国的传统文化及习俗。小册子的内容要包括:

- 日期、人数、费用
- 各种活动
- 食宿安排
- 此行的收获

参考句子

a) 文化之旅的第一站是北京。在北京的两天里,学生们将登上长城,感受"不到长城非好汉(hǎn yī)"的含义。第二天,学生们将游览故宫博物院,参观明、清皇帝生活、工作过的地方。

b) 在北京的第三天里,旅行社会安排学生们亲手制作风筝、画京剧脸谱、写毛笔字、画国画,让他们在活动中提高汉语口语水平。

c) 文化之旅的第二站将是古都西安。除了欣赏壮观的秦始皇兵马俑(bīng mǎ yǒng)外,学生们还会登上古老的西安明城墙,一览西安城全景。第二天旅行社将安排学生们到丝绸之路的起点参观。

d) 在西安停留期间,旅行社会安排学生们到当地居民家里学包饺子、剪纸,体验当地人的生活。

e) 在北京和西安期间,旅行社还将组织学生们访问当地的一所中学,听文化专题讲座,并与那里的学生交流。

f) 旅行全程学生们将入住三星级(wáng fān)或以上酒店,旅费包括往返机票、所有餐饮及门票、车费、小费、保险(bǎo xiǎn)等费用。零用钱请自备。

2. 阅读短文并写作文

给你在中国的笔友写一封电邮，介绍一下你所在地区的唐人街或者华人街区。

唐人街

　　唐人街也叫中国城，是在中国以外的国家或地区的华人、华人店铺聚集的地区。早期华人移居海外，成为当地的少数族群，面对新环境需要互相照应，便群居在一个地带，因此多数唐人街是华侨历史的一种见证。

　　现在，世界上很多国家都有唐人街。唐人街已经成了中华文化区的代名词。那里的商业、娱乐以及各种文化设施都体现出东方华夏色彩，并没有华人聚居地的本意了。

　　美国最大的唐人街在旧金山。旧金山唐人街形成于1850年前后。当年开发美国西海岸的华工初到异国，人生地不熟，言语又不通，便集中住在一起，逐渐形成了华工生活区。唐人街发展至今已成了繁华的街道，除了餐饮业外，刺绣、手工艺品、中国古玩等也都在当地享有盛名。

　　英国最大的唐人街在英国北部城市曼彻斯特。这个唐人街虽然地方并不大，但生活设施却无比齐全，这里有五花八门的中国餐厅、超市、诊所、律师事务所等。每逢周末和中国传统节日，这里一派繁华景象。

　　加拿大的主要城市都有唐人街，温哥华的唐人街规模仅次于美国旧金山唐人街。唐人街内写着汉字的招牌，令人有一种置身中国的错觉。街道两旁有中药店、饭店、海味干货店、杂货店等等。

　　如今，大多数唐人街还办起了华人子弟学校，从事中文教育，还有各种同乡会、俱乐部、影剧院等，成了富有中国民族特色的特殊街区。每逢春节，华人在这里耍龙灯、舞狮子、放爆竹，保留着中国传统的种种风俗，同时也起着传播中华民族古老文明的作用。

169

提示：
建议学生按照非正式电邮的格式来写。可考虑从以下几个方面介绍你所在地区的唐人街/华人街区：
- 所在地
- 形成的年份
- 形成的原因/过程
- 范围/规模及设施
- 平时及节庆时的景象
- 作用

阅读与理解

阅读一　　　　　　　　　　中国龙

第一段 [1]　　一说起中国人，人们不禁会想起龙，因为中国人是龙的传人。

第二段　　　　中国龙的诞生据说有八千多年的历史。关于龙的形成有很多种说法。其中一种说法是，龙是原始人各个部落图腾的结合，是一种不存在于生物界的虚幻生物。龙的形象特征是：头似驼、角似鹿、耳似牛、爪
[5]　似鹰、掌似虎、身似蛇、鳞似鱼。

第三段　　　　古人把龙看成神物。它变化无穷，既能深入海底，又能腾云驾雾，甚至呼风唤雨。人们把各种美德都集中到龙的身上：它仗义行善、勇猛善战、聪敏多智。在中国古代的神话中，龙是一种开天辟地的创生神，它跟盘古齐名，协助大禹治水造福千秋万代。在中国文化里，天上
[10]　的玉皇大帝也叫龙帝，也就是皇帝的化身。

第四段　　　　从日常生活中的点点滴滴就能看出龙对中国人的影响。比如中国人的名字中经常会用到"龙"这个字，表示威武勇猛，比如已故电影功夫明星李小龙。地名带"龙"字的数以千计，如四川省的龙角、黑龙江省的龙爪等。在生活中也有龙的痕迹：衣有龙袍，食有龙眼，建筑有龙
[15]　宫，行有龙舟，家具有龙椅、龙床，过年过节舞龙灯。在中国的成语中带有"龙"字的有"龙马精神""龙飞凤舞"等。在中国人的十二生肖中，龙排行第五；中国人相信属龙的人热心多情、有胆量、身体健康、事业成功。

第五段　　　　中国人以龙为尊，以龙为荣。龙在中国人的生活中无处不在，在中
[20]　国人的心目中无事不能。所以，龙是中华民族心目中权威和神灵的象征。炎黄子孙以龙的传人而感到骄傲。

170

A 从右边的段落大意中找出最合适的

1. 第一段 C
2. 第二段 H
3. 第三段 B
4. 第四段 D
5. 第五段 F

A 中国古代部落图腾的演变。
B 龙的神奇特性及龙在中国文化中的地位。
C 中国人是龙的传人。
D 龙对中国人日常生活的影响。
E 龙在中国古代神话中的形象。
F 龙在中国人心目中的地位。
G 龙的形象特征及习性。
H 龙的诞生及形象特征。

B 判断正误，并说明原因

1. 关于龙到底是怎么形成的，众说纷纭。 对 ✓
   原因：关于龙的形成有很多种说法。

2. 龙这种动物在地球上已经生存了八千多年了。 错 ✓
   原因：中国龙的诞生据说有八千多年的历史。关于龙的形成……其中一种说法是……是一种不存在于生物界的虚幻生物。

3. 古人把龙看成是具有变化无穷的本领的神物。 对 ✓
   原因：古人把龙看成神物。它变化无穷，……。

4. 在中国古代神话中，龙和盘古都是开天辟地的创生神。 对 ✓
   原因：在中国古代的神话中，龙是一种开天辟地的创生神，它跟盘古齐名，……。

5. 中国人过春节有舞龙灯的习俗。 对 ✓
   原因：……，过年过节舞龙灯。

6. 中国人把龙看做是权威的象征。 对 ✓
   原因：所以，龙是中华民族心目中权威和神灵的象征。

C 用短文中的名词填空

1. 龙头似 驼 (第4行)
2. 龙角似 鹿 (第4行)
3. 龙耳似 牛 (第4行)
4. 龙爪似 鹰 (第4行)
5. 龙掌似 虎 (第5行)
6. 龙身似 蛇 (第5行)
7. 龙鳞似 鱼 (第5行)

171

D 根据短文找出四个正确的句子

☑ 1. 人人皆知，中国人是龙的传人。

☐ 2. 龙有骆驼的头和牛的角。

☐ 3. 在古代，中国人把皇帝叫做"玉皇大帝"。

☐ 4. 中国人有这样的习俗：男孩子的名字中都用"龙"这个字。

☑ 5. 龙角是一个地名，在中国的四川省。

☑ 6. 中国人相信，属龙的人一般有胆量，而且热心多情。

☑ 7. 龙眼是一种食物。

E 根据短文选择正确答案

1. 在中国的原始社会里，每个部落都有 __a__ 。
   a) 一个图腾
   b) 一条龙
   c) 一个神灵
   d) 玉皇大帝

2. 龙是一种 __b__ 。
   a) 深海动物
   b) 想象出来的生物
   c) 天上的神鸟
   d) 野兽

3. 龙具有 __a__ 美德。
   a) 多种智慧和
   b) 谦虚的
   c) 儒雅的
   d) 胆小的

4. 中国人的名字里，"龙"这个字寓意 __b__ 。
   a) 有勇无谋
   b) 威武勇猛
   c) 胆小怕事
   d) 鼠目寸光

5. 龙在中国人的生活中 __a__ 。
   a) 到处可见
   b) 影响甚微
   c) 影响已不如以前
   d) 时有时无

6. "炎黄子孙"指的是 __c__ 。
   a) 中国的皇帝
   b) 皇帝的孙子
   c) 中国人
   d) 皇帝的亲戚

172

阅读与理解

阅读二

唐装

[1] 第一段

现在人们所说的"唐装"原指唐代的汉服，后来有人 ① "唐装"的说法来自于海外的唐人街。特别是在北美、东南亚乃至欧洲的华人被称为"唐人"，那么他们穿的衣服也就顺理成章地被 ② "唐装"了。所以，"唐装"这一说法源于海外。在20世纪中西方服装并行的大环境下，人们便习惯以"唐装"和"西装"来 ③ 中西服装。

[5]

第二段

唐人街华人的中式着装是清代的马褂改良而来的。它有以下几个特征：立式领型，盘扣，上衣前中心开口对襟，袖子和衣服整体没有接缝。面料一般用织锦缎面料。我们现在看到的唐装已经 ④ 了很多改良及创新。现在的唐装很少用连袖，因为连袖就不能用垫肩，这样就不够美观。经过 ⑤ 后的唐装一般都收腰，这样穿起来更能 ⑥ 出女性的曲线美。唐装的面料可以用真丝、真皮、棉布、人造面料等。

[10]

第三段

如今的唐装是中国传统的审美观跟现代意识的结合品。穿上唐装，女性更显得端庄大方、华贵得体。 ⑦ 了一些西式元素的唐装能在日常生活里穿，更能作为礼仪服装，这更加拓宽了唐装的穿着场合。怪不得，不但中国大陆人士在特定场合喜欢穿唐装，居住在港澳台地区的华人、归国华侨以及外籍人士也都对唐装倍加青睐。

[15]

第四段

现在，唐装不但是中华民族的服饰，而且还走向了世界。2001年在上海召开的APEC会议上，中国作为主办国特意为每位与会者制作了一件唐装，一时在世界各地 ⑧ 了穿唐装的热潮。

173

A 从下面的方框里为短文选择最合适的词语填空

```
经历  认为  改良  融入  叫做
浪费  显示  当做  掀起  区别
```

1. 认为   2. 叫做   3. 区别   4. 经历
5. 改良   6. 显示   7. 融入   8. 掀起

B 从右边的段落大意中找出最合适的

1. 第一段 B
2. 第二段 F
3. 第三段 A
4. 第四段 D

A 唐装受欢迎的原因。
B 唐装名称的由来。
C 唐装与西装的区别。
D 唐装走向世界。
E 唐装演变成了世界制服。
F 唐装的特征、使用的面料及改良后的效果。
G 唐装热将在中国国内继续升温。

C 根据短文选择正确答案

1. "乃至"（第2行）的意思是 b 。
   a) 不至于   b) 甚至
   c) 至少   d) 然而

2. "顺理成章"（第3行）的意思是 a 。
   a) 理所当然   b) 没有道理
   c) 不成体统   d) 不讲道理

3. "收腰"（第10行）的意思是 b 。
   a) 加宽   b) 收紧
   c) 打褶   d) 加肥

4. "怪不得"（第14行）的意思是 a 。
   a) 难怪   b) 奇怪
   c) 搞不懂   d) 否则

5. "港澳台"（第15行）的意思是 a 。
   a) 香港、澳门和台湾   b) 香港
   c) 香港和澳门   d) 澳门和台湾

6. "青睐"（第16行）的意思是 a 。
   a) 喜爱或重视   b) 好看
   c) 讨厌   d) 爱护

D 判断正误，并说明原因

1. 在海外，中国人被称为"唐人"，因此他们穿的衣服叫"唐装"。　　对　错

   原因：特别是在北美、东南亚乃至欧洲的华人被称为"唐人"，那么他们穿的衣服也就顺理成章地被叫做"唐装"了。　✓

2. 唐装的主要特征是对襟、立领。

   原因：它有以下几个特征：立式领型，盘扣，上衣前中心开口对襟，……。　✓

3. 改良的唐装衣服的整体和袖子大多有接缝，可加垫肩。

   原因：现在的唐装很少用连袖，因为连袖就不能用垫肩，……。　✓

4. 现在的唐装体现了中国传统审美观和现代意识的结合。

   原因：如今的唐装是中国传统的审美观跟现代意识的结合品。　✓

5. 穿上唐装的女士们更能表现出艳丽、傲慢的气质。

   原因：穿上唐装，女性更显得端庄大方、华贵得体。　　✓

6. 唐装受到海内外华人、华侨的喜爱。

   原因：怪不得，不但中国大陆人士在特定场合喜欢穿唐装，居住在港澳台地区的华人、归国华侨以及外籍人士也都对唐装倍加青睐。　✓

E 根据短文找出四个正确的句子

☐ 1. 20世纪时兴穿西装，人们一般不穿唐装。

☑ 2. 最初，唐装的袖子和衣服的整体没有接缝。

☑ 3. 唐装的款式多样，可以在很多场合穿。

☑ 4. 有些外国人也喜欢穿唐装。

☑ 5. 改良后的唐装女士们穿着更美，因此受到更多女士的欢迎。

☐ 6. 唐装已风靡全世界，这预示着世界的服装业将面临一次革命。

☐ 7. 2001年在上海召开的APEC会议上，每一位与会者都为自己定做了一件唐装。

单元复习

< 生词

提示:
"生词"部分的词语是本单元内每一课的词语,要求学生会认读,并会默写、运用。

第10课
孔子　生平　古代　思想家　政治家　教育家
多才多艺　主张　大半　带领　弟子　奔走　游说
得志　家乡　鲁国　*作为　从事　编著　书籍　开创
儒家　仁　*义　智　*信　和谐　学而不厌　诲人不倦
深刻　师长　信用　反省　志气　分开　深远　人物

第11课
制度　移民　新加坡　望子成龙　望女成凤　重点
出息　期望　严肃　敢　提问　批判　思维　大量
记忆　默写　抓紧　纪律　按时　扎实　优势　更加
动手　研究

第12课
专题　讲座　汉朝　唐朝　*道　雕刻　先后　陆
丝绸之路　茶叶　四大发明　推动　明(朝)　清(朝)
时期　传教士　郑和　*西洋　郑和下西洋　加深
看待　武坛　针灸　范围　唐装　出现

短语/句型

这本书主要讲……　为了宣传自己的政治主张　带领弟子到处游说
他的主张一直没有得到重视　在政治上不得志　专心从事教育
开创了儒家思想　对别人要友善　对……有了深刻的了解
为人正直、诚实，讲信用　反省自己，知错就改
作为年轻人　用简单的语言介绍……　对……产生深远的影响

一转眼……已有半年了　想跟你交流一下我对……的感想
重视教育，看重考试成绩　好像只有考进名牌大学才有出息
对学生要求过高　给学生留大量的作业　深深地体会到
培养想象力、创造力和批判思维能力　抓紧时间学习　总的来说
按时完成作业　基础知识全面、扎实　注重培养研究分析能力

我们有幸请来了……　给我们做一个专题讲座
把中国的瓷器传到了世界各地　把中国文化更广泛地传播到了欧洲
郑和下西洋更加深了这种影响　如何看待中国文化对世界的影响
受到欢迎　中国的饮食文化丰富了人们的饮食生活　出现"汉语热"
这样看来

提示：
"短语/句型"部分是从每课课文中抽取的重点词句、短语，要求学生熟练掌握，并在口语/作文中准确运用。

第四单元 测验

一、阅读理解

中华老字号"同仁堂"

第一段　　提起中药，人们不约而同会想到同仁堂。同仁堂创建于清朝康熙八年（1669年），自雍正元年（1723年）开始正式供奉清皇宫御药房用药，历经八代皇帝共188年。其产品一向以"配方独特、选料上乘、工艺精湛、疗效显著"而享誉海内外。

第二段　　同仁堂是中国最负盛名的老药铺，是国内中药行业著名的老字号。自创建至今，同仁堂已发展成为跨国经营的大型国有企业——同仁堂集团公司。1991年，同仁堂晋升为国家一级企业，1997年在上海证券交易所上市。2006年，同仁堂中医药文化进入国家非物质文化遗产名录。目前，同仁堂拥有境内外两家上市公司，连锁门店、各地分店六百余家，海外合资公司、门店20家，遍布21个国家和地区，产品行销40多个国家和地区。

第三段　　同仁堂在海内外信誉卓著，树起了一块金字招牌，可谓药业史上的一个奇迹。同仁堂的金字招牌为何得以三百年不倒？它的成功之道又是什么？

第四段　　三百多年来，同仁堂为了保证药品质量，坚持严把选料关。在供奉御药期间，同仁堂以身家性命担保药品质量，采用最高标准的宫廷制药技术，建立了严格选料用药的制作传统，磨炼出了诚实守信的制药道德。同仁堂不管制什么药，都从不偷工减料。新中国成立后，同仁堂除严格遵循国家明确规定的上乘质量用药标准外，对特殊药材还采用特殊办法以保证其上乘的品质。"吃同仁堂的药放心"是社会各界人士对同仁堂品牌的最高评价，也是同仁堂济世养生的最终落脚点。

第五段　　质量与服务是同仁堂金字招牌的两大支柱。"患者第一，顾客至上"是同仁堂追求的最高境界，也是其长盛不衰的根本原因。此外，同仁堂把中华民族的传统文化和美德熔铸于企业的经营管理之中。在许多人眼里，同仁堂的命脉就在这个"仁"上。

A 根据短文找出四个正确的句子

☐ 1. 同仁堂创建伊始，其生产的药主要供应给平民百姓。

☐ 2. 中国历代的皇亲国戚都服用过同仁堂制的药。

☐ 3. 同仁堂研制的某些药疗效欠佳。

☐ 4. 如今，同仁堂集团公司在国内和海外都上市了。

☐ 5. 同仁堂在海外开办合资公司，将产品销售到四十多个国家和地区。

☐ 6. 自创建以来，同仁堂制的药一直深受用户的信任。

☐ 7. 同仁堂的制药员工对待工作向来都是兢兢业业、一丝不苟。

B 从右边的段落大意中找出最合适的

1. 第一段 ☐   A 同仁堂成功之道的具体体现。
2. 第二段 ☐   B 同仁堂的简史及其在海内外久负盛誉的缘由。
3. 第三段 ☐   C 同仁堂是传统企业与海外拓展相结合的典范。
4. 第四段 ☐   D 同仁堂在中药行业中的地位，其企业性质及规模。
5. 第五段 ☐   E 对同仁堂这块金字招牌为何不倒提出疑问。

F 同仁堂集中华传统文化与跨国企业经营经验为一体。

G 同仁堂企业的经营宗旨为济世养生。

H 同仁堂的命脉源于保证产品质量和服务顾客至上。

C 根据短文回答问题

1. 同仁堂创建后多少年才开始供奉药品给清皇宫御药房？

2. 同仁堂是私营企业吗？同仁堂是个什么样的企业？

3. 为什么说同仁堂的命脉在一个"仁"字上？

D 根据短文选择正确答案

1. "不约而同"（第2行）的意思是_____。
   a) 碰巧　　c) 居然
   b) 突然　　d) 一致

2. "老字号"（第8行）的意思是_____。
   a) 老板　　c) 前辈
   b) 老店　　d) 老祖宗

3. "跨国"（第8行）的意思是_____。
   a) 合资
   b) 独资
   c) 不止在一个国家/地区
   d) 国与国合作

4. "金字招牌"（第15行）的意思是_____。
   a) 响当当的品牌　　c) 金匾
   b) 木牌　　d) 广告牌

5. "落脚点"（第25行）的意思是_____。
   a) 起点　　c) 目的
   b) 归宿　　d) 出发点

6. "支柱"（第27行）的意思是_____。
   a) 品牌　　c) 渠道
   b) 产业　　d) 主力

E 判断正误，并说明原因　　　　　　　　　　　　　　　　　　对　错

1. 同仁堂作为中国中药行业的领军企业享有盛誉。

   原因：_____　__　__

2. 顾客一致高度评价同仁堂的药品，认为其质量无可置疑。

   原因：_____　__　__

3. 同仁堂经久不衰的根本原因是把顾客看得至关重要。

   原因：_____　__　__

4. 同仁堂的经营管理体现着中华民族的传统文化与美德。

   原因：_____　__　__

二、写作

你刚刚读过的一篇/一部中国文学作品,让你感触很深。写一篇读后感。

第四单元 参考答案

一、阅读理解

A 4 5 6 7

B 1. B 2. D 3. E 4. A 5. H

C 1. 54年。

2. 同仁堂不是私营企业，是跨国经营的大型国有企业。

3. 因为质量与服务是同仁堂金字招牌的两大支柱。"患者第一，顾客至上"是同仁堂追求的最高境界，也是其长盛不衰的根本原因。此外，同仁堂把中华民族的传统文化和美德熔铸于企业的经营管理之中。

D 1. d 2. b 3. c 4. a 5. c 6. d

E 1. 对　原因：同仁堂是中国最负盛名的老药铺，是国内中药行业著名的老字号。

2. 对　原因："吃同仁堂的药放心"是社会各界人士对同仁堂品牌的最高评价。

3. 对　原因："患者第一，顾客至上"是同仁堂追求的最高境界。

4. 对　原因：同仁堂把中华民族的传统文化和美德熔铸于企业的经营管理之中。

第五单元

教学目标

- 能就全球化以及如何应对全球化展开讨论，并表达自己的观点、看法
- 能联系全球化为自己所居住国家/地区带来的变化进行讨论，发表看法
- 能就将要组织的一次慈善活动进行讨论，并作出详细的计划、安排
- 能就将如何为环保尽自己的一份力进行详细的讨论，发表有号召力的演讲
- 能就自己所居住的国家/地区的环保情况进行讨论，并提出建设性意见、建议
- 能看懂比课文难度更大的阅读文章
- 会写通知、文章、正式/非正式电邮、演讲稿

语言点

a) **在……内**：在世界范围内，科技飞速发展。

b) **在……方面**：在饮食方面，热狗、汉堡包等食品在世界各地都能吃到。

c) **几乎**：牛仔裤几乎成了国际制服。

d) **其**：作为西方主要传统节日的圣诞节，其宗教色彩越来越淡化。

e) **越来越**：人们的生活方式和价值观念也变得越来越相似。

f) **越……越……**：看来，世界会越变越小了。

g) **某**：某种新款式的服装一出现，很快就会在世界各地流行起来。

h) **各**：各国也应该互相尊重、促进交流、共同发展。

i) **于**：无国界脱贫会成立于2008年1月10日。
无国界脱贫会致力于筹募资金、提供医疗及教育设施等。

j) **到……为止**：到目前为止，该组织在世界上许多国家设立了办事处。

k) **由……组成**：它由一群从事心理辅导的社工、热心参加义务工作的社会专业人士组成。

l) **该**：到目前为止，该组织在世界上许多国家设立了办事处。

m) **当今**：当今世界环境污染已经成为不可忽视的问题。

n) **目前**：目前，汽车排出的废气严重污染了城市空气。

o) **而**：夏天有些地区高温可达四十几度，而有些地区的冬天却变得相当温暖。

p) **一方面……另一方面……**：人类一方面在创造物质文明，另一方面又滥用自然资源。

q) **近些年来**：近些年来，我们已经感受到了地球对我们的惩罚。

r) **作为**：作为年轻的一代，我们每个人都有责任保护环境。

如何应对全球化

第五单元 第13课

[1]　当今世界，全球化是不可避免的。在世界范围内，科技飞速发展，特别是网络的普及，使世界正在变成一个地球村。由于各个国家和地区之间的文化交流越来越频繁，人们的生活方式和价值观念也变得越来越相似。

[5]　在饮食方面，热狗、汉堡包、比萨饼、寿司、炒饭、春卷等食品在世界各地都能吃到。可乐、咖啡、茶算是最受欢迎的饮品。

　　在穿着方面，作为休闲装的牛仔裤，男女老少、各行各业的人士都喜欢穿。牛仔裤几乎成了国际制服。还[10]有，某种新款式的服装一出现，很快就会在世界各地流行起来。

　　在日常生活方面，世界各地都能买到日本的电器、美国的电脑、瑞士的手表、法国的香水、意大利的皮具、德国的汽车、英国的时装、中国的红木家具等等。[15]除了这些，在很多家庭里几乎都能找到同一个品牌的牙膏、牙刷、洗发液、护肤霜等等。

　　在节庆方面，作为西方主要传统节日的圣诞节，其宗教色彩越来越淡化。圣诞节这一天，世界上很多地方都有庆祝活动。现在更多的人对中国的传统节日——春[20]节——产生了兴趣。世界各地的华人以及当地民众每年都举行庆祝春节[25]的活动。

　　总之，世界正在"缩

提示：

① 本课话题虽然覆盖面较广，但因前三课都讲了中国文化元素，并有意介绍了西方文化，讨论了学生所居住国家/地区的文化，所以学习本课并不突然。

② 老师可事先让学生为本课作准备，搜集一些有关全球化的资料。课上可先让学生分组汇总所搜集的资料，也可由老师带领学生讨论。课文提到了四个方面的有关全球化的例子，此外，居住形式、环境、外出、旅行的方式、购物的习惯、消费方式、经济、媒体，甚至价值观等方面都可能受到全球化的影响。老师可根据学生的情况来取舍。

③ 介绍完本课词语后，老师可与学生一起精读本课课文，要求学生即时掌握课文中的重点词句、知识。课本第180页的练习一可用来帮助学生重温本课内容。

小"。在全球化的今天，各个国家更应该保持本国独特的文化习俗及传统，这样世界才能多样化，文化才能丰富多彩。为了世界和平、安定，各国也应该互相尊重、促进交流、共同发展。

生词

1. 全球 quánqiú whole world　全球化 quánqiúhuà globalization
2. 避 bì avoid　避免 bìmiǎn avoid
3. 飞速 fēisù rapidly
4. 地球 dìqiú earth; globe
   地球村 dìqiúcūn global community
5. 频（頻）pín frequently　频繁 pínfán frequently
6. 价值 jiàzhí value
7. 相似 xiāngsì similar
8. 炒饭 chǎofàn fried rice
9. 饮品 yǐnpǐn drink; beverage
10. 穿着 chuānzhuó dress
11. 男女老少 nán nǚ lǎo shào men and women, old and young
12. 行业 hángyè trade; profession
    各行各业 gè háng gè yè all professions and trades
13. 制服 zhìfú uniform
14. 电器 diànqì electrical appliance
15. 瑞士 Ruìshì Switzerland
16. 手表 shǒubiǎo watch; wrist watch
17. 香水 xiāngshuǐ perfume
18. 意大利 Yìdàlì Italy
19. 皮具 píjù leatherware
20. 时装 shízhuāng fashionable dress; latest fashions
21. 红木 hóngmù mahogany
22. 品牌 pǐnpái brand (name)
23. 膏 gāo paste; cream; ointment
    牙膏 yágāo toothpaste
24. 牙刷 yáshuā toothbrush
25. 液 yè liquid　洗发液 xǐfàyè shampoo
26. 霜 shuāng frost; frostlike powder
    护肤霜 hùfūshuāng face cream; body lotion
27. 节庆 jiéqìng festival; celebration
*28. 其 qí its; his; her; their
29. 宗 zōng sect　宗教 zōngjiào religion
*30. 淡 dàn (of colour) light
    淡化 dànhuà become faint; fade
31. 民众 mínzhòng masses; the common people
32. 缩小 suōxiǎo become smaller
33. 和平 hépíng peace
34. 安定 āndìng (of life, political situation, etc.) stable; settled
35. 促 cù urge; promote
    促进 cùjìn promote; advance

消化课文

口语热身

1. 根据课文回答问题

1) 什么加速了全球化的进程？
2) 哪些食物和饮品几乎在世界各地都能吃到、喝到？各列举三样。
3) 为什么说牛仔裤几乎成了国际制服？
4) 在人们的日常生活中，哪些物品比较国际化？举两个例子。
5) 在节庆方面，全球化带来了哪些变化？
6) 全球化以后，为什么保持本国的特色更重要？

2. 根据实际情况回答问题

1) 你认为全球化是好事还是坏事？为什么？请举例说明。
2) 现在流行什么服饰？你喜欢赶时髦吗？为什么？
3) 在你家中，哪些是国际化的日用品？这些国际化的物品跟本地的同类产品相比，价格是贵还是便宜？如果本地的产品质量差不多，但是比较便宜，你会用吗？为什么？
4) 在你居住的国家或地区，人们喜欢买本国的制品还是买世界名牌？价钱相差大吗？有些世界名牌的价格高得惊人，比如说鞋、包、化妆品等，你认为是什么原因？
5) 你认为是什么原因使西方的圣诞节和中国的春节变得更国际化了？
6) 在你居住的国家或地区，人们一般庆祝哪些节日？节庆期间有哪些特殊的节日食品？你认为过这些节日有什么重要的意义？
7) 在全球化的进程中，你们国家或地区的文化习俗或传统受到了什么影响？有哪些变化？如果各国失去了本国的文化习俗及传统，世界将会变成什么样？你希望将来的世界是什么样的？
8) 你认为世界怎样才能保持和平、安定、发展？如果从你自己做起，你应该为世界和平、安定做些什么？

答案（仅供参考）：
1) 科技的飞速发展，特别是网络的普及。
2) 食物：热狗、汉堡包、比萨饼（或寿司、炒饭、春卷）；饮品：可乐、咖啡、茶。
3) 因为男女老少、各行各业的人士都喜欢穿。
4) 日本的电器、美国的电脑。（瑞士的手表、法国的香水、意大利的皮具、德国的汽车、英国的时装、中国的红木家具；知名品牌的牙膏、牙刷、洗发液、护肤霜。）
5) 圣诞节的宗教色彩越来越淡化，圣诞节这一天，世界上很多地方都有庆祝活动；更多的人对中国的传统节日——春节产生了兴趣，世界各地的华人以及当地民众每年都举行庆祝春节的活动。
6) 因为这样世界才能多样化，文化才能丰富多彩。

提示：
此练习中，问题1)、7)、8)与全球化联系更直接，可组织学生进行更深入的讨论，甚至辩论。

语言难点

1. 完成句子

   Ⓐ 例子：在世界范围内，科技飞速发展。(第1行)　　　　在亚洲范围内，_____。

   在饮食方面，热狗、汉堡包等食品在世界各地都能吃到。(第5行)　　　　在日常生活方面，_____。

   Ⓑ 例子：牛仔裤几乎成了国际制服。还有，某种新款式的服装一出现，很快就会在世界各地流行起来。(第9行)　　　　快餐店几乎_____都有分店。还有，_____。

   Ⓒ 例子：在节庆方面，作为西方主要传统节日的圣诞节，其宗教色彩越来越淡化。(第17行)　　　　面食作为中国人的主食，其营养价值_____。

2. 用带点的词语模仿例子造句

   Ⓐ 例子：人们的生活方式和价值观念也变得越来越相似。(第4行)

   其宗教色彩越来越淡化。(第17行)

   看来，世界会越变越小了。
   　　　　　动词

3. 用所给词语造句

   Ⓐ 例子：某种新款式的服装一出现，很快就会在世界各地流行起来。(第10行)　　　　某一行业　找工作

   Ⓑ 例子：在很多家庭里几乎都能找到同一个品牌的牙膏。(第15行)　　　　同一个学校　读书

   各国也应该共同发展。(第30行)　　　　共同努力

   Ⓒ 例子：各国也应该互相尊重、促进交流、共同发展。(第30行)　　　　各行各业　竞争

181

口语训练

实际运用

小组讨论

在全球化的影响下，各国人民的生活都发生了一些变化。根据你们国家或居住地区人们的生活情况，从以下四个方面讨论所发生的变化：

- 衣
- 食
- 住
- 行

提示：
此话题主要聚焦在学生各自的国家或居住地区在衣、食、住、行方面全球化的表现，可以把不同国籍的人分在一组。当然，除了这四个方面，还可以向其他方面延伸，见本书第202页（针对课本第178页）的提示。

例子：

学生1：我认为现代人在服饰和打扮方面非常讲究个性化和多样化。当你走在马路上，会看到一个五彩缤纷的世界：人们穿着各式服装、佩戴各种首饰，再加上不同款式的包。

学生2：没错儿。而且，现在新时装流行得快极了。一种新款式在世界的某个角落一流行，这股风在很短的时间内就会在世界的每一个角落刮起来。

学生3：我同意你的看法。还有，时装款式也变化得特别快。比如说，现在流行宽松的牛仔裤，过一段时间可能就会流行直筒牛仔裤，再过一段时间又可能会流行窄管牛仔裤。

学生1：在吃的方面，好像全世界都在流行快餐。无论你走到哪里，都能看到这家或那家快餐店。

学生2：其实，有些快餐是很不健康的食品，正影响着很多人的身体健康。当然，很多人喜欢吃快餐，也确实是因为它很快捷、方便。

学生3：的确，这也反映了现代人的生活节奏之快，但我还是认为健康才是最重要的。

学生1：我也这么认为。在住房方面，有的人已经住上了公寓式的套房，但是还想住大房子，住豪宅，总是不满足。

学生2：是的。我觉得最好不跟别人攀比。只要自己觉得住得舒适并且够用就行了。

学生3：我也这么想。每个人都住大房子，那也是不现实的，应该量力而行。

学生1：在交通方面，现在出门就是坐车，很多家庭都买了车，有的家庭甚至不止一辆。设想，如果全世界的人都把私家车作为外出的主要交通工具，那么石油再多，也会在不久的将来用光。我真有点儿担心。

学生2：是啊！我觉得政府应该大力鼓励人们骑自行车，在每个城市开出自行车道。还有，政府应该多发展公共交通，比如火车、电车、公共汽车等。

学生3：政府应该多建高速铁路、公路、地铁之类的公共交通。如果公共交通不发达，这会给居民外出造成不便。

参考句子

a) 在一段时间里，20世纪30年代的服装款式很流行，而过一段时间可能又出现一种超现代服饰，很快就在世界各地流行。

b) 快餐文化已经渗透到了世界的各个角落。

c) 其实，中国人传统的饮食习惯很科学：吃米饭、多吃蔬果，再搭配上肉食，又健康又有营养。

d) 现在人们住的一般都是公寓，有的甚至是别墅，就连室内布置及装潢也都国际化了。

e) 我赞同。政府应该限制人们买小汽车，并提高燃油税。

f) 在一个大城市建设公共交通不容易，费用也不便宜。

g) 现在世界各地的年轻人娱乐方式几乎都同化了——电脑、智能手机，听的音乐、唱的歌曲都没什么两样。

h) 如果你仔细观察一下你的周围，不难发现到处都受到全球化的影响。人们大都使用风格差不多的家具、厨具、文具、电器等。世界名牌的化妆品、食品、饮品等价格虽然贵，但是用的人还挺多的。真是不可思议。

183

写作训练

实际运用

1. 写文章

假设你将为学校中文网站写一篇文章。你认为在现今全球化的影响下，各国都应想方设法保持其独特的文化。在文章中，你要在以下几个方面发表你对发扬中国传统文化的看法：

- 文字、书法、绘画
- 民乐、戏剧
- 服饰
- 美食
- 节庆
- 生活方式

参考句子

a) 各个国家和民族都有自己独特的文化和传统。这些文化和传统是世界文明宝库(bǎo kù)的一部分，应该加以保护。

b) 文字的发明和使用是人类进入文明社会的重要标志(biāo zhì)。中国的书法和绘画有着几千年的历史，传承(chuán chéng)了古人的智慧(zhì huì)，是中国文化的标志之一。

c) 中国的民族乐器有二胡(èr hú)、琵琶(pí pa)、笛子(dí zi)、古筝(gǔ zhēng)等。由这些民族乐器组成的民乐队能演奏出美妙(měi miào)的音乐。中国的京剧及其他剧种都有独特的意义，要把它们传承下去。

d) 中国的传统服饰有旗袍、唐装等。这些具有代表性的中国服装在世界各地越来越受到人们的青睐(qīng lài)。

e) 中国地域辽阔(dì yù liáo kuò)，其美食根据地域基本上分为八大菜系，每个菜系都有其特点。

f) 中国的主要节日有春节、元宵节、清明节、端午节、中秋节等，其中春节是最重要的节日。

g) 在全球化的背景(bèi jǐng)下，各国应该赶快行动起来，把本国独特的文化继承(jì chéng)下去，发扬光大。只有这样，我们这个世界才是一个多元化的、绚丽多彩(xuàn lì duō cǎi)的世界。

提示：

① 此练习要求以文章的格式来完成。

② 全球化给中国的传统文化带来了冲击，青年人有责任守住民族文化的底线，不盲从。老师也有责任帮助学生树立民族自豪感、民族自尊心。

③ 因为学生可能来自不同国家和地区，老师可鼓励他们写文章，谈如何保护自己国家/地区的传统文化，也可从与题目所列的六个方面类似的话题入手。

④ 建议启发学生理解"越是民族的，越是世界的"。

⑤ 老师还可以介绍中国政府采取的一些保护传统文化的措施：在外国成立"孔子学院"，把中秋节、清明节、端午节定为国家法定节假日等。

2. 阅读短文并写作文

写一篇文章，联系你的亲身经历谈一谈饮食与健康的关系。

食疗

食疗又称"食治"，是中医治疗学的组成部分。食疗即利用食物来影响机体各方面的功能，使其获得健康或预防疾病的一种方法。食疗是按照中医营养学的观点，研究食物的性味功能和合理搭配，以宜于养身、防疾、治病的专门学问。

人们通常认为，食物的作用就是为人体提供生长发育和健康生存所需的各种营养素。而中医很早以前就认识到食物不仅能提供营养，而且能疗疾祛病。中医学从"医食同源"的观点出发，认为不但药物具有寒凉温热四气、辛甘酸苦咸五味，食物也不例外，只要辨明食物的寒热润燥之性，即有疗病功效。

食疗食物类型繁多，主要有粥、汤羹、酒剂等。粥中加入药物同煮便称为"药粥"，也可将适量药汁兑入粥中供病人服用。汤羹是以肉、蛋、奶、鱼、银耳等食物为主，适当配入其他药物，经煎、煮或熬、炖等方法烹制而成的，如百合银耳羹具有安神、健脑之功。酒剂也称为"药酒"，如人参酒，一般通过浸泡或酿造制成。酒是药食两用之品，有散寒、活血、温胃、助药力之功。

中医历来强调"药疗不如食疗"，因为食疗不会产生任何毒副作用；而且，食物是人们日常生活中平常的东西，价格低廉；并且食疗无痛苦，它让人们在享受美食的过程中祛除病痛，避免打针、吃药甚至手术之苦。因此，中医认为人体有病要先考虑食疗，没有效果再用药物。

当然，虽然食疗能防病治病，但不等于能包治百病，也不能代替药物治疗。如果病情急重或应用食疗后疾病未减轻，还应及时请医生指导、治疗。

提示：
建议学生按照文章的格式来写。内容可包括：

- 中医很早以前就认识到食物不仅能提供营养，而且能疗疾祛病
- 中医认为只要辨明食物的寒热润燥之性，即有疗病功效
- 食疗食物类型繁多，主要有粥、汤羹、酒剂等
- 中医强调"药疗不如食疗"，因为食疗不会产生任何毒副作用
- 食疗无痛苦，让人们在享受美食的过程中祛除病痛，避免打针、吃药甚至手术之苦
- 学生可联系亲身经历谈自己是如何利用食物来养生、保健、祛病的

阅读与理解

阅读一　　　　　　　　　　　　筷子

第一段 [1]　　筷子可谓中国的国粹之一。筷子这两根简单、细长的棍状物具有夹、挑、扒、拨等功能，用起来轻巧灵活。筷子在各种餐具中独树一帜，真是中华民族伟大的发明。

第二段 [5]　　筷子的起源可追溯到大约三千多年前。传说远在古代，夏朝帝王大禹在外日夜治水。有一天，大禹架起陶锅煮肉。肉煮熟后用手拿太烫，于是他砍下两根细树枝把肉从锅里捞出来吃。手下的人看见后相继效仿。这个传说也许就是筷子的起源。

第三段 [10]　　在古代，筷子称为"箸"。由于"箸"跟"住"谐音，而"住"有停止的意思，所以古人比较忌讳，后来就改用"快"字。由于"快"由竹制成，于是就在"快"字上边加竹字头，这就变成了今天我们看到的"筷"。远在商代，中国人的筷子就已经非常讲究了，出现了金筷、银筷、象牙筷，以显示富贵，普通人则用骨筷和竹筷。

第四段 [15]　　长期以来，人们在使用筷子时也形成了一些习俗。人们忌讳用餐时随意敲筷子或用筷子敲打其他餐具，如碗、杯子等。发筷子时要把筷子一双一双理顺了，轻轻地竖着放在每位就餐者的餐桌前，不能把筷子随手扔过去。筷子也不能交叉着放，也不能一根是大头、一根是小头放在一起。筷子只能放在碗的旁边，不能放在碗的上面。如果中途离开餐桌，要把筷子放在桌上或碗碟的旁边，不能把筷子插在饭里就走。吃饭时，不能拿着筷子在空中乱挥，也不能用筷子在菜里乱翻。

第五段 [20]　　秦汉时期，中国使节东渡，将华夏文化传入东邻的同时也带去了筷子文化。在亚洲儒家文化圈内的国家中，日本、韩国、新加坡等都用筷子作为主要餐具。

186

A 判断正误，并说明原因

		对	错
1. 筷子的功能很多，能夹、挑、拨等。			
原因：筷子……具有夹、挑、扒、拨等功能。		✓	
2. 人们最初为筷子起名"快"。			
原因：在古代，筷子称为"箸"。			✓
3. 在商代，用金筷、银筷是富贵的象征。			
原因：远在商代，……，出现了金筷、银筷、象牙筷，以显示富贵。		✓	
4. 人们使用筷子的历史悠久，一些习俗也因此形成了。			
原因：长期以来，人们在使用筷子时也形成了一些习俗。		✓	
5. 在用餐时，筷子是不可以用来敲打其他餐具的。			
原因：人们忌讳用餐时随意敲筷子或用筷子敲打其他餐具。		✓	

B 根据短文选择正确答案

1. 筷子 __d__ 。
   a) 是各国通用的餐具
   b) 曾是富人家的专用餐具
   c) 在秦汉时期由使节传入欧洲国家
   d) 有三千多年的历史

2. 人们忌讳把筷子 __b__ 。
   a) 放在桌上
   b) 随手扔给客人
   c) 当成叉子用
   d) 摆在碗边

3. 筷子不能放在 __c__ 。
   a) 饭碗的旁边   b) 餐桌上
   c) 碗的上面   d) 碟的旁边

4. 如果吃到一半要离开，筷子应 __c__ 。
   a) 插在饭碗里
   b) 理顺了放在饭碗上
   c) 放在碗的旁边
   d) 随身带着

5. 吃饭时，筷子不可以 __b__ 。
   a) 竖着放在碗的旁边
   b) 在菜里乱翻
   c) 当做餐具
   d) 横放在碗边

6. __b__ 属亚洲儒家文化圈内的国家。
   a) 秦汉时期   b) 日本、韩国
   c) 中国所有邻国   d) 欧洲国家

187

C 根据短文找出四个正确的句子

☑ 1. 筷子在餐具中自成一家，非常独特。
☑ 2. 筷子的雏形是大禹用来捞锅里的肉的两根细树枝。
☑ 3. 古人认为筷子最初的名字"箸"不好，所以才改名。
☐ 4. 在古代只有有钱人才用筷子吃饭。
☐ 5. 远在古代，就有了怎样合理使用筷子的明确规定。
☑ 6. 筷子的两头大小不一：一头大，一头小。
☐ 7. 秦汉时期，中国的皇帝把筷子带到了亚洲其他国家。

D 从右边找到最适合的部分完成下列句子

1. 筷子可谓　　B　　A 普通老百姓用的都是骨筷和竹筷。
2. 大禹的手下人　F　　B 中国的国粹之一。
3. 在商代，　　 A　　C 也使用筷子。
4. 日本、韩国等亚洲　C　D 使用筷子的习俗一直流传至今。
   国家　　　　　　　E 筷子不能插在饭里，要放在桌上。
5. 中途离开餐桌时，E　F 后来也用细树枝当餐具。
　　　　　　　　　　　G 就有了象牙做的筷子供穷人使用。
　　　　　　　　　　　H 灵活轻巧，但功能比刀叉要少。

E 从右边的段落大意中找出最合适的

1. 第一段　F　A 筷子的起源。
2. 第二段　A　B 使用筷子的习俗。
3. 第三段　G　C 筷子如何成为一些亚洲国家的主要餐具。
4. 第四段　B　D 筷子传到了世界各国。
5. 第五段　C　E 筷子在餐具中的地位。
　　　　　　　F 筷子的文化意义和功能。
　　　　　　　G 筷子的名称的由来及类别。
　　　　　　　H 使用筷子对大脑的益处。

阅读与理解

海归

阅读二

"海归"指有海外留学和工作经验的留学归国人员。近些年，"海归"一词仍是中国政治经济生活中的热点词汇。

中国向海外派遣留学生已有100多年的历史。第一代留学生是从1872年到1875年，清政府先后选派了120名10至16岁的少年赴美留学。他们学成回国成为第一代海归。他们不只 ① 了西方的先进技术，更在文化、政治等各个领域为中国的现代化奠定了基础。

第二代海归主要指19世纪末20世纪初留日及赴欧的学生，最具代表性的人物是孙中山、周恩来、邓小平等。他们归国后为中国的革命 ② 了卓越的贡献。

第三代海归 ③ 于上个世纪四五十年代。他们主要从欧美留学归来，以学习科学技术为主，代表人物是科学家钱学森、钱三强等。

第四代海归是从前苏联和东欧留学归来的。从1950年到1965年，这些留学生主要在国外学习工程技术和实用科学，回国后都成为了20世纪五六十年代 ④ 新中国建设的中坚力量。

第五代海归是从1978年改革开放后算起的。第一批是上世纪80年代回国的，现在大多在国内管理和科研岗位上 ⑤ 领导职务和负责人；第二批是90年代初回国的，他们大都 ⑥ 科研人才；第三批是在香港回归前后回来的，他们大都以IT业为入口进入中国的现代经济，对国家经济实力的提升作出了重大贡献。目前，有实力的海归们仍以其国际化的学历背景，因在国外 ⑦ 高科技领域的技术优势而受到国内人才市场的宠爱。

总之，五代海归尽管 ⑧ 不同的历史条件和机遇，但回国之后在中国的社会制度、民主政治、经济建设、科技发展等方面都留下了足迹，也都为国家的发展建设作出了杰出的贡献。

189

A 从下面的方框里为短文选择最合适的词语填空

> 属于　涉足　作出　建设　面临
> 引进　吸引　担任　开创　集中

1. 引进
2. 作出
3. 集中
4. 开创
5. 担任
6. 属于
7. 涉足
8. 面临

B 根据短文找出四个正确的句子

- ☑ 1. 在当今中国政治经济生活中，海归起着举足轻重的作用。
- ☑ 2. 第一批海归影响了中国的文化和政治领域。
- ☑ 3. 孙中山在中国历史上是最具代表性的第二代海归人物之一。
- ☐ 4. 自1978年改革开放后，只有第一批海归已经投入到了中国经济建设中。
- ☐ 5. 20世纪80年代回国的留学生都在担任重要的领导职位。
- ☐ 6. 20世纪90年代的海归们很少从事科研工作。
- ☑ 7. 第五代海归正逢中国的改革开放，他们为中国的经济发展建设作出了卓越的贡献。

C 用短文中的名词填空

1. 具有丰富的 经验 （第1行）
2. 学习先进的 技术 （第5行）
3. 涉足文化 领域 （第6行）
4. 打下了扎实的 基础 （第6行）
5. 参加中国的 革命 （第8行）
6. 作出 贡献 （第9行）
7. 急需 人才 （第17行）
8. 具有同等 学历 （第19行）
9. 创造就业 条件 （第22行）
10. 参与 建设 （第23行）

190

D 根据短文选择正确答案

1. "热点词汇"(第2行)的意思是 __b__。
   a) 各大公司抢手的人才
   b) 大家关心的一个话题
   c) 主要的留学归国人员
   d) 人们难得提起

2. "19世纪末"(第7行)的意思是 __b__。
   a) 2000年前后
   b) 快进入1900年
   c) 1800年年初
   d) 1990~1999年

3. "中坚"(第14行)的意思是 __a__。
   a) 最有力并起较大作用
   b) 担任中级职位
   c) 拥有一技之长
   d) 担任次要职位

4. "回归"(第17行)的意思是 __b__。
   a) 归属中国的经济发展区
   b) 回到了祖国的怀抱
   c) 属于重点项目
   d) 归队

E 判断正误，并说明原因

	对	错
1. 邓小平是第二代赴国外学习的留学生。 原因：第二代海归……，最具代表性的人物是……、邓小平等。	✓	
2. 钱学森、钱三强是第三批海归的代表人物。 原因：第三代海归……，代表人物是科学家钱学森、钱三强等。	✓	
3. 去前苏联留学的海归为上个世纪五六十年代的新中国建设作出了重要的贡献。 原因：第四代海归是从前苏联和东欧留学归来的。……，回国后都成为了20世纪五六十年代开创新中国建设的中坚力量。	✓	
4. 在国内人才市场上，具有国际化学历背景并在国外涉足高科技领域的海归最抢手。 原因：目前，有实力的海归们仍以其国际化的学历背景，因在国外涉足高科技领域的技术优势而受到国内人才市场的宠爱。	✓	

第五单元 第14课

无国界脱贫会

通知

[1] 无国界脱贫会成立于2008年1月10日，是一个不分国籍、种族、政治主张、宗教信仰的志愿者组织。它由一群从事心理辅导的社工、热心参加义务工作的社会专业
[5] 人士组成，其目的是为弱势群体、贫困地区提供援助，最终使他们脱贫。

在世界范围内，贫困一直存在。1990年至2005年，全球每天靠1.25美金生活的贫困人口从18亿降到了14亿。虽然世界性的贫困问题不断得到改善，但是还有很多事情
[10] 需要我们去做。无国界脱贫会致力于筹募资金，帮助贫困地区开发资源、创造就业机会、盖房子、修建道路、提供医疗及教育设施等。

到目前为止，该组织在世界上许多国家设立了办事处，为当地提供专业人员指导和物资方面的支援，并派
[15] 志愿者去做义工。为了配合今年的工作，我们将招募并培训更多的志愿者，请大家积极报名参加。

主办机构：无国界脱贫会

目的：招募并培训志愿者，合格者将被派往世界各国贫困地区小学工作半年

提示：

① 本课课文的形式/文体是通知。

② "贫困与饥饿"是一个较新的话题，所以上课前老师可让学生先搜集有关资料。当然资料主要以中国的贫困状况为主。

③ 老师可让学生先将搜集到的材料汇总，也可带领学生一起讨论：
   a) 贫困地区的特征是：经济发展水平低，自然条件差，交通不便，文化、科技、教育不发达等。
   b) 中国政府、民间团体为贫困地区的人们做了什么：希望工程（建希望小学）、为留守儿童创造受教育机会等。

④ 老师还可让学生联想自己两年来为中国或其他国家/地区的贫困人士做过哪些慈善活动、募捐活动等。老师可有意将本课要求学的词语即时介绍给学生。待所有词语学完后，老师可跟学生一起精读课文。

⑤ 当然，如果条件允许，还可就学生所居住的国家/地区的贫困现状进行讨论，使学生对自己国家/地区的贫困状况有所了解。

⑥ 课本194页的练习一可以用来复习、重温课文。

[20] 内容：教师培训（授课教师为中文大学教育系教授，培训合格者将作为志愿者派往贫困地区教书。）

报名日期：8月13日开始，9月20日截止

授课时间：10月1日开始，为期8周

报名及授课地点：上海街2号九龙社区礼堂

[25] 对象：个人、家庭及团体（18岁以上）　　名额：50人一班

费用：免费

联系人：王小姐　　咨询电话：2110 0000

网址：www.antipoverty.org.hk

生词

1. 国界 guójiè national boundary
2. 脱 tuō escape from　脱贫 tuōpín get rid of poverty
3. 国籍 guójí nationality; citizenship
4. 种族 zhǒngzú race; ethnicity
5. 仰 yǎng look up; admire; rely on
　信仰 xìnyǎng belief; faith
6. 志愿 zhìyuàn volunteer; do sth. of one's own free will
　志愿者 zhìyuànzhě volunteer
7. 心理 xīnlǐ psychology; mentality
8. 义务 yìwù duty; obligation
9. 弱势 ruòshì the weak　10. 群体 qúntǐ group
11. 援 yuán help　援助 yuánzhù help
12. 存在 cúnzài exist　13. 美金 měijīn US dollar
14. 改善 gǎishàn improve　15. 致力 zhìlì be devoted to
16. 筹募 chóumù collect (funds)　17. 资金 zījīn fund
18. 开发 kāifā develop; open up; exploit

19. 源 yuán source　资源 zīyuán resources
20. 就业 jiùyè get a job
21. 盖（蓋）gài build; put up (a house)
22. 修建 xiūjiàn build; construct
23. 医疗 yīliáo medical treatment
*24. 该 gāi this　25. 办事处 bànshìchù office; agency
26. 物资 wùzī goods and materials
27. 支援 zhīyuán support; help
28. 派 pài send; dispatch　29. 招募 zhāomù recruit
30. 培训 péixùn train; cultivate　31. 主办 zhǔbàn sponsor
32. 合格 hégé qualified; up to standard
33. 截 jié by (a specified time); up to　截止 jiézhǐ end; close
34. 团体 tuántǐ organization; group
35. 额（額）é specified number
　名额 míng'é quota (of people)
36. 咨 zī consult　咨询 zīxún consult

193

口语热身

1. 根据课文回答问题
1) 无国界脱贫会成立于哪一年？是一个什么性质的组织？
2) 无国界脱贫会由哪些成员组成？成立的目的是什么？
3) 世界范围内的贫困现状怎么样？
4) 脱贫会主要做哪些工作？
5) 本通知的目的是什么？
6) 哪些人可以报名参加这次教师培训？

2. 根据实际情况回答问题
1) 你认为世界性的贫困问题严重吗？请拿一个国家作为例子，说明贫困问题是否严重，并谈谈应该怎么解决。
2) 你有没有听说过像无国界脱贫会这样的组织？请简单介绍一个你知道的类似组织。
3) 你有没有为你们地区的贫困、弱势群体做过义工？做过什么工作？你从中获得了什么经验？
4) 你们学校支持哪个慈善团体、机构？你们是通过什么方式来募捐、筹款的？
5) 除了在本地，你还去过其他地方做义工吗？去过哪儿？做过什么？有哪些感想？
6) 如果有机会的话，你会报名参加无国界脱贫会吗？为什么？根据你自己的特长，你可以在哪方面帮助贫困地区？
7) 你觉得要使一个贫困地区脱贫，最先解决的应该是什么？为什么？
8) 为了慈善事业，你可能会组建一个什么样的团体或机构？你希望达到什么目的？你应该先从哪几个方面着手准备？预测一下会碰到什么困难。

消化课文

答案（仅供参考）：
1) 2008年。这是一个不分国籍、种族、政治主张、宗教信仰的志愿者组织。
2) 它由一群从事心理辅导的社工、热心参加义务工作的社会专业人士组成，其目的是为弱势群体、贫困地区提供援助，最终使他们脱贫。
3) 在世界范围内，贫困一直存在，但世界性的贫困问题在不断得到改善。
4) 脱贫会致力于筹募资金，帮助贫困地区开发资源、创造就业机会、盖房子、修建道路、提供医疗及教育设施等。
5) 招募并培训志愿者，合格者将被派往世界各地贫困地区小学工作半年。
6) 个人、家庭及团体，要求年龄18岁以上。

提示：
此练习中的问题都与贫困、做义工有关。如条件允许，可就这些问题逐一进行深入讨论。

语言难点

1. 完成句子

Ⓐ例子：无国界脱贫会成立于2008年1月10日。（第2行）

无国界脱贫会致力于筹募资金、提供医疗及教育设施等。（第10行）

Ⓑ例子：到目前为止，该组织在世界上许多国家设立了办事处。（第13行）

无国界医生协会成立于_____。
世界卫生组织致力于_____。
到今天为止，世界上的贫困人口____。

2. 用带点的词语模仿例子造句

Ⓐ例子：它由一群从事心理辅导的社工、热心参加义务工作的社会专业人士组成。（第3行）

Ⓑ例子：到目前为止，该组织在世界上许多国家设立了办事处。（第13行）

Ⓒ例子：我们将招募并培训更多的志愿者。（第15行）
我们会在四川的一个山区设立一个教师培训中心。
无国界脱贫会要派150位义工去四川的一个山区工作半年。

3. 用课文中的动词填空

1) __提供__ （第5行）各种课程
2) __存在__ （第7行）贫富差距
3) __改善__ （第9行）居住环境
4) __创造__ （第11行）财富
5) __设立__ （第13行）基金
6) __支援__ （第14行）灾区重建
7) __招募/培训__ （第18行）专业人才

实际运用

口语训练

小组讨论

你们计划组织一次慈善活动，将在以下几个方面作详细的讨论：
- 活动日期
- 有哪些活动
- 募捐对象
- 善款捐赠给哪个机构
- 要做哪些准备工作

例子：

学生1：我们今年想组织一次慈善活动。通过哪些活动我们才能筹到更多的善款呢？

学生2：活动形式有很多，以前我们一般通过糕饼义卖、越野赛跑、便服日等活动来筹善款。不过这些活动大家都太熟悉了，没有新鲜感。这次我们是不是得想出一些创新的办法来？这样既有新鲜感，又能筹得更多的善款。

学生3：这一次，除了把一部分钱捐给以前一直援助的儿童基金会以外，我还想捐给一家养老院。最近我在这家养老院做义工。他们想改善设施，比如盖活动室、修建餐厅，但是缺少资金，我们的捐款正好可以帮助他们。

学生1：我倒有一个好主意。我们可以跟父母商量，请他们的公司把一些货品捐出来义卖。

学生2：义卖什么呢？

学生1：我们可以义卖红酒。在学校的义卖日那天我可以请我爸爸公司来人，把批发价的红酒拿到学校，卖得的钱全部

提示：

① 相信这个话题对于学生并不陌生，因为很多学校都会组织类似的活动，而且大部分的活动由高年级学生来主持。所以只要学生们细心回顾一下之前做过的、参与过的慈善活动，讨论时都可以有话讲。

② 鼓励学生想一些有创意的活动，比如将慈善与环保联系起来：接力踏自行车的同时发电；把自己（或兄弟姐妹）的旧文具、玩具用一个盒子装起来，包好，写上给多大的孩子，男孩还是女孩。这种"爱心盒活动"既达到了回收利用的目的，又为贫困地区的小朋友带来了欢笑。

③ 可建议学生模仿"例子"继续讨论下去。"参考句子"中有些想法也可借鉴。

捐出去。

学生2：这还不够。我们需要更多的货品，而且这些货品要卖得出去，比如牛仔裤、T恤衫之类的。

学生3：这倒是个好主意。那我们可以先分几步来做。第一，我们分头跟各自的父母说说筹款的意图；第二，我们还要设计宣传广告，做好宣传工作，让更多的人理解和支持我们的活动。

学生1：第三，我们要租一个摊位；第四，我们还需要更多的人手；第五，我们要跟学校的义卖日组织者联系，告诉他们我们的义卖活动，争取得到他们的支持。

学生2：我们还要安排轮流值班，这样摊位上就一直有人。

学生3：我相信我们一定能达到预期的目标。我们以前组织过多次大型的慈善活动，有丰富的经验，而且我们一直合作得很好，有团队精神，组织能力和办事能力都相当强。我相信我们每个人都能胜任各自的工作，并且出色地完成任务。

参考句子

a) 我们还可以设立几个奖项，对活动中表现特别出色的同学和募捐最多的人给予表彰，给他们颁发奖状或奖杯。

b) 我舅舅的工厂专门做出口毛衣生意，我也让他捐一些来卖。

c) 我爷爷的酒店每年都有一批餐具要更新，可以把一些旧餐具拿来义卖。

d) 我们也可以在义卖日那天组织、安排一些特别的游戏、节目，比如街舞比赛、有奖投篮等，相信可以吸引很多人。

e) 我可以买到便宜的、单色的文具袋。我们可以在这些文具袋上画上各种图案拿去卖。这个主意怎么样？

f) 我们学校去年的义卖会办得不够好，在好几个方面需要改进。这次，我们每个人首先要做好自己分内的工作，其次要相互配合。我体会到团队精神非常重要。如果要想把一件事做好，不能只靠一个人，要靠大家的努力和合作。

写作训练

实际运用

1. 写电邮

假设你最近去做了两个星期的义工。这次经历使你获益匪浅。写一封电邮给你的朋友，提及以下几个方面：

- 你是什么时候去做义工的？做了多久？
- 做了什么工作？对当地人有何帮助？
- 你从中有何收获？
- 你对做义工有何看法？

参考句子

a) 我暑假去了一所山区小学做义工。我是跟五个同学一起去的。我们帮助小学盖房子、教汉语和英语、协助体育老师上体育课，还帮助他们开展各种课外活动。

b) 我最近去了一家儿童医院做义工。其中一个病房里都是患白血病（bái xuè bìng）的小孩儿。我每星期去两次，每次三个小时。我给他们讲故事、跟他们一起做游戏、教他们唱歌。我还用自己的零用钱（líng yòng qián）给其中一个病房买了一部电脑，这样小孩子可以上网。

c) 我在一家幼稚园（yòu zhì yuán）做义工。我每天放学后就直接去那里工作。我帮他们清洗绘画用的调色板、装订（zhuāng dìng）小人书、把孩子的画儿贴在墙上。别看这些事情很简单，可是每次做完我都累得腰酸背疼（yāo suān bèi téng）。

d) 通过做义工，我体会到做事要细心、踏实、认真，而且要有责任心，还要学会跟别人合作，要学会接受挑战，想办法克服困难。

e) 我现在体会到，能用自己的双手帮助人、给别人带来快乐是多么值得。我非常珍惜这次做义工的宝贵机会。

提示：

① 此练习要求以非正式电邮的格式来写。

② 如果学生有做义工的经历，这封电邮不难写。但是如果有的学生没做过义工，可建议学生想象到一所小学做义工，这是最容易写的，因为每个人都对自己刚离开不太久的小学记忆犹新。学生可以按题目中所列的四个方面逐一展开。

2. 阅读短文并写作文

给短文中提到的李建平先生写一封电邮，申请做义工。

资助爱心小学工程

从5月1日起，青年基金会将启动"资助爱心小学工程"，动员社会的力量出钱出力，为贫困的农村地区建造小学，并为家庭经济困难的学生提供助学金及基本生活费用。

这次行动希望社会各界慷慨捐助，有钱出钱，有力出力。捐赠者可以把捐款汇入指定银行账号。社会各界人士还可以实现结对认捐学生。在网站上，您能了解到学生的有关信息，比如年龄、性别、家庭背景、学习情况等。如果您选择认捐一名或多名小朋友，就可以直接在网上填表然后发送到aixin@gmail.com。我们会定期向您汇报该小朋友的生活和学习情况。您也可以通过电话和电邮的形式跟他/她联系，过年过节买些礼物给他/她，使他们也能分享温暖和节日的气氛。如想去那里做义工，请发电邮到以上邮箱跟李建平先生联络。

青年基金会希望用这次筹得的善款建造一所能容纳大约200个学生的新学校，并配备合格的老师和基本教学设施，包括图书馆、电脑室、操场、体育室等。由于偏远农村通讯不太发达，信息不够灵通，所以新学校将购置10部电脑，这样可以推动学校开展信息技术教育。

通过"资助爱心小学工程"网站（www.aixin.com.cn），社会公众可以了解到公开、透明、及时的具体活动实施情况。青年基金会保证向公众负责，也接受社会的监督，合理使用善款，发挥志愿者的作用，真正帮助贫困农村发展教育事业。

青年基金会倡议社会各界人士赶快行动起来，为贫困地区的小朋友献出爱心，为那些地区的小学教育事业作出贡献。我们的点滴捐赠都会给那里的小朋友带来学习和生活上的改变。

提示：

建议学生按照正式电邮的格式来写。学生可联系自身情况写这封申请做义工的电邮：

① 学生可首先向李建平先生作自我介绍，包括：自己的年龄、就读的年级、性格、语言技能、特长、义工经验、申请目的、适合的时间段等

② 可参考、运用以下语句：
- 我希望为"资助爱心小学工程"出力
- 资助贫困的农村地区建造小学
- 为贫困地区的小朋友献出爱心
- 为那些地区的小学教育事业作出贡献

阅读与理解

阅读一

[1] 如果你去华山,也许能遇上一位独臂挑夫,他叫何天武。他自强不息的事迹在凤凰卫视的《冷暖人生》节目里播出过,他还曾做客凤凰卫视的《鲁豫有约》节目。老何这一下便成了名人,也因此成了华山的一道风景。

[5] 1989年,老何的妻子由于身患重病去世,留下两个幼小的儿子及为妻子看病欠下的巨额债务。为了挣钱养家糊口,老何去了煤矿工作。不幸的事接踵而来。1992年,在一次矿难中,他失去了左胳膊,并且只拿到了四千多元的抚恤金回老家种地。靠天吃饭的农活儿好像也不是出路。有一年,一场洪水使他一年的辛勤劳动、汗水和希望都付诸东流。

[10] 1999年,老何去了上海打工。但是,打工这条道并不平坦,工作机会并没有眷顾一个残疾人,老何时常被人歧视。人生的太多磨难使他想到轻生,想过以死来了结这无尽的灾难。然而想到两个幼小的孩子,他决定靠自己的"双手"来养活家人,靠踏实做人来换得人们的尊重。

2000年,老何来到了华山当挑夫。虽然挑夫的日子一点儿都不轻松,
[15] 但是老何在华山找到了尊严和希望。他十年如一日每天背负数十斤、上百斤的货物在华山陡峭险峻的山路上,用挣来的血汗钱来养活两个儿子。

老何是个乐观、诚实、兴趣很广的人。他喜欢写毛笔字,爱唱歌,还喜欢长跑。他曾经在陕西省残疾人运动会上获得5000米赛跑第一名。他常教育儿子:"要踏实走好每一步。"他的座右铭是:人可以落魄,
[20] 但不能失魂。

老何凭着顽强的毅力和对家人强烈的责任感重新站了起来。他的传奇故事激励着不少自立奋斗的中国人。

200

A 用短文中的词语填空

（一）找反义词

1. 坎坷→(平坦)(第10行)
2. 沉重→(轻松)(第14行)
3. 悲观→(乐观)(第17行)
4. 懦弱→(顽强)(第21行)

（二）用短文中的名词填空

1. 领取 抚恤金 (第8行)
2. 付出 劳动/汗水 (第9行)
3. 歧视 残疾人 (第11行)
4. 培养 兴趣 (第17行)

（三）用短文中的动词填空

1. ___播出___ (第2行) 老何的事迹
2. ___养活/尊重___ (第13行) 子女
3. ___换得___ (第13行) 人们的尊敬
4. ___激励___ (第22行) 年轻的一代

B 根据短文找出四个正确的句子

☑ 1. 老何为了养家糊口而去煤矿做工。
☑ 2. 老何尝试过回家种地来养活自己和家人。
☐ 3. 1992年，老何曾经在上海打工，但是受到了歧视。
☑ 4. 虽然老何是挑夫，但人们尊重他，因为他靠劳动吃饭。
☐ 5. 老何兴趣广泛，琴棋书画样样都行。
☐ 6. 老何每年都参加省级长跑，还经常得奖。
☑ 7. 老何的顽强毅力感动了不少人。

C 为短文配题目

☐ 1. 不幸的人生
☑ 2. 华山独臂挑夫
☐ 3. 自强不息的精神
☐ 4. 不寻常的经历

201

D 判断正误，并说明原因

	对	错
1. 何天武是华山上的一名挑夫。 原因：如果你去华山，也许能遇上一位独臂挑夫，他叫何天武。	✓	
2. 在《鲁豫有约》节目里，人们了解到了华山上的这位独臂挑夫。 原因：他自强不息的事迹在凤凰卫视的《冷暖人生》节目里播出过。		✓
3. 一次矿难使老何变成了残疾人。 原因：1992年，在一次矿难中，他失去了左胳膊。	✓	
4. 想到幼小的孩子，他坚定了活下去的信念，而且要活得有尊严。 原因：然而想到两个幼小的孩子，他决定靠自己的"双手"来养活家人，靠踏实做人来换得人们的尊重。	✓	
5. 挑夫工作虽然艰辛，但能养活自己和两个孩子。 原因：虽然挑夫的日子一点儿都不轻松，……，用挣来的血汗钱来养活两个儿子。	✓	
6. 老何能歌善舞，而且兴趣广泛。 原因：老何是个……兴趣很广的人。他喜欢写毛笔字，爱唱歌，……。		✓

E 根据短文选择正确答案

1. 老何的事迹 __b__ 。
   a) 在陕西省人人皆知
   b) 在凤凰卫视播出过
   c) 在他的家乡传播
   d) 完全是虚构的

2. 老何为他妻子看病 __a__ 。
   a) 花了不少钱
   b) 付出了辛勤的劳动
   c) 辞掉工作回家种地
   d) 到处寻医问药

3. 老何得到四千多块抚恤金是因为 __c__ 。
   a) 他家庭经济有困难
   b) 他要还清巨额医疗债务
   c) 他因公致残
   d) 他工作出色而获得奖励

4. __a__ 使他想到了轻生。
   a) 接踵而来的不幸
   b) 一年辛勤耕作却没有收获
   c) 身残后的精神痛苦
   d) 妻子的病故

阅读与理解

阅读二

华西村位于江苏省江阴市华西镇，紧依长江，在江山环抱之中。全村共有大约400户人家，近2000村民。华西村的每户人家有400~600平方米的别墅，至少有100万元的存款，有1~3辆小汽车，真正过上了小康生活。华西村被誉为"中国第一村"。

自从中国改革开放后，经过三十多年的奋斗，华西村发生了巨大的变化，实现了农村城镇化，农业工业化，农民知识化。第一，农民变灵了。现在绝大部分年轻人有大学学历，还有很多人有机会出国进修、留学，懂外文的人才也不少。第二，村庄变新了。以前零落破旧的茅草房变成了新房，而且还配有各种娱乐、体育、休闲、商业等设施。第三，产品变精了。华西村以前从事小打小闹的手工业，如今走上了一条开发高科技产业、创名牌、出优质产品的具有国际竞争力的新兴产业的道路。第四，集体致富了。华西村发展合资、联营、股份制、私营多元化、混合型经济，加快了经济的发展。江苏华西集团公司于1994年成立，下属八大子公司，固定资产超过70亿元。第五，生活变好了。村民的生活水平得到了很大的提高，家家有余钱，人人能就业，安居乐业。第六，环境变美了。华西村的村貌发生了脱胎换骨的变化，平坦、宽阔的马路，田边绿树成荫，工厂整洁干净。

迄今为止，华西村已经实现了"小有教、老有靠、房有包、病有保、玩有场、餐有供、行有车"。华西村民发扬"艰苦奋斗、团结奋斗、服从分配、实绩到位"的精神，走出了一条共同发展致富的道路，可谓中国亿万农民和农村发展的典范。

203

A 用短文中的词语填空

（一）用短文中的动词填空

1. __实现__（第6行）农业现代化
2. __开发__（第11行）新的品种
3. __发展__（第12行）高科技
4. __发生__（第16行）变化
5. __发扬__（第19行）创新精神
6. __服从__（第20行）安排

（二）用短文中的名词填空

1. 兴建 __别墅__（第3行）
2. 创造 __机会__（第7行）
3. 扶植(fú zhí) __手工业__（第10行）
4. 研发 __产品__（第11行）
5. 提高 __竞争力__（第11行）
6. 成为 __典范__（第21行）

B 根据短文找出四个正确的句子

- ☑ 1. 华西村被山水环抱(huán bào)。
- ☐ 2. 华西村是中国第一个靠自己脱贫的村庄。
- ☐ 3. 华西村的工业主要靠来料加工，然后出口到海外。
- ☑ 4. 华西村村民如今的生活水平比30年前大大地提高了。
- ☑ 5. 华西村村民过着安居乐业(ān jū lè yè)的生活。
- ☐ 6. 华西村村民靠积蓄(jī xù)养老，因为没有劳保。
- ☑ 7. 华西村村民走上了一条团结奋斗、共同发展致富(zhì fù)的道路。

C 为短文配题目

- ☐ 1. 中国农村唯一的发展途径
- ☐ 2. 穷村换新貌(xīn mào)
- ☑ 3. 华西村——中国农村发展的典范(diǎn fàn)
- ☐ 4. 农村致富的道路——开发高科技

204

D 判断正误，并说明原因

1. 华西村在三十多年的时间里发生了翻天覆地的变化。　　对　错
   原因：经过三十多年的奋斗，华西村发生了巨大的变化。　　✓

2. 华西村的年轻人有很多出国进修的机会。
   原因：现在绝大部分年轻人有大学学历，还有很多人有机会出国进修、留学。　　✓

3. 华西村过去从事钟表手工业。
   原因：华西村以前从事小打小闹的手工业。　　　　　　　　　　✓

4. 华西村里有体育、娱乐、商业配套设施。
   原因：……，而且还配有各种娱乐、体育、休闲、商业等设施。　　✓

5. 华西村能制造出高质量、具有国际竞争力的产品。
   原因：华西村……，如今走上了一条开发高科技产业、创名牌、出优质产品的具有国际竞争力的新兴产业的道路。　　✓

E 根据短文选择正确答案

1. 华西村共有村民 __b__。
   a) 400多户
   b) 近2000人
   c) 400~600户
   d) 两千出头

2. 小康生活体现在 __a__。
   a) 每家有房有车和百万存款
   b) 每年出国进修
   c) 每人精通外文
   d) 每家有千余元存款

3. 在华西村，每家至少有 __c__。
   a) 两幢别墅
   b) 150万存款
   c) 一辆车
   d) 四辆轿车

4. 华西村每家每户都有 __a__。
   a) 余钱
   b) 出国留学生
   c) 公司
   d) 私营企业

5. 江苏华西集团公司 __a__。
   a) 有八大子公司
   b) 有两千名职员
   c) 不是母公司
   d) 拥有近70亿资产

6. 华西村 __b__。
   a) 有宽阔的田野
   b) 是新型农村
   c) 是崭新的工厂
   d) 只有部分农民致富了

第五单元 第15课

做绿色的一代

[1] 同学们好！

我今天演讲的题目是"保护环境，做绿色的一代"。

[5] 当今世界环境污染已经成为不可忽视的问题。人类一方面在创造物质文明，另一方面又滥用自然资源，结果，自然界的生态平衡遭到了严重的破坏。由于城市人口不断增加，人类把未经妥善处理的污水排放到江河湖海中，污染了生存环境。在大城市，工厂排出的有害气体再加上车辆排出的废气，造成了空气污染。在日常生

[10] 活中，人们大量使用一次性用品，比如塑料袋、一次性餐具等，这也造成了白色污染。

以上这些污染引起了温室效应，破坏了臭氧层，导致了全球暖化。近些年来，我们已经感受到了地球对我们的惩罚。在世界各地，每年都会出现台风、洪水、干

[15] 旱、冰雹、暴风雪、龙卷风等恶劣自然灾害。夏天有些地区高温可达四十几度，而有些地区的冬天却变得相当温暖。

作为年轻的一代，我们每个人都有责任保护环境。如果留意一下，你会发现其实自己在环保方面可以做的

[20] 事情很多。在日常生活中，我们不浪费食物；注意节约用水、用电；以走路代替开车或者多

[25] 坐公交车；还可以少乘电梯，多走楼梯；外出购物时自

206

提示：

① 环保这一话题对于学生并不陌生，可联系本课内容就以下题目进行多方位的学习、讨论：人类对大自然的破坏、粮食与水资源紧缺、全球气候变暖、自然灾害频发、如何保护能源、再生能源的开发利用等。

② 上课前老师可让学生搜集相关资料，课上师生共同讨论；也可让学生找一些关于自己所住国家/地区的环境状况的内容，这样可以一起讨论，一起比较。

③ 然后鼓励学生反省自己日常生活中是否存在不环保的行为或习惯，如：浪费水、买太多不必要的衣服、鞋、帽、文具、玩具；每天以车代步；空调一天24小时开着；浪费食物；扔垃圾时不分类；还有用的东西不回收再用，等等。如果存在就应马上检讨，以后改进。

④ 课本第208页练习一的题目可用来帮助学生重温、复述本课文。

备购物袋，等等。我们还要减少使用一次性的用品，注意分类回收废品。

[30]　　没有美好的地球就没有人类的未来。让我们大家行动起来吧，保护我们共同的家园，做绿色的一代。

　　谢谢大家！

生词

1. 忽 hū neglect　　忽视 hū shì ignore; neglect
2. 人类 rén lèi mankind
3. 自然界 zì rán jiè nature
4. 生态 shēng tài ecology
5. 平衡 píng héng balance
6. 遭 zāo suffer　　遭到 zāo dào suffer
7. 破 pò destroy　　破坏 pò huài destroy
8. 妥 tuǒ appropriate
　　妥善 tuǒ shàn appropriate; well arranged
9. 污水 wū shuǐ waste water; sewage
10. 排放 pái fàng discharge; release (waste gas, water, etc.)
11. 江 jiāng (large) river
12. 生存 shēng cún survive; live
13. 厂（廠）chǎng factory　　工厂 gōng chǎng factory
14. 气体 qì tǐ gas
15. 车辆 chē liàng vehicle
16. 废气 fèi qì waste gas or steam
17. 引起 yǐn qǐ give rise to; lead to
18. 温室 wēn shì greenhouse
19. 效应 xiào yìng (physical or chemical) effect
20. 臭 chòu smelly　　臭氧 chòu yǎng ozone
　　臭氧层 chòu yǎng céng ozone layer
21. 导致 dǎo zhì result in; cause
22. 暖化 nuǎn huà warming up
23. 洪 hóng big; vast　　洪水 hóng shuǐ flood
24. 旱 hàn drought　　干旱 gān hàn drought
25. 雹 báo hail　　冰雹 bīng báo hail; hailstone
26. 暴风雪 bào fēng xuě snowstorm
27. 龙卷风 lóng juǎn fēng tornado
28. 恶（惡）è evil; wicked
29. 劣 liè bad; inferior　　恶劣 è liè bad; vile; odious
30. 灾（災）zāi disaster　　灾害 zāi hài disaster
31. 留意 liú yì keep one's eyes open
32. 其实 qí shí actually; in fact
33. 梯 tī ladder; stairs　　电梯 diàn tī lift; elevator
　　楼梯 lóu tī staircase
34. 外出 wài chū be not at home
35. 分类 fēn lèi classify
36. 废品 fèi pǐn waste; junk
37. 家园 jiā yuán homeland

口语热身

1. 根据课文回答问题

1) 自然界的生态环境平衡是怎样遭到破坏的？
2) 水污染、空气污染和白色污染都是怎样造成的？
3) 温室效应对全球的气候有什么影响？
4) 人类受到了哪些来自大自然的惩罚？
5) 年轻的一代可以为保护环境做些什么？举两三个例子。
6) 人类为什么要保护地球？

2. 根据实际情况回答问题

1) 在你的周围，你看到了哪些滥用自然资源的现象？
2) 在你的日常生活中，你注意保护水资源吗？你是怎么做的？如果你做得不够好，今后想怎么改进？
3) 你经常使用一次性用品吗？用了哪些？你买东西时自备购物袋吗？政府应该采取哪些具体、有效的措施来限制或者制止(zhì)使用一次性用品？
4) 在节约用水、用电方面你做得怎么样？你觉得还需要进一步改进吗？怎样改进？
5) 在分类回收废品方面你做得怎么样？在这方面，你认为政府、社会和个人应该怎样做得更好？
6) 近几年，在你居住的地区有没有气候反常的现象？有哪些反常的现象？
7) 近几年，在你居住的地区有哪些自然灾害？这些自然灾害给社会、家庭和个人都带来了哪些影响？你认为政府在哪些方面可以做得更好？
8) 你认为在今后的20年里，气候和我们的生存环境会有哪些变化？有些预言家预测，如果人类不采取行动来保护地球，世界末日就离我们不远了。你相信吗？为什么？

208

消化课文

答案（仅供参考）：
1) 人类在创造物质文明的同时，滥用自然资源，使自然界的生态平衡遭到了严重的破坏。
2) 人类把未经妥善处理的污水排放到江河湖海中，造成了水污染；工厂排出的有害气体，再加上车辆排出的废气，造成了空气污染；人们大量使用一次性用品，造成了白色污染。
3) 温室效应破坏了臭氧层，导致了全球暖化。
4) 在世界各地，每年都会出现台风、洪水、干旱、冰雹、暴风雪、龙卷风等恶劣自然灾害。
5) 在日常生活中，不浪费食物，注意节约用水、用电；以走路代替开车或者多坐公交车。(少乘电梯，多走楼梯；外出购物时自备购物袋；减少使用一次性用品；分类回收废品。)
6) 因为没有美好的地球就没有人类的未来。

提示：
此练习里的题目都与环保有关，鼓励学生用心观察周围（包括家里、学校、社区）的一些不环保的现象，认真思考作为青年一代该如何为环保、为保护地球尽自己的一份力。如条件允许可进一步讨论。

232

语言难点

1. 完成句子

   Ⓐ例子：当今世界环境污染已经成为不可忽视的问题。(第4行)

   目前，汽车排出的废气严重污染了城市空气。

   Ⓑ例子：夏天有些地区高温可达四十几度，而有些地区的冬天却变得相当温暖。(第15行)

   当今白色污染_____。

   目前，水污染的情况_____。

   人们已经注意到了塑料对环境的破坏，而_____。

2. 用带点的词语模仿例子造句

   Ⓐ例子：人类一方面在创造物质文明，另一方面又滥用自然资源。(第4行)

   Ⓑ例子：近些年来，我们已经感受到了地球对我们的惩罚。(第13行)

   最近的十几年，我们已经注意到了地球的温度每年都在上升。

   在今后的几十年里，如果人类再不觉醒，采取必要的措施，居住环境会更加恶化。

   Ⓒ例子：作为年轻的一代，我们每个人都有责任保护环境。(第18行)

   Ⓓ例子：如果留意一下，你会发现其实自己在环保方面可以做的事情很多。(第19行)

3. 从课文中找反义词

   1) 破坏→(保护)(第2行)　　3) 节约→(浪费)(第21行)
   2) 毁灭→(创造)(第5行)　　4) 增加→(减少)(第28行)

209

实际运用

提示：

① 这个练习适合用作测验/考试。

② 建议让学生在进行讨论之前，分头搜集有关各种污染的起因、后果，这样讨论起来会更加言之有物。

③ 提醒学生围绕本书第230页（针对课本第206页）的提示中提到的各个环保话题来展开讨论。

④ "参考句子"中有一些很好的建议，可用来进行延伸讨论。

口语训练

小组讨论

近几年，你们注意到所在地区的环境保护工作进展缓慢，城市污染的情况每况愈下。请就此问题进行讨论。讨论中应提及以下几个方面：

- 在污染方面：
  水污染
  空气污染
  噪音污染
  白色污染
  光污染
- 环保工作做得不够
- 提出改进的建议

210

例子：

学生1：不知道你们有没有注意到，有些市民把玻璃瓶、塑料罐、废纸一起当做垃圾扔掉，根本没有回收再用的意识。

学生2：是啊，你们说现在是不是很少看到蓝天、白云，空气污染指数居高不下？城里的小河再也见不到清清的流水，水都变成了黑色的，每次经过，都能闻到一股臭味。

学生3：我还注意到市里的大厦一天到晚灯火通明，广告牌到了深夜还亮得耀眼，商店橱窗里的灯饰通宵闪亮，办公楼里即使没有人也亮着灯。晚上出去根本感觉不到是夜晚，像白天一样。

学生1：我们市今年参加了"地球一小时"的活动。试想，我们一年中只有在这一天有意识地熄灯一小时，这样就够了吗？我们应该每时每刻都记住要节约用电、用水，这是最基本的环保行动。

学生2：一个塑料购物袋只收五毛钱太少了，应该多收一些，因为很多人都觉得五毛钱不算什么钱，照样不自备购物袋，制造白色污染。

学生3：我们这样抱怨来抱怨去也没有用，还是想些办法吧。我们可以把今天讨论的问题写下来，然后再想一些办法、提一些建议，写一封信寄给市里负责环保的人，怎么样？

学生1：好，我支持你的想法。我认为政府可以在各个小区、商场放置更多的分类回收箱，让市民觉得回收利用不是一件困难的事。这样久而久之市民就养成了回收的习惯。

学生2：我们可以建议市政府举办环保传单、海报和小册子设计比赛，选出优秀作品贴在公共场所。政府还可以在周末组织家庭参加植树、种花儿、捡垃圾等活动。每年评选出环保工作做得好的个人和家庭，颁发奖状、奖杯。

学生3：我建议市政府要求每个社区每个月在固定地点和时间举办环保回收活动。这样，大家有更多的机会把家里没用的东西，比如没有拆开的礼物、没用的玩具和衣物等捐出来，再把这些东西送给需要的人。

参考句子

a) 我认为政府应该大幅度提高水、电、汽油的价格，这样，市民自然少用水、电，少驾车。

b) 快餐店应该通过少收餐费的形式奖励顾客自备餐具。这样就有更多的人少用或不用一次性餐具。

c) 我觉得政府应该提高停车场的收费，这样经常驾车的人士就会考虑少驾车，多搭乘公共交通。

d) 为了保护生活环境，增强环保意识，市政府应该经常开展"保护环境，人人有责"的活动。

e) 我有一个好主意：各个社区可以制作一个社区网站，在网站上开一个拼车网页。需要用车的人只要上网查看一下，就可以跟别人一起拼车外出。

f) 我们应该建议室内空调温度调到26度。

g) 过了午夜12点后，马路两旁的灯应该只亮一半，关掉另一半。

h) 为了减少空气污染，每周一、三、五让单号牌的车上路，二、四、六则让双号牌的车上路，星期天驾车进城的人应该交环保费。这样可以缓解交通堵塞，减少污染。

写作训练

实际运用

1. 写电邮

假设你计划在社区网站上建立一个环保平台，鼓励社区人士节约能源、回收废品、循环再用物品。写一封电邮给你们社区的环保负责人，在电邮中谈谈你在以下几个方面的想法：

- 在网络上建立一个什么样的环保平台？有哪些内容？
- 通过组织什么活动达到环保目的？
- 通过什么方式使市民增强环保意识，使社区变得更加环保？

参考句子

a) 通过这个环保平台，社区可以定期组织有奖环保知识竞赛，互换物品，交换或义卖二手物品（包括衣服、厨具、书籍、文具、家具等），安排组织拼车，等等。

b) 通过环保平台，社区可以请专家或者技术人员教市民正确使用电器及电子设备以达到节约能源的效果。

c) 在环保平台上，社区可以：
- 定期开设园艺班，教育市民保护、美化环境
- 定期组织回收行动，收集废品、多余的礼物和食物，以减少浪费
- 定期组织交流会。在交流会上，大家可以交流家居、学校、办公室环保心得，这样大家可以互相学习，做到更环保。
- 设立回收电器及电子设备的地点，以便市民就近回收。
- 定期举办环境污染的图片流动展览，不断提醒人们污染带来的后果。
- 鼓励并奖励青少年设计环保产品，并推广使用。
- 定时开展去海边清理垃圾、植树等活动，动员每一个人的力量，为环保作出应有的贡献。

提示：
① 此练习要求以正式电邮的格式来写。
② 建议学生参考课本第211页上的内容，以及本页"参考句子"中的建议，来完成这封电邮。

2. 阅读短文并写作文

阅读以下短文后检讨一下你自己的生活。为校刊写一篇文章，鼓励同学们过低碳生活。

低碳生活

如今，越来越多的人开始意识到低碳生活的重要性。低碳生活就是指生活作息时所消耗的能量要尽力减少，从而降低碳特别是二氧化碳的排放量，减少大气污染，减缓生态恶化。

其实，低碳是一种生活习惯，即自然而然地节约身边各种资源的习惯。低碳并不意味着刻意去节俭，刻意放弃一些生活的享受。只要你能从生活的点点滴滴做到多节约、不浪费，同样能过上舒适的生活。

以下这些低碳生活习惯不妨可尝试一下。

第一，多种树。树木是捕捉二氧化碳的能手。即使你没有机会植树，也可以捐钱给环保组织，让他们代劳。

第二，巧用空调。空调启动瞬间电流较大，频繁开关相当费电，且易损坏空调。不妨将风扇放在空调机下方，空调温度不用设置得过低，利用风扇风力提高制冷效果；也可以使用空调定时功能，关闭后再开电风扇，这样就不用整夜开空调，省电近50%。

第三，网上付账单。在网上进行银行业务和账单操作，不仅能够避免开车去银行、减少排放不必要的二氧化碳，还能减少用纸，拯救树木。

第四，使用晾衣绳。衣服洗净后，挂在晾衣绳上自然晾干，不要放进烘干机里烘干，这样可以节约用电。

第五，自备购物袋。每年全球要消耗超过5000亿个塑料袋，其中只有不到3%可回收。塑料袋掩埋后需几百年时间才能分解，期间还会产生有害的温室气体，所以我们应该少用或尽量不用塑料袋。

第六，舍弃牛排。联合国数据显示，全球肉制品加工业排放的温室气体占排放总量的18%，甚至超过交通业。如果你成为素食者，每年的二氧化碳排量将减少约1.5吨。

213

提示：

建议学生按照文章的格式来写。内容可包括：

- 低碳生活是指生活作息时所消耗的能量要尽力减少，从而降低碳特别是二氧化碳的排放量，减少大气污染，减缓生态恶化
- 低碳是一种生活习惯
- 要从生活的点点滴滴做到多节约、不浪费
- 多种树，或捐钱给环保组织，让他们代你种树
- 巧用空调：减少开关空调的次数；空调、风扇并用
- 网上付账单：避免开车去银行；减少用纸
- 使用晾衣绳，不用烘干机
- 自备购物袋，少用或尽量不用塑料袋
- 舍弃牛排，成为素食者，以减少二氧化碳的排放量

阅读与理解

阅读一　　　　　　　　　　有机食品

[1]　　有机食品是指在原料生产和产品加工过程中不___①___化肥、农药、生长激素、化学添加剂、化学色素和防腐剂等化学物质，不使用基因工程技术，按自然规律种植、养殖或者加工的食品，并通过独立的有机食品认证机构认证的一切农副产品，包括粮食、蔬菜、水果、奶制品、畜禽

[5]　产品、蜂蜜、水产品、调料等等。吃有机食品有以下好处：

　　一是更健康。研究___②___有机蔬果中抗氧化剂的含量比常规产品高出40%，而科学家称抗氧化剂可___③___患高胆固醇疾病、癌症和心脏病的风险。研究还显示，有机产品含有较多铁、镁、钙等微量元素及维生素C，而重金属及致癌的化学物质含量则较低。

[10]　　二是更安全。有机食品为现代人及其后代带来安全。常规食品中农药、激素、抗生素在___④___当代人的健康，而转基因食品却为后代埋下祸根。

　　三是更美味。有机农业提倡保持产品的天然成分，___⑤___食物原来的味道，不以激素促熟牲畜、果品。

　　四是更营养。有机食品的营养远远高于常规食品，因常规农业___⑥___了

[15]　作物的正常生长周期，促使其更快地生长，所以其养分的积累就相对减少。

　　五是更人道。有机生产要求人们___⑦___周围的一草一木，不可过分掠取，不可对动物使用暴力。

　　六是更环保。有机生产提倡使用天然物料，适量施肥及灌溉，___⑧___资源浪费，提高农场内及其周边的生物多样性，因此，保护土壤对环境及

[20]　生态更有利。

　　虽然有机食品价格偏高，但从长远来看，它对人体更健康，能减少疾病，增强人体免疫力，相信日后选择食用有机食品的人将越来越多。

214

A 从下面的方框里为短文选择最合适的词语填空

> 发现　使用　改变　保持　善待
> 　　鼓励　证明　降低　危害　减少

1. 使用　　2. 发现　　3. 降低　　4. 危害
5. 保持　　6. 改变　　7. 善待　　8. 减少

B 根据短文找出四个正确的句子

☑ 1. 独立的有机食品认证机构具有权威性。
☑ 2. 吃含有抗氧化剂的食物能降低患心脏病的风险。
☐ 3. 食品中的激素是否会损害人体健康还没有明确的答案。
☐ 4. 常规农作物的生长周期要比有机农作物的长。
☑ 5. 周期长生长出来的有机小麦的营养成分要比常规生长出来的高。
☑ 6. 吃有机食品更人道，因为有机生产尊重自然。
☐ 7. 种植有机农作物对土壤有害。

C 根据短文选择正确答案

1. __d__ 可以算是有机食品。
   a) 添加了防腐剂的豆腐
   b) 从深海里捕到的鱼
   c) 加入色素的冰淇淋
   d) 自然养殖的鱼虾

2. 有机蔬果中含有较多的 __a__。
   a) 抗氧化剂　b) 重金属
   c) 化肥、农药　d) 抗生素

3. 有机食品中致癌的化学物质含量 __c__。
   a) 一点儿都没有
   b) 较高　c) 较低
   d) 偏高

4. 有机食品的口味一般 __a__。
   a) 保持原味　b) 比较怪
   c) 比较大众化
   d) 清淡

215

D 判断正误，并说明原因

1. 有机蔬菜中抗氧化剂的含量比常规产品高出四成。　　　　　　　对　错

   原因：研究发现有机蔬果中抗氧化剂的含量比常规产品高出40%。　✓

2. 有机食品的含铁量要比常规食品的高。

   原因：研究还显示，有机产品含有较多铁、镁……。　✓

3. 吃了转基因食品也许当下还看不出对身体有什么影响。

   原因：……转基因食品却为后代埋下祸根。　✓

4. 有机饲养畜禽更人道，因为不对动物施以暴力。

   原因：五是更人道。有机生产要求人们……，不可对动物使用暴力。　✓

5. 种植有机作物能保护土壤，但对环境和生态造成破坏。

   原因：有机生产提倡使用天然物料，……，保护土壤对环境及生态更有利。　　　✓

6. 虽然有机食品的价格高出人们的消费水平，但是为了健康而选择有机食品的人会增多。

   原因：虽然有机食品价格偏高，但……，相信日后选择食用有机食品的人将越来越多。　✓

E 根据短文找出正确的句子

☑ 1. 有机食品里不添加任何化学色素。

☐ 2. 有机虾是在自然生态的河里养殖的。

☑ 3. 有机鸡、鸭是按自然规律放养的。

☐ 4. 有机食品的价格跟常规食品的价格相差甚小，但是对健康有利。

☐ 5. 有机鱼无需经过有机食品认证机构认证。

☑ 6. 养有机猪的饲料中不可添加生长激素。

☐ 7. 有机食品无需经过有机食品机构的认证就能在市场上出售。

☑ 8. 蜂蜜中如发现化学添加剂就不算有机蜂蜜。

☑ 9. 有机水果在生长过程中不可以用农药。

阅读与理解

电子垃圾污染

阅读二

第一段　我们生活在科学技术高度发达的时代，无疑是幸福的。我们可以乘飞机、打电话、看电视、上网等等。但是，世界并非完全如此美妙。电子产品广泛覆盖到我们的生活中来，同时也带来了21世纪的新型污染——电子垃圾污染。

第二段　电子垃圾即电子废弃物。随着经济的不断发展，目前全球每小时新产生4000吨的电子垃圾，已经成为全球增长数量最快的一种固体垃圾。与一般的垃圾相比，电子垃圾具有污染时间长、污染危害大的特点。

第三段　电子废弃物种类繁多，大致可分为两类。一类是所含材料比较简单，对环境危害较轻的废旧电子产品，如电冰箱、洗衣机、空调等家用电器以及医疗、科研电器等，这类产品的拆解和处理相对简单。另一类是所含材料比较复杂，对环境危害比较大的废旧电子产品，如电脑、电视机显像管（含铅），电脑元件（含砷、汞和其他有害物质）、手机（原材料中含砷、镉、铅及其他有毒物质）等。

第四段　如果电子垃圾处理不当，危害极其严重。如果将废旧电子产品作为一般垃圾丢弃到荒野或垃圾堆填区域，其所含的铅、汞等重金属就会渗透、污染土壤和水质，经植物、动物及人的食物链循环，最终会导致中毒事件的发生。如果对之进行焚烧，又会释放出二恶英等大量有害气体，威胁人类的身体健康。

第五段　大量的电子垃圾紧随科技发展而来，并悄悄隐藏在我们身边。不少人形象地把电子垃圾比喻为"科技时代的肿瘤"。目前，电子垃圾问题已经成为世界上许多国家确保环境安全、解决可持续发展的重要课题。

A 判断正误，并说明原因

1. 全球每小时产生出几千万吨的电子垃圾。　　　　　　　　　　　　对　错
   原因：目前全球每小时新产生4000吨的电子垃圾。　　　　　　　　　　✓

2. 每年电子垃圾的数量增长比任何一种固体(gù tǐ)垃圾的都要快。
   原因：……电子垃圾，已经成为全球增长数量最快的一种固体垃圾。　✓

3. 废弃(fèi qì)电冰箱、洗衣机都属于电子垃圾。
   原因：电子废弃物种类繁多，……，如电冰箱、洗衣机……。　　　　✓

4. 手机属于所含材料比较简单、对环境无较大危害的废旧电子产品。
   原因：另一类是所含材料比较复杂，对环境危害比较大的废旧电子产品，如……、手机……。　　　　　　　　　　　　　　　　✓

5. 丢弃(diū qì)在荒野(huāng yě)、未经处理的电子垃圾会污染水源(shuǐ yuán)。
   原因：如果将废旧电子产品作为一般垃圾丢弃到荒野或……，……就会渗透、污染土壤和水质。　　　　　　　　　　　　　　✓

B 根据短文选择正确答案

1. 电子垃圾的特点是 __a__ 。
   a) 污染时间长　b) 重量轻
   c) 污染危害小　d) 容易清理

2. 电子废弃物 __a__ 。
   a) 主要有两大类
   b) 种类不多
   c) 主要是家电
   d) 不含铅和砷(qiān shēn)

3. 电脑元件中含有 __b__ 有害(gài)物质(gòng)。
   a) 钙等　b) 汞和其他
   c) 汞和铜　d) 微量(wēi liàng)

4. 空调比电脑容易 __c__ 。
   a) 污染水资源
   b) 危害人体健康
   c) 拆解(chāi jiě)和处理
   d) 转手

C 从短文中找反义词

1. 痛苦→(幸福)(第1行)　　3. 崭新(zhǎn xīn)→(废旧)(第11行)
2. 简单→(复杂)(第11行)　　4. 危险→(安全)(第21行)

218

D 根据短文选择正确答案

1. "无疑"(第1行)的意思是 __b__ 。
   a) 不一定   b) 肯定
   c) 可能   d) 不相信

2. "电子产品广泛覆盖到我们的生活中来"(第3行)的意思是 __c__ 。
   a) 人们常用的电子产品仅限于家电
   b) 电子垃圾满街都是，到了泛滥的地步
   c) 电子产品跟人们的日常生活息息相关
   d) 还未走进家家户户

3. "固体垃圾"(第6行)指的是 __d__ 。
   a) 脏水   b) 电子废弃物
   c) 废气   d) 所有生活垃圾

4. "科技时代的肿瘤"(第20行)的意思是 __a__ 。
   a) 科技时代产生的电子垃圾是不可避免的
   b) 电子垃圾的危害性可能以后才会显现出来
   c) 电子垃圾将使很多人长肿瘤
   d) 电子垃圾容易处理

E 从右边的段落大意中找出最合适的

1. 第一段 __H__
2. 第二段 __C__
3. 第三段 __A__
4. 第四段 __G__
5. 第五段 __B__

A 电子垃圾的种类及性质。
B 电子垃圾的危害性已引起很多国家的关注。
C 电子垃圾的定义及对地球的破坏程度。
D 处理电子垃圾的几种办法。
E 电子垃圾污染使人类的生活环境更美好了。
F 电子垃圾中的有害物质威胁人类的健康。
G 电子垃圾如果处理不当，对人类的健康危害极大。
H 电子垃圾跟科技发展的关系。

单元复习

生词

提示：
"生词"部分的词语是本单元内每一课的词语，要求学生会认读，并会默写、运用。

第13课
全球化　避免　飞速　地球村　频繁　价值　相似
炒饭　饮品　穿着　男女老少　各行各业　制服　电器
瑞士　手表　香水　意大利　皮具　时装　红木　品牌
牙膏　牙刷　洗发液　护肤霜　节庆　*其　宗教　淡化
民众　缩小　和平　安定　促进

第14课
国界　脱贫　国籍　种族　信仰　志愿者　心理
义务　弱势　群体　援助　存在　美金　改善　致力
筹募　资金　开发　资源　就业　盖　修建　医疗
*该　办事处　物资　支援　派　招募　培训　主办
合格　截止　团体　名额　咨询

第15课
忽视　人类　自然界　生态　平衡　遭到　破坏　妥善
污水　排放　江　生存　工厂　气体　车辆　废气
引起　温室　效应　臭氧层　导致　暖化　洪水　干旱
冰雹　暴风雪　龙卷风　恶劣　灾害　留意　其实
电梯　楼梯　外出　分类　废品　家园

短语/句型

全球化不可避免　在世界范围内　使世界变成了一个地球村
人们的价值观念变得越来越相似　牛仔裤几乎成了国际制服
在日常生活方面　作为西方主要节日的圣诞节，其宗教色彩越来越淡化
对春节产生了兴趣　保持本国独特的文化习俗及传统
为了和平、安定　互相尊重、促进交流、共同发展

成立于……　不分国籍、种族、政治主张、宗教信仰的志愿者组织
由一群从事心理辅导的社工组成　为弱势群体提供援助
贫困人口从18亿降到了14亿　不断地得到改善
开发资源、创造就业机会　到目前为止　派志愿者去做义工
为了配合今年的工作　招募并培训志愿者　请大家积极报名参加

环境污染成为不可忽视的问题　自然界的生态环境平衡遭到了严重的破坏
未经妥善处理的污水排放到江河湖海里　造成空气污染
大量使用一次性用品　感受到了地球对我们的惩罚　引起了温室效应
破坏了臭氧层，导致了全球暖化　作为年轻的一代　注意节约用水
走路代替开车　让我们大家行动起来　保护我们共同的家园

提示：
"短语/句型"部分是从每课课文中抽取的重点词句、短语，要求学生熟练掌握，并在口语/作文中准确运用。

第五单元 测验

一、阅读理解

绿色婚礼

第一段　近几年,香港年轻人结婚正在兴起绿色婚礼。绿色婚礼主张去繁就简,打破传统,倡导环保理念,主张在婚礼中减少婚车、请柬、焰火等的使用,减少饮食等资源的浪费。

第二段　以前年轻人结婚大摆宴席,婚礼中所用的装饰、喜帖都是一次性用品,婚礼结束后制造了不少垃圾。如今,数码时代的年轻人认为发传统喜帖既浪费纸张,又限制了喜帖内可包含的信息。他们建立自己的婚礼网站,详细列出婚礼的资料。一些网站顺势提供免费、漂亮的网站模板让人们选择。人们可以很容易地张贴照片__1__上传影片、更新信息,把传统喜帖容不下的小细节,__2__地图和博客等都放在一个网站上,既方便,又节省印刷成本。

第三段　传统婚宴__3__鱼翅款待宾客,这是极不爱护环境的行为。__4__放弃鱼翅,如果仍选择以肉食为婚宴的主菜,也会为饭桌带来很重的碳足印。如今人们选择素食为主、以少数肉类或海鲜佳肴为点缀的菜单,并减少菜式,不仅保护了鲨鱼,__5__又减少了厨余垃圾。

第四段　对于绿色婚礼来说,耗油的轿车和豪华大房车已不再是浪漫的象征,__6__导致空气污染的帮凶。有新人特意选择接近地铁或公共汽车方便到达的地方作为婚礼的场地,并在喜帖上附上相关信息,鼓励宾客使用公共交通工具前来参加婚礼。有人还租用巴士作为花车,让新人与宾客同步到场。

第五段　爱情和婚姻需要天长地久,环境__7__需要可持续发展。绿色婚礼理念前卫、品位独特,而且能为周围的环境带来现实的好处,是对周围环境__8__整个地球的尊重和爱护。因此,绿色婚礼让人懂得了婚礼不仅仅是两个人的事,而是以无限延伸的众多人的幸福为开端,以对周围环境和地球示爱的方式缔结二人世界,其意义更加恒远。

A 从下面的方框里为短文选择最合适的词语填空

| 并 | 乃至 | 而是 | 而且 | 即使 |
| 方式 | 以 | 如 | 同样 | 及 |

1. _____ 2. _____ 3. _____ 4. _____

5. _____ 6. _____ 7. _____ 8. _____

B 根据短文选择正确答案

1. "绿色婚礼"的意思是____。

   a) 把婚礼办得简朴、环保

   b) 遵循中国人传统的结婚礼仪

   c) 把婚礼费用降至最低

   d) 尽量少花钱、多办事

2. "绿色婚礼"的理念很____。

   a) 传统

   b) 落后

   c) 超前

   d) 嚣张

3. 传统婚宴____。

   a) 铺张浪费

   b) 少留碳足印

   c) 厉行节约

   d) 简朴廉洁

4. "绿色婚礼"____。

   a) 突出爱情天长地久

   b) 提倡尊重中国的传统文化

   c) 体现了中国人勤劳勇敢的优良传统

   d) 让两个人的幸福延伸至众多人的幸福

C 根据短文的第二段，回答问题

1. 以前年轻人结婚有什么特点？

2. 数码时代的年轻人出于什么原因要建立婚礼网站？

3. 网站一般能容纳什么内容？

D 根据短文找出四个正确的句子

☐ 1. 绿色婚礼主张在婚礼过程中不燃放烟花爆竹。

☐ 2. 婚礼网站所包含的信息量是传统喜帖所不及的。

☐ 3. 由于绿色婚宴上的菜式比传统的少，以致剩菜剩饭也减少了。

☐ 4. 绿色婚礼讲究浪漫的气氛，因此豪华大房车是必不可少的。

☐ 5. 有些绿色婚礼的场所特意选在公共交通线上，便于宾客赴宴。

☐ 6. 绿色婚礼的理念有品位，有气派。

☐ 7. 绿色婚礼的出发点着重于尊重、保护环境。

E 判断正误，并说明原因 　　　　　　　　　　　　　　　　　对　错

1. 最近几年，绿色婚礼成为香港年轻人追求的婚礼操办方式。

   原因：_____　—　—

2. 一场传统婚礼下来，所用的装饰用品、喜帖都变成了垃圾。

   原因：_____

3. 数码时代的年轻人会把详细的婚礼资料放在自己的网站上。

   原因：_____

4. 鱼翅是传统婚宴上的一道不可或缺的佳肴。

   原因：_____

5. 绿色婚宴上的菜肴以素食为主，并配有鱼翅、肉食等。

   原因：_____　—　—

F 从短文中找反义词

1. 衰亡 → （　　　）（第2行）　　4. 普通 → （　　　）（第24行）

2. 扼制 → （　　　）（第3行）　　5. 鄙视 → （　　　）（第25行）

3. 嘲讽 → （　　　）（第21行）　　6. 废除 → （　　　）（第28行）

248

二、写作

越来越多的人认识到，大量的快餐、肉食给人带来的是现代疾病的隐患，而多吃素食既环保又健康。写一篇博客表达你的观点。

第五单元 参考答案

一、阅读理解

A 1. 并　　2. 如　　3. 以　　4. 即使

　　5. 而且　6. 而是　7. 同样　8. 乃至

B 1. a　2. c　3. a　4. d

C 1. 大摆宴席，婚礼中所用的装饰、喜帖都是一次性用品，婚礼结束后制造了不少垃圾。

　　2. 因为他们认为发传统喜帖既浪费纸张，又限制了喜帖内可包含的信息，而建立自己的婚礼网站可以详细列出婚礼的资料，可以很容易地张贴照片并上传影片、更新信息，把传统喜帖容不下的小细节，如地图和博客等都放在一个网站上，既方便，又节省印刷成本。

　　3. 照片、影片、信息、地图、博客等。

D　2　3　5　7

E 1. 对　原因：近几年，香港年轻人结婚正在兴起绿色婚礼。

　　2. 对　原因：以前年轻人结婚大摆宴席，婚礼中所用的装饰、喜帖都是一次性用品，婚礼结束后制造了不少垃圾。

　　3. 对　原因：他们建立自己的婚礼网站，详细列出婚礼的资料。

　　4. 对　原因：传统婚宴以鱼翅款待宾客，……。

　　5. 错　原因：如今人们选择素食为主、以少数肉类或海鲜佳肴为点缀的菜单，……，不仅保护了鲨鱼，……。

F 1. 兴起　2. 倡导　3. 鼓励　4. 独特　5. 尊重　6. 缔结